中小企业财务管理研究与实践

魏正涛 著

新华出版社

图书在版编目（CIP）数据

中小企业财务管理研究与实践 / 魏正涛著. —— 北京：
新华出版社, 2024. 10. —— ISBN 978-7-5166-7619-6

Ⅰ. F276.3

中国国家版本馆CIP数据核字第2024GD4669号

中小企业财务管理研究与实践

著者：魏正涛

出版发行：新华出版社有限责任公司

　　　　（北京市石景山区京原路 8 号　邮编：100040）

印刷：北京昌联印刷有限公司

成品尺寸：170mm×240mm　1/16　　　　印张：12.5　　字数：220 千字

版次：2024 年 10 月第 1 版　　　　印次：2024 年 10 月第 1 次印刷

书号：ISBN 978-7-5166-7619-6　　　　定价：68.00 元

微店　　　　视频小号店　　　　抖店　　　　京东旗舰店

微信公众号　　　喜马拉雅　　　小红书　　　淘宝旗舰店　　　扫码添加专属客服

前　言

　　本书旨在深入探讨中小企业财务管理的理论与实践，为中小企业提供一套科学、实用的财务管理方法，以助其提升财务绩效、降低财务风险并实现可持续发展。

　　本书从理论层面出发，阐述了中小企业财务管理的概念、特点、原则以及基本内容与方法。通过对财务管理理论的梳理和分析，为中小企业提供了财务管理的理论支撑和指导。本书对中小企业财务管理实践中面临的挑战和问题进行了深入探讨，包括中小企业融资难题、投资决策的难点与风险、成本控制与预算管理的挑战以及财务管理信息化建设的现状与问题等。通过对这些问题的分析，有助于中小企业识别财务管理中的风险点，并采取有效措施进行防范和应对。针对这些问题，本书提供了中小企业财务管理的策略与方法。在融资方面，强调了优化融资结构、拓宽融资渠道的重要性；在投资决策方面，提出了提升决策科学性、降低投资风险的具体措施；在成本控制与预算管理方面，介绍了精细化管理和全面预算管理的理念与方法；在财务管理信息化建设方面，探讨了如何运用现代信息技术提升财务管理效率和水平。本书还结合区域经济社会中的典型企业案例分析，提供了成功企业和失败企业在财务管理方面的经验和教训。这些案例不仅为中小企业提供了可借鉴的财务管理模式，还有助于中小企业从失败案例中汲取教训，避免重蹈覆辙。本书对中小企业财务管理的未来趋势进行了展望。随着财务管理理念的创新和技术的发展，中小企业财务管理将面临更多的机遇和挑战。本书提出了中小企业应如何应对这些变化，以提升财务管理水平、增强企业竞争力。

　　《中小企业财务管理研究与实践》不仅为中小企业提供了财务管理的理论支撑和指导，还通过实践案例和策略方法的介绍，帮助中小企业解决实际问题、提升财务管理水平，为中小企业的健康发展提供有力支持。

目 录

第一章　引言

在现代经济环境中，中小企业（SMEs）扮演着举足轻重的角色。它们不仅是经济增长的重要推动力，而且是就业创造的主要来源。由于规模小、资源有限等特点，中小企业在经营过程中常常面临诸多挑战，其中财务管理问题尤为突出。良好的财务管理不仅能够帮助企业优化资源配置、提高运营效率，还能有效防范各种财务风险，确保企业的长期稳定发展。因此，深入研究和探讨中小企业的财务管理问题，寻找适合其特点的财务管理方法和实践路径，具有重要的理论意义和现实价值。

中小企业的财务管理问题主要体现在几个方面。资金短缺是中小企业面临的普遍问题。由于自身规模较小、信用等级较低，中小企业在融资过程中常常遭遇银行贷款难、融资成本高等困境。这不仅限制了企业的发展速度，也增加了企业的经营风险。财务管理制度不健全是中小企业常见的问题。许多中小企业由于缺乏专业的财务人员，财务管理工作往往流于形式，难以有效地进行财务分析和决策支持。现金流管理不善也是中小企业财务管理中的一大难题。中小企业的现金流通常波动较大，一旦出现资金链断裂的情况，企业便面临破产的风险。税务管理问题也是中小企业财务管理中的一大挑战。由于缺乏专业的税务知识和管理能力，许多中小企业在税务筹划和税收风险控制方面存在明显不足，导致税务负担过重或者遭遇税务处罚。

针对上述问题，本节将从以下几个方面展开讨论，旨在为中小企业的财务管理提供一些可行的建议和实践经验。优化融资渠道和降低融资成本。中小企业应积极拓展融资渠道，如通过引入风险投资、发行债券、与金融机构合作等方式，提高融资能力。政府和金融机构也应加大对中小企业的支持力度，提供更多的融资优惠政策和金融服务，帮助中小企业降低融资成本。建立健全的财务管理制度。中小企业应注重财务管理制度的建设和完善，聘请专业的财务人员，采用现代化的财务管理工具和方法，提高财务管理水平。加强现金流管理。中小企业应注重现金流的预测和监控，合理安排资金使用，确保企业的资金链不断裂。企业应通过优化存货管理和应收账款管理，缩短资金周转周期，提高资金使用效率。完善税务管理。中小企业应加强税务知识的学习，聘请专业的税务顾问，合理进行税务筹划，合法合规地享受税收优惠政策，降低税务成本。

在优化融资渠道和降低融资成本方面，中小企业可以从内部和外部两个方面入手。在内部，中小企业应注重提升自身的信用等级和财务透明度，通过完善公司治理结构和加强内部控制，提高企业的信誉度和融资能力。企业应注重资本结构的优化，通过合理的资本配置，降低融资成本。在外部，中小企业应积极拓展多元化的融资渠道，如通过股权融资、债权融资、政府扶持等方式，满足企业的资金需求。企业还可以与银行、保险公司、投资公司等金融机构建立长期稳定的合作关系，获得更多的融资支持。

在建立健全的财务管理制度方面，中小企业应注重财务管理的系统性和规范性。企业应根据自身的规模和业务特点，制定科学合理的财务管理制度，包括财务预算、成本控制、资金管理、风险控制等方面的内容。企业应加强财务人员的专业培训和素质提升，确保财务管理工作能够有效开展。企业应采用现代化的财务管理工具和方法，如 ERP 系统、财务软件等，提高财务管理的效率和准确性。企业应建立健全的内部控制制度，规范财务管理流程，防范财务风险。

在加强现金流管理方面，中小企业应注重现金流的预测和监控，合理安排资金使用。企业应制定科学合理的现金流预算，明确资金的来源和用途，确保企业的资金链不断裂。企业应加强现金流的日常管理，及时监控资金的流入和流出，及时发现和解决资金问题。企业应通过优化存货管理和应收账款管理，缩短资金周转周期，提高资金使用效率。企业应建立应急资金储备，防范突发性资金风险。

在完善税务管理方面，中小企业应注重税务管理的合法合规性和合理性。企业应加强税务知识的学习，了解国家和地方的税收政策和法规，掌握税务筹划的方法和技巧。企业应聘请专业的税务顾问，合理进行税务筹划，合法合规地享受税收优惠政策，降低税务成本。企业应建立健全的税务管理制度，规范税务管理流程，防范税务风险。企业应加强与税务机关的沟通和合作，及时了解税务政策的变化，做好税务筹划和应对措施。

在实践中，许多中小企业通过优化财务管理，取得了显著的成效。某中小企业通过引入风险投资，成功获得了发展所需的资金，解决了融资难题；另一家中小企业通过建立健全的财务管理制度，提高了财务管理水平，实现了经营效率的提升；还有一家公司通过加强现金流管理，确保了企业的资金链不断裂，顺利渡过了经营危机；某企业通过合理进行税务筹划，降低了税务成本，提高了企业的盈利能力。

第一节 研究背景与意义

一、中小企业财务管理研究背景

（一）中小企业的发展现状

中小企业（SMEs）在任何经济体系中都扮演着至关重要的角色，它们是经济增长和创新的主要推动力。了解中小企业的发展现状对于制定有效的政策和提供支持至关重要。目前，中小企业面临着一系列挑战和机遇，这些挑战和机遇在全球范围内都有所不同。

中小企业的发展现状受到宏观经济环境的影响。经济增长率、利率、通货膨胀率等因素会直接影响企业的经营状况和发展前景。在经济增长乏力的时期，中小企业可能会面临市场需求下降、融资困难等问题，而在经济蓬勃发展的时期，则可能面临劳动力短缺、成本上升等挑战。

政府政策和支持措施对中小企业的发展至关重要。许多国家都制定了一系列政策来支持中小企业，例如提供贷款担保、减税优惠、技术创新支持等。政府的政策措施直接影响着中小企业的发展环境和竞争力。政策的稳定性和可预测性也对中小企业的发展产生重要影响，因为它们需要在长期规划中考虑政策环境的变化。

第三，技术和创新是中小企业发展的关键驱动力。随着科技的不断进步，许多新兴技术正在改变着企业的商业模式和运营方式。中小企业如果能够及时采用和应用新技术，就能够提高生产效率、降低成本、开拓新市场等。许多中小企业面临着技术升级的挑战，因为技术投入和人才培养需要大量的资金和时间。

国际贸易和全球化也对中小企业的发展产生了深远影响。全球化使得中小企业有机会拓展海外市场，寻找新的商业合作伙伴，但同时也面临着来自国际竞争对手的挑战。国际贸易政策的变化和贸易摩擦可能会给中小企业带来不确定性，因此它们需要制定灵活的国际化战略。

金融环境也是中小企业发展的重要因素。中小企业通常面临着融资难题，尤其是在初创阶段和扩张阶段。金融机构对中小企业的风险偏好较低，往往更愿意向大型企业提供融资支持。因此，中小企业需要寻找其他融资渠道，如天使投资、风险投资等。

人才和人力资源管理也是中小企业发展的关键因素。中小企业往往面临着人才短缺、员工流失率高等问题。在竞争激烈的人才市场中，吸引和留住优秀的人才对于中小企业至关重要。因此，建立有效的人力资源管理体系和培训机制对于中小企业的长期发展至关重要。

（二）财务管理对中小企业发展的重要性

财务管理在中小企业发展中扮演着至关重要的角色。中小企业作为经济发展的重要力量，其在提供就业机会、促进技术创新以及推动社会经济发展等方面具有不可忽视的贡献。中小企业通常面临着资金短缺、管理水平有限、市场竞争激烈等诸多挑战。在这样的背景下，科学、有效的财务管理显得尤为重要。财务管理不仅仅是对企业财务状况的管理，更是企业战略规划、运营管理和风险控制的核心环节。

财务管理有助于中小企业提高资金利用效率。中小企业通常面临资金短缺的问题，而资金是企业发展的血液。通过科学的财务管理，企业可以制定合理的资金预算，确保资金的合理配置和使用，避免资金的浪费和闲置。财务管理可以帮助企业进行有效的成本控制，通过降低生产和运营成本，提高企业的盈利能力和市场竞争力。通过财务分析，企业可以及时发现和解决资金使用中的问题，优化资源配置，从而提高资金的利用效率。

财务管理有助于中小企业提升融资能力。中小企业在发展过程中，往往需要通过外部融资来解决资金不足的问题。由于中小企业财务状况不透明、信用评级较低等原因，融资难度较大。通过加强财务管理，企业可以规范财务行为，提高财务透明度，增强企业的信用评级，进而提高融资能力。具体来说，企业可以通过制定详细的财务报告和财务计划，向投资者和金融机构展示企业的财务健康状况和发展前景，赢得他们的信任和支持。通过科学的财务管理，企业可以优化资本结构，降低融资成本，提高资本回报率，从而提升企业的融资能力。

财务管理有助于中小企业进行科学的决策。财务管理不仅仅是对财务数据的管理，更是对企业经营活动的全面监控和分析。通过财务管理，企业可以获取准确、及时的财务信息，进行科学的财务分析，评估企业的经营状况和财务风险，从而为企业决策提供可靠的依据。通过对财务报表的分析，企业可以了解自身的资产负债情况、盈利能力和运营效率，识别企业在经营过程中存在的问题和潜在风险，制定相应的应对措施，优化企业的经营策略和发展方向。通过财务管理，企业还可以进行投资决策评估，选择合适的投资项目和投资时机，提高投资回报率和企业的长期发展能力。

财务管理有助于中小企业提高内部控制水平和风险管理能力。中小企业在快速发展过程中，往往容易忽视内部控制和风险管理，导致经营管理混乱、财务风险加大，甚至引发财务危机。通过加强财务管理，企业可以建立健全内部控制制度，规范财务行为和流程，增强财务监管和审计力度，防范财务风险。企业可以通过制定和执行严格的财务预算和成本控制措施，防止资金流失和浪费，提高资金使用效率。通过建立完善的财务报告和审计制度，企业可以及时发现和纠正财务管理中的问题，确保财务数据的准确性和完整性。财务管理还可以帮助企业识别和评估各种财务风险，如市场风险、信用风险和流动性风险，制定相应的风险管理策略和措施，降低企业的财务风险和不确定性。

进一步，财务管理在提升中小企业的竞争力和可持续发展方面也发挥着重要作用。在市场竞争日益激烈的环境中，中小企业要想立足并实现长期发展，必须具备强大的竞争力和可持续发展能力。财务管理可以通过优化企业的资源配置和运营效率，增强企业的核心竞争力。通过财务管理，企业可以进行合理的资金规划和成本控制，提高生产效率和产品质量，降低生产成本和市场价格，提升产品的市场竞争力和企业的品牌形象。财务管理还可以帮助企业进行长期的发展规划和战略布局，制定科学的投资和发展计划，确保企业在市场中的竞争优势和可持续发展能力。

在实际操作中，中小企业应如何加强财务管理，以应对上述挑战并实现健康发展？中小企业应建立健全的财务管理制度和体系。包括完善的财务报告制度、预算管理制度、成本控制制度和内部审计制度等，通过制度化的管理，规范财务行为和流程，确保财务管理的科学性和有效性。中小企业应提高财务管理人员的专业素质和管理能力。通过引进高素质的财务管理人才，进行系统的财务管理培训，提升财务管理团队的专业水平和管理能力，确保财务管理的质量和效果。中小企业还应积极利用现代化的财务管理工具和技术，如财务软件、ERP 系统和大数据分析等，提高财务管理的效率和精准度。

加强财务管理对于中小企业的发展至关重要。通过科学、有效的财务管理，中小企业可以提高资金利用效率，提升融资能力，进行科学的决策，提高内部控制水平和风险管理能力，增强竞争力和可持续发展能力。要实现这一目标，中小企业需要在制度建设、人才培养和技术应用等方面不断努力，持续优化财务管理体系和水平，才能在激烈的市场竞争中立于不败之地，推动企业实现高质量发展。

（三）中小企业财务管理的现状与问题

中小企业在经济发展中扮演着重要角色，其财务管理是企业经营活动的核心环节。由于中小企业在规模、资源、管理能力等方面的限制，财务管理常常面临诸多问题。这些问题不仅制约了中小企业的发展，也影响了其市场竞争力。

中小企业在财务管理体系的建立上存在明显不足。许多中小企业缺乏完善的财务管理制度，财务人员的专业素质参差不齐，财务管理水平较低。由于中小企业的管理者通常更关注生产和销售等核心业务，忽视了财务管理的规范化和系统化，导致财务管理工作滞后。许多企业没有建立起有效的内部控制制度，财务数据的真实性和完整性无法得到保障，进而影响企业决策的准确性。

融资困难是中小企业面临的主要财务问题之一。中小企业在银行贷款和资本市场融资方面普遍面临困境，原因主要包括企业规模小、信用评级低、缺乏抵押物等。银行出于风险控制的考虑，往往对中小企业的贷款审批较为谨慎，而资本市场对中小企业的认可度也相对较低。这导致中小企业融资渠道狭窄，资金来源单一，制约了企业的发展壮大。中小企业在融资过程中还面临高成本的问题，高额的融资费用增加了企业的财务负担，进一步压缩了企业的利润空间。

资金管理效率低下是中小企业财务管理的另一大问题。中小企业普遍缺乏科学的资金管理方法，资金使用效率不高。许多企业在资金计划和预算管理方面缺乏系统性和前瞻性，资金使用缺乏有效的监督和控制，导致资金周转困难。特别是在应收账款管理方面，许多中小企业存在较大的问题，回款周期长、坏账率高，严重影响了企业的现金流和资金链的稳定性。

成本控制薄弱也是中小企业财务管理的一个突出问题。中小企业在成本管理方面普遍缺乏系统的控制措施，成本核算不准确，成本管理缺乏有效的手段和工具，导致企业成本居高不下。尤其是在生产成本和销售成本方面，许多企业没有建立起科学的成本控制机制，导致资源浪费和成本上升，影响企业的竞争力。

税收管理不规范也是中小企业财务管理中的一个重要问题。由于中小企业的税务知识和财务管理水平有限，许多企业在税务管理上存在不规范的现象，如账目不清、偷税漏税等。税收问题不仅增加了企业的法律风险，还可能导致企业在市场竞争中处于不利地位。

信息化水平低是中小企业财务管理现代化的一个重要障碍。尽管信息技术在财务管理中的应用日益广泛，但许多中小企业在财务信息化建设方面仍处于起步阶段。企业在财务软件的应用、财务数据的管理和分析等方面存在较大的差距，影响了财务管理的效率和决策的科学性。

为了解决中小企业财务管理中存在的问题，企业需要从多个方面进行改进。企业应当重视财务管理体系的建设，建立健全财务管理制度，提高财务人员的专业素质和管理水平。企业管理者应当加强对财务管理的重视，推动财务管理的规范化和系统化。

中小企业应当积极拓展融资渠道，优化融资结构。企业可以通过加强信用管理、提升企业形象、拓展融资平台等方式，增强自身的融资能力。企业应当注重降低融资成本，提高资金使用效率，缓解资金压力。

在资金管理方面，中小企业应当加强资金计划和预算管理，建立科学的资金使用和监督机制。企业应当提高应收账款的管理水平，缩短回款周期，降低坏账率，确保资金链的稳定。

在成本控制方面，企业应当建立科学的成本管理体系，准确核算成本，加强成本控制，提高资源利用效率。企业可以通过优化生产工艺、改进管理流程、降低采购成本等方式，实现成本的有效控制，提升企业的市场竞争力。

税收管理方面，企业应当加强税务知识的学习，提高税务管理水平，依法纳税，规避税务风险。企业可以通过聘请专业的税务顾问，制定合理的税收筹划方案，优化税务管理。

在信息化建设方面，中小企业应当加快财务信息化的步伐，提高财务数据的管理和分析能力。企业可以通过引入先进的财务软件，建立完善的财务信息系统，实现财务管理的数字化和智能化，提升财务管理的效率和决策的科学性。

1. 财务管理水平参差不齐

中小企业的财务管理现状往往表现为财务管理制度不健全。由于中小企业的规模和资源有限，许多企业未能建立起完善的财务管理体系。具体表现为财务岗位设置不合理，缺乏专业的财务人员，一人兼多职的现象较为普遍，甚至在一些企业中，财务管理的职责主要由企业主或其家人承担。这种情况下，财务管理的专业性和规范性难以保证，容易导致财务信息失真和管理混乱。

中小企业的财务管理还存在信息化程度低的问题。现代财务管理越来越依赖于信息技术，而中小企业在信息化建设方面相对滞后，财务管理依然停留在手工记账或简单的电子表格阶段，未能充分利用财务软件和管理信息系统。这不仅增加了财务人员的工作负担，还降低了财务数据的准确性和及时性，影响了企业管理层的决策效率。

资金短缺是中小企业财务管理中普遍存在的难题。中小企业的融资渠道有限，主要依赖于自有资金、银行贷款和少量的社会融资。而银行贷款通常要求较高的抵押物和信用评级，这对于资产有限、信用记录较短的中小企业而言，常常难以满足。因此，中小企业在资金运作上往往显得捉襟见肘，难以有效应对市场变化和内部资金需求。这种资金紧张的状况也导致了一些企业为了短期利益而忽视长远发展，形成恶性循环。

中小企业在财务管理中还面临税收负担较重的问题。虽然国家出台了一系列针对中小企业的税收优惠政策，但在实际执行过程中，许多企业由于不了解政策或缺乏专业指导，未能充分享受到这些优惠。税务稽查的压力也使得一些中小企业在税务管理上不敢有任何疏忽，导致税务成本居高不下，进一步压缩了企业的利润空间。

风险管理能力不足是中小企业财务管理的另一个显著问题。中小企业往往缺乏系统的风险管理机制，对财务风险的识别和防范能力较弱。市场风险、信用风险和操作风险等一旦出现，常常会给企业带来巨大的冲击。有些企业甚至因为一次重大的财务风险事件而陷入经营困境，甚至倒闭。这反映出中小企业在财务管理中对风险的重视程度不够，缺乏有效的风险预警和应对措施。

人力资源的限制也是中小企业财务管理水平参差不齐的重要原因之一。中小企业由于薪酬待遇和职业发展空间有限，难以吸引和留住高素质的财务管理人才。即使有一些企业愿意投入资源进行人员培训，但因培训成本高、员工流动性大，培训效果往往难以持久。这导致企业的财务管理水平难以提升，财务管理的规范化和专业化程度较低。

面对上述种种问题，中小企业需要采取多方面的措施来改进财务管理水平。企业应当重视财务管理制度的建设，制定明确的财务管理规范和操作流程，确保财务管理的制度化和规范化。可以借鉴大企业的先进经验，引入科学的财务管理模式和方法，提高财务管理的科学性和有效性。

中小企业应加大对财务信息化建设的投入。通过引进和使用先进的财务软件和管理信息系统，提高财务数据处理的效率和准确性。信息化建设不仅可以减轻财务人员的工作负担，还能为企业管理层提供及时、准确的财务信息，支持企业的决策和战略规划。

在资金管理方面，中小企业应拓宽融资渠道，积极寻求多元化的融资方式。可以通过加强与金融机构的合作，利用供应链金融、融资租赁、股权融资等手段，缓解资金压力。企业还可以通过内部挖潜，优化资金使用效率，确保资金的合理配置和高效运转。

在税务管理方面，中小企业应加强对税收政策的研究和学习，充分利用税收优惠政策，减轻税收负担。可以聘请专业的税务顾问或与专业机构合作，进行税务筹划和风险管理，确保税务管理的合规性和合理性。

对于风险管理，中小企业需要建立系统的风险管理机制，加强对财务风险的识别、评估和控制。可以通过建立风险预警系统，定期进行风险评估和模拟演练，提高企业应对财务风险的能力。企业还应加强内部控制，完善财务监督机制，防范和化解各种潜在的财务风险。

在人力资源管理方面，中小企业应重视财务管理人才的引进和培养。可以通过提供有竞争力的薪酬待遇和职业发展空间，吸引和留住高素质的财务管理人才。还应加强对现有财务人员的培训，提高其专业素质和业务能力。可以通过与高校和培训机构合作，开展各种形式的培训和继续教育，提升财务管理团队的整体水平。

2. 融资困难

近年来，中小企业在中国经济发展中扮演着越来越重要的角色，它们在融资过程中面临的困难也逐渐凸显。中小企业的融资困难不仅影响其自身的发展，还对整个经济环境的稳定与健康产生深远影响。因此，研究中小企业融资困难的原因及其财务管理现状与问题，具有重要的现实意义。

融资困难是中小企业普遍面临的核心问题之一。相较于大型企业，中小企业在资金获取渠道上显得相对单一。主要原因在于中小企业通常缺乏足够的抵押资产、财务信息透明度低、信用评级较低等，这些因素都限制了它们从银行等传统金融机构获得贷款的能力。即便在申请到贷款时，利率往往较高，进一步加重了企业的财务负担。银行等金融机构通常更愿意将资金投向大型企业，因为后者的信用风险相对较低，且拥有更为丰富的抵押物。因此，中小企业在资金来源上的局限性，直接导致了其融资困境的持续存在。

中小企业融资困难的另一个主要原因是资本市场对其关注度不够。在股票市场和债券市场上，中小企业往往难以获得投资者的青睐。许多中小企业由于规模小、业绩不稳定，在资本市场上缺乏竞争力。这种局面使得中小企业无法通过发行股票或债券来筹集所需资金，进一步加剧了融资困难。即使有一些中小企业能够进入资本市场，其融资成本也相对较高，募集资金的效率不高。

除了融资渠道狭窄和资本市场认可度低之外，中小企业的财务管理现状也存在许多问题，这些问题同样加剧了其融资困难。中小企业的财务管理水平普遍较低。很多中小企业的财务管理人员专业素质不高，缺乏系统的财务管理知识和经验，导致企业的财务状况不够透明，难以获得外界的信任。中小企业往往缺乏完善的财务制度，内部控制机制不健全，财务信息的准确性和及时性难以保证。这些问题使得金融机构和投资者在评估企业信用风险时，难以获得真实可靠的信息，从而对中小企业的融资申请产生怀疑。

中小企业在资金使用上也存在不合理现象。很多中小企业在获取资金后，未能有效规划和管理资金使用，导致资金使用效率低下。一些企业将大量资金投入到非核心业务或高风险项目中，忽视了企业的主营业务和核心竞争力的提升。这样的资金使用方式不仅增加了企业的经营风险，还可能导致资金链断裂，严重影响企业的生存和发展。这种不合理的资金使用现象，也让金融机构和投资者对中小企业的财务管理能力产生怀疑，进一步加剧了融资困难。

中小企业的融资难题还受到外部环境的影响。政策环境、经济环境和市场环境的变化，都会对中小企业的融资产生重要影响。在政策环境方面，尽管政府出台了一系列扶持中小企业发展的政策措施，但在具体实施过程中，政策效果往往难以完全落实到位。很多中小企业反映，政策扶持的门槛较高，申报手续烦琐，实际获得政策支持的难度较大。在经济环境方面，宏观经济波动和市场不确定性增加，使得中小企业面临的经营风险和融资风险都在上升，金融机构对中小企业的风险评估更加谨慎，融资条件也更加严格。在市场环境方面，激烈的市场竞争和行业不景气，使得中小企业的经营压力加大，盈利能力下降，进一步影响了其融资能力。

政府可以通过设立专项基金、提供融资担保、降低融资门槛等方式，帮助中小企业获得更多的融资机会。金融机构则可以通过创新金融产品和服务，提供更多适合中小企业的融资工具，如供应链金融、互联网金融等。还可以鼓励民间资本和风险投资进入中小企业领域，拓宽其融资渠道。

企业应注重财务管理人员的培训和专业化，建立健全财务管理制度和内部控制机制,确保财务信息的准确性和及时性。通过加强财务管理,中小企业可以提高自身的信用评级,增强外界对其的信任,从而提升融资能力。

企业在获取资金后,应注重资金的合理配置和使用,优先投入到主营业务和核心竞争力的提升上。通过提高资金使用效率,企业可以降低经营风险,增强盈利能力,从而为未来的融资创造良好的条件。

企业应积极应对政策环境、经济环境和市场环境的变化,抓住机遇,规避风险。通过提升自身的市场竞争力和适应能力,中小企业可以在激烈的市场竞争中立于不败之地,从而增强融资能力。

企业应积极展示自身的经营状况和发展潜力,增强金融机构和投资者对其的信心。通过建立良好的信用关系,中小企业可以获得更多的融资支持,解决融资困难。

二、中小企业财务管理研究的意义

(一)实践意义

中小企业的财务管理研究具有重要的实践意义,这不仅体现在对企业本身的管理与发展上,更关系到整体经济环境的稳定与健康发展。财务管理作为企业运营中的核心环节,通过对中小企业财务管理的深入研究,可以帮助企业提升管理效率、优化资源配置、提高竞争力,并有效防范和化解各种财务风险,从而促进中小企业的持续健康发展。

中小企业财务管理研究能够帮助企业提升资金利用效率。资金是企业发展的血液,中小企业往往面临资金短缺的问题,这使得如何高效利用有限的资金成为关键。通过深入研究财务管理,企业可以制定科学的资金预算,确保资金的合理配置和使用,避免资金的浪费和闲置。研究中发现的财务分析方法能够帮助企业及时发现和解决资金使用中的问题,优化资源配置,提高资金的利用效率。通过成本控制研究,企业可以找到降低生产和运营成本的有效途径,进而提高盈利能力和市场竞争力。

财务管理研究能够提升中小企业的融资能力。中小企业在发展过程中,往往需要外部融资来解决资金不足的问题。由于中小企业财务状况不透明、信用评级较低等原因,融资难度较大。通过研究财务管理,企业可以规范财务行为,提高财务透明度,增强企业的信用评级,进而提高融资能力。具体来说,企业可以通过研究详细的财务报告和财务计划，向投资者和金融机构展示企业的财务健康状况和发展前景，赢得他们的信任和支持。财务管理研究还可以帮助企业优化资本结构，降低融资成本，提高资本回报率，从而提升企业的融资能力。通过对资本结构优化的研究，企业可以找到最适合自身发展的融资方式和渠道，减少融资成本，提高资金的使用效率。

财务管理研究有助于中小企业进行科学的决策。财务管理不仅是对财务数据的管理，更是对企业经营活动的全面监控和分析。通过研究财务管理，企业可以获取准确、及时的财务信息，进行科学的财务分析，评估企业的经营状况和财务风险，从而为企业决策提供可靠的依据。通过对财务报表的研究分析，企业可以了解自身的资产负债情况、盈利能力和运营效率，识别企业在经营过程中存在的问题和潜在风险，制定相应的应对措施，优化企业的经营策略和发展方向。通过财务管理研究，企业还可以进行投资决策评估，选择合适的投资项目和投资时机，提高投资回报率和企业的长期发展能力。通过对投资决策模型的研究，企业可以在众多投资机会中选择最具潜力的项目，最大限度地提高投资收益。

财务管理研究对于提高中小企业的内部控制水平和风险管理能力也具有重要意义。中小企业在快速发展过程中，往往容易忽视内部控制和风险管理，导致经营管理混乱、财务风险加大，甚至引发财务危机。通过研究财务管理，企业可以建立健全内部控制制度，规范财务行为和流程，增强财务监管和审计力度，防范财务风险。企业可以通过制定和执行严格的财务预算和成本控制措施，防止资金流失和浪费，提高资金使用效率。通过建立完善的财务报告和审计制度，企业可以及时发现和纠正财务管理中的问题，确保财务数据的准确性和完整性。财务管理研究还可以帮助企业识别和评估各种财务风险，如市场风险、信用风险和流动性风险，制定相应的风险管理策略和措施，降低企业的财务风险和不确定性。通过对风险管理模型的研究，企业可以提前预见潜在风险，制定应对策略，减少风险对企业经营的影响。

进一步，财务管理研究在提升中小企业的竞争力和可持续发展能力方面也发挥着重要作用。在市场竞争日益激烈的环境中，中小企业要想立足并实现长期发展，必须具备强大的竞争力和可持续发展能力。财务管理研究可以通过优化企业的资源配置和运营效率，增强企业的核心竞争力。通过对资金管理、成本控制和财务分析的研究，企业可以进行合理的资金规划和成本控制，提高生产效率和产品质量，降低生产成本和市场价格，提升产品的市场竞争力和企业的品牌形象。

财务管理研究还可以帮助企业进行长期的发展规划和战略布局，制定科学的投资和发展计划，确保企业在市场中的竞争优势和可持续发展能力。通过对企业战略管理的研究，企业可以明确未来的发展方向和目标，制定详细的实施计划，确保企业在激烈的市场竞争中保持领先地位。

1. 促进中小企业健康发展

加强财务人员培训，提高财务管理水平。中小企业财务人员的专业素质和管理能力直接影响企业的财务管理效果。企业应当重视财务人员的培养，通过定期培训和学习，提高财务人员的专业知识和技能。可以通过引进高素质的财务管理人才，提升企业的财务管理水平和决策能力。

建立健全财务管理制度，规范财务管理流程。中小企业应当根据自身的实际情况，建立科学的财务管理制度，规范财务管理流程。通过制定和实施严格的财务制度，企业可以加强财务管理的规范性和科学性，减少财务风险和管理漏洞。企业可以建立完善的内部控制制度和财务监督机制，加强财务数据的真实性和完整性，确保财务管理的高效运作。

借助信息技术，提升财务管理信息化水平。信息技术的发展为企业财务管理提供了新的工具和手段。中小企业应当积极引入先进的财务软件和管理系统，实现财务管理的数字化和智能化。通过财务信息系统，企业可以实现财务数据的实时采集和分析，提高财务管理的效率和决策的科学性。可以通过互联网和云计算等技术，拓展财务管理的范围和深度，增强企业的市场竞争力。

加强与金融机构和投资者的沟通合作，拓展融资渠道。中小企业应当积极与银行、投资机构和政府部门建立良好的合作关系，争取更多的融资支持。通过提高财务信息披露的透明度和规范性，企业可以增强自身的信用度，赢得更多的融资机会。可以通过多元化的融资方式，如股权融资、债券融资和供应链金融等，优化融资结构，降低融资成本，增强企业的资金实力。

注重财务战略管理，实现企业的长期发展。中小企业应当将财务管理与企业的战略目标相结合，制定科学的财务战略和规划。通过财务战略管理，企业可以实现资源的合理配置和长期价值的最大化。企业可以通过投资决策分析和资本预算管理，选择符合自身发展需要的投资项目，增强企业的竞争力和可持续发展能力。

2. 改善融资环境

中小企业是推动经济增长、创新和就业的关键力量。融资难、融资贵的问题一直是制约中小企业发展的主要瓶颈。改善中小企业的融资环境，对提升其财务管理水平具有重要的实践意义，这不仅有助于企业自身的发展，也对整个经济体系的健康运行和持续增长具有重要的推动作用。

中小企业由于规模小、资产少、抗风险能力弱，通常在融资过程中面临较大的困难。银行等金融机构由于风险控制的需要，往往对中小企业的贷款要求严格，导致其融资成本高、融资渠道狭窄。而通过优化融资环境，可以增加中小企业的融资渠道，如引入更多的风险投资、天使投资、股权融资等，使企业能够获得更多的资本支持。这不仅可以缓解中小企业的资金压力，还能提升其整体竞争力和市场地位。

在融资环境改善的过程中，金融机构和投资者通常会对中小企业提出更高的财务管理要求，如透明的财务报告、规范的内部控制、合理的财务规划等。中小企业为了满足这些要求，需要不断提升其财务管理能力，引入先进的管理理念和方法，完善财务管理制度和流程。这不仅有助于提高企业的财务管理水平，还能增强企业的管理能力和运营效率，实现更稳健的发展。

中小企业通常在技术创新和商业模式创新方面具有较大的潜力，但由于资金不足，许多创新项目难以得到实施。通过改善融资环境，为中小企业提供更多的资金支持，可以激发其创新活力，推动其在技术研发、产品创新、市场拓展等方面取得突破。这不仅有助于中小企业自身的转型升级，也能推动整个产业链的技术进步和创新能力提升。

融资环境的改善通常伴随着金融服务和产品的多样化，如供应链金融、信用担保、融资租赁等。这些金融工具和服务不仅可以为中小企业提供资金支持，还能帮助企业优化财务结构，分散和转移风险。供应链金融可以通过核心企业的信用担保，为中小企业提供低成本的融资支持，减少其资金压力和风险。融资租赁可以帮助企业在不增加资产负债率的情况下，获得生产设备和技术支持，提升生产能力和竞争力。

在实践中，改善中小企业融资环境还需要多方共同努力。政府应当发挥主导作用，通过制定和实施支持中小企业发展的政策和措施，如税收优惠、财政补贴、风险补偿等，为中小企业创造良好的融资环境。金融机构应当加强对中小企业的服务创新，开发适合中小企业特点的金融产品和服务，提高对中小企业的融资支持力度。中小企业自身也应当积极提升其财务管理能力，增强自身信用和抗风险能力，提高融资成功率。

具体措施方面，政府可以设立中小企业发展基金，直接或间接投资于中小企业，提供股权和债权融资支持。还可以通过担保机构提供贷款担保，降低中小企业的融资风险和成本。金融监管机构则可以通过优化监管政策，鼓励金融机构加大对中小企业的信贷投放，支持金融产品和服务创新。建立和完善中小企业信用信息共享平台，提高企业信息透明度，降低金融机构的信息搜集成本，提升对中小企业的信贷决策效率。

金融机构可以通过加强与中小企业的沟通和合作，深入了解企业的经营状况和融资需求，提供定制化的金融服务。可以开发基于大数据和人工智能的信用评估系统，提高对中小企业信用状况的评估准确性，降低信贷风险。还可以通过设立中小企业专营机构，提供专门的信贷产品和服务，提高对中小企业的服务效率和质量。

中小企业自身也应当积极改善财务管理，提升融资能力。应当建立健全财务管理制度和内部控制体系，提高财务信息的准确性和透明度。可以通过引入财务管理软件，提升财务数据处理和分析能力，提供及时、准确的财务信息支持。应当加强与金融机构和投资者的沟通，展示企业的经营业绩和发展前景，提升企业的信用和吸引力。还应当积极参与政府和行业组织举办的融资培训和交流活动，提升自身的融资知识和能力，了解和利用各种融资工具和渠道。

在国际经验方面，一些发达国家在改善中小企业融资环境方面取得了显著成效。美国通过设立小企业管理局（SBA），为中小企业提供贷款担保、融资咨询和培训服务，帮助中小企业获得银行贷款和风险投资支持。日本则通过设立中小企业金融公库和中小企业信用保险公库，为中小企业提供融资支持和风险保障，有效缓解了中小企业的融资难题。这些经验表明，政府的积极干预和支持，对改善中小企业融资环境具有重要作用。

（二）社会意义

中小企业（SMEs）在国民经济中具有举足轻重的地位，它们不仅是经济增长的重要动力，也是社会就业的主要来源。中小企业在运营过程中面临着许多挑战，其中财务管理问题尤为突出。研究中小企业的财务管理，不仅对于企业自身的可持续发展具有重要意义，也对整个社会经济的稳定和发展具有深远影响。

中小企业是经济活力的重要体现。它们在推动创新、促进就业和提高市场竞争力等方面发挥了关键作用。研究中小企业的财务管理，有助于了解这些企业在财务运作中的共性问题和独特挑战，从而为政策制定者、金融机构和中小企业自身提供有效的解决方案。通过对财务管理现状的深入分析，可以帮助企业优化资金配置、提高资金使用效率，进而提升企业的整体竞争力和市场地位。

研究中小企业的财务管理，对于社会就业具有重要意义。中小企业是就业市场的主要承载者，提供了大量的就业机会。良好的财务管理可以提高企业的盈利能力和抗风险能力，从而确保企业的稳定运营和持续发展。企业的稳定发展直接关系到员工的就业稳定性和收入水平。通过改善财务管理，中小企业能够更好地抵御市场波动和经济不确定性，保障更多人的就业和生活质量，进而维护社会的稳定与和谐。

中小企业的财务管理水平直接影响到金融市场的健康运行。中小企业融资困难是一个全球性的问题，这不仅是企业自身的问题，也是金融市场的一大挑战。研究中小企业的财务管理，能够揭示其融资难的深层次原因，帮助金融机构更好地评估中小企业的信用风险，设计出更适合中小企业的金融产品和服务。金融市场的健康发展需要多层次、多元化的金融主体，中小企业作为其中的重要组成部分，其财务管理水平的提升，将有助于金融市场的稳定和高效运行。

研究中小企业财务管理还具有重要的政策意义。政府在制定和实施支持中小企业发展的政策时，需要充分了解企业在财务管理方面的实际情况和需求。通过研究，可以为政府提供科学的决策依据，帮助政府更精准地制定扶持政策。政府可以根据研究结果，优化融资担保体系、降低税收负担、简化审批流程等，从而更有效地支持中小企业的发展。政策的有效性也需要通过对中小企业财务管理效果的跟踪评估来进行反馈和调整，以确保政策的持续改进和优化。

在宏观经济层面，中小企业财务管理研究有助于提升整个社会的经济效率。财务管理不仅仅是企业内部的管理活动，它与宏观经济的运行机制密切相关。通过研究中小企业的财务管理，可以揭示出资源配置中的不合理现象，促进资金在全社会范围内的更有效流动和配置。当中小企业能够高效地管理财务、提升盈利能力时，它们会更积极地参与市场竞争和创新活动，从而推动整个经济的动态平衡和持续增长。

在社会文化层面，中小企业财务管理研究也有助于提升社会的诚信和契约精神。中小企业在财务管理中常常面临资金短缺、信息不对称等问题，这使得建立诚信经营和规范管理变得尤为重要。通过研究和推广优秀的财务管理案例，可以引导更多中小企业树立诚信经营的理念，规范财务行为，从而在全社会形成良好的商业道德和契约精神。这种文化氛围的形成，不仅有助于中小企业自身的发展，也会对整个社会的商业环境产生积极影响。

中小企业财务管理研究还具有重要的教育和培训意义。研究成果可以转化为教育资源，为中小企业的管理人员提供系统的培训和指导。通过培训，企业管理人员可以掌握更多的财务管理知识和技能，提高他们的管理水平和决策能力。这不仅有助于企业自身的管理改进，也有助于培养更多专业化、职业化的财务管理人才，推动整个行业的健康发展。

中小企业财务管理研究还可以促进国际交流与合作。在全球化背景下，中小企业面临着越来越多的跨国经营机会和挑战。通过研究，可以总结和分享不同国家和地区中小企业财务管理的成功经验和最佳实践，促进国际间的交流与合作。中国的中小企业可以借鉴发达国家在财务管理和融资方面的先进经验，提升自身的管理水平和国际竞争力。中国的研究成果也可以为其他发展中国家的中小企业提供有益的借鉴，推动全球中小企业的共同发展。

1. 促进经济发展

中小企业的数量庞大，覆盖广泛，它们在各行各业中无处不在，从服务业到制造业，从城市到农村，都有中小企业的活跃身影。这些企业因其规模较小，通常在资金、技术、人才等方面相对不足，导致其在抵御经济波动的能力上不如大企业。通过加强对中小企业财务管理的研究，可以帮助这些企业建立起更加科学、合理的财务管理体系，提高其资金使用效率，降低运营成本，增强其市场适应能力和抗风险能力。

这些企业通常更灵活，能快速响应市场变化，但同时也面临着资金不足、研发投入限制的问题。财务管理的优化可以为中小企业解决这些问题提供策略和方向。通过合理的财务规划和资金管理，中小企业可以更有效地分配资源于创新和研发活动，从而推动新技术的开发和应用，增强企业的核心竞争力。

中小企业是最大的就业创造者，通过提供大量的就业机会，它们帮助社会稳定，减少失业率，提高居民的收入水平。强化中小企业的财务管理能力，可以增强企业的生存和发展能力，从而在更大范围和更深层次上促进就业和社会稳定。

在许多发展中国家，经济活动往往过于集中在某些大城市或特定区域，而中小企业的兴起和扩散则有助于资源在更广泛的地区分配，促进偏远地区的经济发展，减少区域发展不平衡的现象。通过改善中小企业的财务管理，可以增强这些企业在边远地区的投资和发展能力，推动全国范围内的经济均衡发展。

政府在制定经济政策时，需要充分考虑中小企业的发展状况和需求，这其中，财务管理的研究可以为政策制定提供数据支持和决策依据。通过对中小企业财务状况的深入了解，政府可以更准确地设计出有针对性的扶持政策，如税收减免、财务补贴等，这些政策不仅能帮助中小企业渡过难关，还能激励企业投入到更广泛的社会经济活动中。

2. 增加就业机会

中小企业在国民经济中占据重要地位，它们不仅是经济增长的驱动力，也是社会就业的主要载体。在中小企业的管理体系中，财务管理扮演着核心角色，直接影响企业的生存和发展。研究中小企业财务管理，不仅对提升企业自身的管理水平和市场竞争力具有重要意义，更在广泛的社会层面上展现出深远的社会意义，特别是在增加就业机会方面尤为突出。

良好的财务管理可以增强中小企业的稳健性和可持续性，从而为社会提供更多的就业机会。中小企业普遍面临资源有限、抗风险能力较弱的问题，而有效的财务管理能够帮助企业合理配置资源，优化资金运用，降低运营风险。通过科学的财务规划和管理，企业可以实现稳定的现金流和利润增长，增强抗风险能力和市场竞争力，从而在经济波动中保持稳健发展。稳定发展的企业自然能够创造并维持更多的就业岗位，为社会提供持续的就业机会。

财务管理的研究可以帮助中小企业优化成本结构，提高经营效率，从而扩大生产规模和业务范围，进一步增加就业机会。许多中小企业在成本控制和管理方面存在较大改进空间。通过深入的财务管理研究，企业可以发现并消除资源浪费，优化生产流程，降低生产和运营成本。通过引入现代财务管理工具和方法，如成本核算、预算管理和绩效考核，企业可以更加精确地控制各项成本支出，提高生产效率和盈利能力。在降低成本的企业可以将节省下来的资源用于扩大再生产，增加新的业务领域，从而创造更多的就业岗位。

融资难是制约中小企业发展的主要障碍之一，许多中小企业由于缺乏有效的财务管理和信用记录，难以获得银行贷款和外部投资。通过科学的财务管理，企业可以提高财务信息透明度和规范性，增强信用度，获得更多的融资支持。通过规范财务报表和信息披露，企业可以展示自身的经营状况和发展前景，赢得金融机构和投资者的信任；通过合理的资本结构优化和融资策略设计，企业可以降低融资成本，增加资金供给，支持企业扩展生产和业务，创造更多就业机会。

中小企业是创新的重要源泉，但许多企业在创新投入上面临资金和管理瓶颈。通过财务管理研究，企业可以更有效地配置创新资源，制定合理的研发预算和资金使用计划,确保创新项目的顺利实施。通过财务绩效管理和投资回报分析,企业可以评估创新项目的经济效益和风险,优化创新投资决策,提升创新成果的市场转化率。在创新驱动的发展模式下,企业能够开拓新的市场和业务领域,创造更多高质量、高技能的就业机会,提升整体就业水平和质量。

中小企业作为社会的一员,不仅承担着经济责任,也肩负着社会责任和环境责任。通过财务管理研究,企业可以在追求经济效益的更加注重社会效益和环境效益。通过绿色财务管理和可持续发展战略,企业可以在生产和运营中减少资源消耗和环境污染,支持绿色经济和可持续发展;通过企业社会责任报告和社会效益评估,企业可以加强与员工、社区和利益相关者的沟通,促进企业与社会的和谐共生。在履行社会责任的过程中,企业不仅能够提升自身的社会形象和品牌价值,还能创造更多就业机会,推动社会的公平和进步。

在政策层面,研究中小企业财务管理对政府制定和实施促进就业的政策措施具有重要的参考价值和指导意义。政府在推动中小企业发展和增加就业机会方面发挥着重要作用,通过研究中小企业财务管理问题,可以为政府提供科学的政策依据。通过分析中小企业融资难的原因,政府可以出台更加有效的金融支持政策,如设立中小企业专项贷款、提供贷款担保和贴息等;通过研究中小企业税收管理问题,政府可以优化税收政策,减轻中小企业税负,激发企业活力和创新动力,创造更多就业机会。政府还可以通过建立和完善中小企业服务体系,提供财务管理培训和咨询服务,提升中小企业的财务管理水平和市场竞争力。

在教育和培训方面,研究中小企业财务管理可以为高校和职业教育机构提供重要的教学资源和实践案例,推动财务管理人才的培养和就业。高校和职业教育机构在培养财务管理人才方面具有重要责任,通过深入的财务管理研究,可以开发出更加贴近实际需求的教学内容和课程体系。通过研究中小企业财务管理中的实际问题和解决方案,可以编写具有实践指导意义的教材和案例,提高教学的实用性和针对性;通过与中小企业合作开展财务管理实践和实习活动,可以为学生提供真实的工作场景和实践机会,提升其实际操作能力和就业竞争力。在此基础上,教育和培训机构能够为社会输送更多高素质的财务管理人才,支持中小企业的发展和就业增长。

第二节 中小企业在经济发展中的地位与作用

一、中小企业在经济发展中的地位

（一）促进经济增长

中小企业在促进经济增长方面具有显著优势。中小企业数量众多，遍布各行各业，其灵活的经营机制和快速的市场反应能力，使得中小企业能够迅速抓住市场机会，推动经济增长。以中国为例，据统计，中国的中小企业数量占全国企业总数的99%以上，贡献了全国60%以上的GDP和80%以上的城镇就业。中小企业的快速发展，不仅提升了经济活力，也为宏观经济的稳定增长提供了有力支持。

吸纳了大量的劳动力，成为解决就业问题的重要渠道。特别是在劳动力密集型行业，中小企业提供了大量的就业岗位，为社会的稳定和谐作出了重要贡献。在全球化和技术进步的背景下，中小企业不断发展新业态、新模式，创造出更多的就业机会，提升了社会的整体就业水平。

具有较强的创新能力和灵活的经营机制，能够迅速适应市场变化，推出创新产品和服务。中小企业的创新活力不仅推动了技术进步和产业升级，也为经济发展注入了新的动能。以美国的硅谷为例，众多科技型中小企业在创新和技术突破方面表现突出，推动了全球科技产业的发展。

中小企业分布广泛，涉及各个行业和领域，其多样化的发展模式有助于优化产业结构，提升经济的整体竞争力。中小企业的成长壮大，不仅丰富了市场供给，也促进了资源的合理配置，推动了经济的均衡发展。在一些新兴产业和战略性新兴产业领域，中小企业更是扮演着先锋角色，推动了产业的快速发展。

中小企业提供了大量的就业机会，增加了居民收入，改善了社会福利，提升了人民的生活水平。中小企业的发展也促进了城乡经济的协调发展，缩小了城乡差距，推动了社会的和谐进步。在一些经济欠发达地区，中小企业的发展更是带动了地方经济的繁荣，改善了当地居民的生活条件。

由于中小企业规模小、抵押物不足、信用体系不完善等原因，银行等金融机构对中小企业的贷款往往持谨慎态度，导致中小企业难以获得足够的资金支持。中小企业在技术研发、市场开拓、人才引进等方面也存在一定的困难，需要政府和社会各界的支持和帮助。

为了解决中小企业面临的问题，政府应加强政策支持，加大对中小企业的扶持力度。通过设立中小企业专项基金、降低税费负担、提供融资担保等措施，帮助中小企业解决融资难题。政府还应加强对中小企业的技术支持和服务，鼓励中小企业加大研发投入，提升自主创新能力。政府还应推动中小企业与高校、科研院所的合作，促进产学研结合，提升中小企业的技术水平和竞争力。

社会各界也应积极支持中小企业的发展。金融机构应创新金融产品和服务，提供多样化的融资渠道，满足中小企业的融资需求。大企业应与中小企业加强合作，形成互利共赢的产业链关系，推动中小企业的成长壮大。高校和科研院所应加强与中小企业的合作，提供技术支持和人才培养，助力中小企业的创新发展。

（二）促进技术创新

中小企业在技术创新中具有独特的优势。由于规模较小，组织结构灵活，中小企业能够更迅速地响应市场变化和技术进步。它们通常可以在更短的时间内完成产品开发和市场推广，从而占据市场先机。中小企业的决策链较短，使得创新想法能够迅速转化为实际产品和服务。这种灵活性和高效性是大企业难以企及的。

中小企业在创新过程中常常表现出高度的创造力和冒险精神。许多中小企业通过不断尝试和实验，开发出了独具特色的产品和服务，填补了市场空白。在互联网和信息技术领域，不少成功的初创公司都是由中小企业发展而来的。它们通过技术创新，不断突破行业的技术瓶颈，推动整个行业的进步和发展。

它们不仅是创新成果的创造者，也是技术转化的积极推动者。中小企业通过与高校、科研机构合作，吸收和转化最新的科研成果，使得科学技术能够更快地应用于实际生产和生活中。生物医药领域的许多新药和治疗方法，都是由中小企业通过技术创新和市场化运作，迅速推广应用的。

它们通过自身的创新实践，为其他企业提供了宝贵的经验和参考。在中小企业的带动下，整个行业的技术创新氛围得到了极大的提升，形成了良好的创新生态环境。在新能源和环保产业，不少中小企业通过技术创新，开发出了高效、环保的新能源产品，推动了整个行业的绿色转型。

通过技术创新，中小企业能够提供更多高质量的产品和服务，满足消费者不断变化的需求，从而提高市场占有率和盈利能力。技术创新还能够帮助中小企业降低生产成本，提高生产效率，从而增强企业的可持续发展能力。

中小企业在技术创新中的成功案例不胜枚举。某科技公司通过自主研发，成功开发出了一种新型的智能家居系统，不仅提高了家居生活的智能化水平，还开创了一个全新的市场领域。该公司凭借这一创新产品，迅速占领市场，成为行业的领军企业。又如，一家生物科技公司通过与高校合作，开发出了一种新型的癌症治疗药物，大大提高了治疗效果，赢得了广泛的市场认可和好评。

中小企业在技术创新过程中也面临着诸多挑战。资金短缺、技术人才不足、市场风险高等问题，常常制约着中小企业的创新发展。为了帮助中小企业克服这些困难，各级政府和社会各界应加大支持力度，为中小企业营造良好的创新环境。

政府应加强对中小企业技术创新的政策支持。通过设立专项资金、减免税收、提供贷款担保等方式，为中小企业提供更多的资金支持，减轻其资金压力。政府应加强对技术创新的引导，鼓励中小企业加大研发投入，提高技术创新能力。

高校和科研机构应积极与中小企业合作，推动产学研结合。通过建立技术转移中心、科技孵化器等平台，为中小企业提供技术支持和服务，帮助其解决技术难题。高校和科研机构应积极培养和输送高素质的科技人才，为中小企业的技术创新提供智力支持。

社会各界应共同努力，营造良好的创新氛围。通过开展各种形式的创新大赛、技术交流会等活动，为中小企业提供展示和交流的平台，激发其创新活力。媒体应加强对中小企业创新成果的宣传报道，树立典型，弘扬创新精神，营造全社会支持中小企业创新的良好氛围。

技术创新不仅是中小企业自身发展的关键，也是推动经济社会发展的重要引擎。在新时代背景下，中小企业应抓住机遇，勇于创新，不断提高自身的竞争力和可持续发展能力。政府、科研机构和社会各界也应共同努力，为中小企业的技术创新提供更加有力的支持和保障，推动中小企业在经济发展中发挥更加重要的作用。

（三）中小企业的经济地位

中小企业在现代经济中扮演着至关重要的角色，它们不仅是经济发展的重要支柱，还在推动创新、促进就业和社会稳定等方面发挥着不可替代的作用。尽管它们在规模上可能无法与大型企业相比，但中小企业的灵活性、适应性和创新能力使其在激烈的市场竞争中依然能够取得显著的成就。

中小企业在经济发展中的重要性体现在其数量和贡献上。根据统计数据，全球范围内，中小企业占企业总数的 90% 以上，创造了 50% 以上的就业机会。尤其在发展中国家，中小企业往往是就业市场的主力军，为数以百万计的人们提供了工作机会。正是这些企业，通过提供多样化的就业机会，减少了失业率，提高了社会的整体经济水平。

由于中小企业规模较小，决策链条较短，能够更迅速地响应市场变化，进行灵活的调整和创新。它们能够迅速采纳新技术、新观念，并将其转化为实际的产品和服务，从而推动整个行业的进步。许多科技初创公司通过技术创新，推动了互联网、人工智能、生物技术等领域的飞速发展。这些企业的创新不仅带来了经济效益，还提升了人们的生活质量和社会福利。

除了经济效益，中小企业在社会稳定和可持续发展方面也发挥着重要作用。中小企业通常更加贴近社区，了解当地居民的需求和文化，能够更好地为社区提供服务和支持。它们在解决贫困、促进教育、改善医疗等方面做出了巨大贡献，推动了社会的和谐发展。中小企业在环境保护方面也展现了责任感和创新力。许多中小企业通过开发绿色技术、推行环保政策，积极应对气候变化和资源枯竭的问题，为实现可持续发展目标贡献了力量。

首先是资金问题。由于中小企业规模较小，财务资源有限，融资难度较大。银行和其他金融机构往往倾向于将资金投向风险较低的大企业，这使得中小企业在获取贷款和投资时面临较大的困难。资金不足不仅限制了中小企业的扩展和创新能力，也增加了其经营风险。为解决这一问题，政府和金融机构应加强对中小企业的支持，提供更多的融资渠道和优惠政策，帮助中小企业渡过难关。

其次是人才问题。中小企业由于薪资待遇和职业发展空间有限，往往难以吸引和留住高素质的人才。人才流失不仅影响了企业的核心竞争力，也制约了其长期发展。因此，中小企业应注重人才培养和管理，提供良好的工作环境和发展机会，激发员工的工作热情和创造力。政府和社会也应加强对中小企业的人才支持，提供更多的培训和教育资源，帮助中小企业提升人力资本。

随着全球化和信息化的发展，市场竞争日益激烈，大企业凭借其资金和技术优势，占据了大量市场份额，中小企业在竞争中往往处于劣势。为应对这一挑战，中小企业需要不断提升自身的竞争力，注重品牌建设和市场营销，利用互联网和电子商务平台开拓新的市场空间。政府应加强市场监管，维护公平竞争的市场环境，为中小企业的发展创造有利条件。

在未来的发展中，中小企业需要不断适应市场变化，提升自身的竞争力和创新能力。信息化和数字化是中小企业发展的重要趋势。随着互联网和信息技术的飞速发展，数字化转型已成为中小企业提升效率和竞争力的关键路径。通过利用大数据、云计算、人工智能等新技术，中小企业可以实现生产流程的智能化和管理的现代化，提升产品和服务的质量和效率。电子商务平台的广泛应用，使得中小企业能够突破地域限制，开拓全球市场，实现线上线下的无缝对接。

全球化为中小企业提供了更多的发展机遇和市场空间，但同时也带来了更多的挑战。中小企业需要增强自身的国际竞争力，了解和适应国际市场规则，提升产品和服务的国际化水平。政府应加强对中小企业的外贸支持，提供更多的政策和服务，帮助中小企业开拓国际市场，提升国际竞争力。

通过与大企业和科研机构的合作，中小企业可以获取更多的资源和技术支持，提升自身的研发和创新能力。这种合作也有助于形成产业链上下游的协同效应，提升整个产业的竞争力和创新力。在高科技产业领域，中小企业通过与大企业和科研机构的合作，可以共同开展前沿技术研究，推动技术进步和产业升级。

企业文化是企业发展的灵魂，是企业凝聚力和竞争力的重要来源。中小企业应注重企业文化的培育，形成独特的企业精神和价值观，提升员工的归属感和认同感。中小企业应积极履行社会责任，关注环境保护、公益事业和社会福利，树立良好的社会形象和企业声誉。通过加强企业文化和社会责任建设，中小企业可以提升自身的软实力，赢得更多的社会支持和市场认可。

政府应加强对中小企业的政策支持，提供更多的优惠政策和便利服务，减轻中小企业的税收负担和行政成本。金融机构应创新金融产品和服务，提供更多的融资渠道和资金支持，解决中小企业的融资难题。社会各界应加强对中小企业的关注和支持，营造良好的社会氛围和发展环境，帮助中小企业克服困难，实现更好的发展。

1. 中小企业数量庞大

中小企业（SMEs）在很多国家的经济结构中占据主导地位。它们不仅在数量上占据优势，而且在创造就业机会、推动创新和促进社会经济发展方面发挥着不可替代的作用。中小企业通常被定义为员工人数在一定范围内、年营业收入或资产总额不超过特定标准的企业。不同国家对中小企业的定义可能略有不同，但总体上，它们都属于规模较小、资源有限的企业类型。

根据世界银行的统计，中小企业占全球企业总数的90%以上，并提供了全球70%以上的就业机会。这一数据表明，中小企业不仅在数量上占据优势，而且在促进社会就业方面具有重要作用。尤其是在发展中国家，中小企业是解决就业问题、促进经济发展的关键力量。在印度，中小企业贡献了全国工业产值的45%和出口总额的40%，并提供了超过1亿人的就业机会。在中国，中小企业贡献了全国60%以上的GDP和80%以上的城镇就业。

中小企业不仅在创造就业机会方面有重要作用，还在推动创新方面表现出色。由于中小企业的结构相对灵活，它们能够快速响应市场变化，进行创新和调整。许多中小企业在科技创新、产品研发和商业模式创新方面都有突出的表现。一些科技型中小企业通过研发新技术、新产品，迅速占领市场，成为行业的领跑者。即便是在传统行业，中小企业也通过工艺改进、产品升级等手段，不断提升竞争力。

中小企业在发展过程中也面临诸多挑战。首先是资金问题。由于中小企业的资产规模较小，缺乏有效的担保手段，往往难以获得银行贷款。这使得许多中小企业在资金周转、扩大生产和技术升级方面面临困难。尽管一些国家采取了扶持中小企业发展的金融政策，如设立中小企业发展基金、提供贷款担保等，但资金不足仍是制约中小企业发展的主要瓶颈之一。

其次是市场竞争。随着全球化进程的加快，市场竞争日益激烈。中小企业不仅要面对本地市场的竞争，还要应对来自国际市场的挑战。特别是一些传统行业，中小企业由于技术水平相对落后，产品附加值低，往往难以在激烈的市场竞争中占据优势。许多中小企业缺乏有效的市场营销策略和渠道，难以拓展新的市场和客户。

再次是管理问题。中小企业的管理水平普遍较低，许多企业缺乏科学的管理制度和经验丰富的管理人才。这导致企业在经营过程中容易出现管理混乱、决策失误等问题。中小企业的员工培训和人力资源管理也存在不足，导致员工流动性大，人才储备不足。管理问题不仅影响企业的日常运营，还制约了企业的长期发展。

尽管面临诸多挑战，中小企业在全球经济中的地位依然不可替代。为了促进中小企业的发展，许多国家采取了一系列扶持政策和措施。在金融支持方面，一些国家设立了专门的中小企业发展基金，提供贷款担保和低息贷款，帮助中小企业解决资金短缺问题。在税收优惠方面，一些国家对中小企业实行减税或免税政策，降低企业负担，鼓励企业发展。政府还通过提供技术支持、市场信息和培训服务，提升中小企业的竞争力和管理水平。

在全球化背景下，中小企业不仅需要依靠政府的扶持，还需要不断提升自身的竞争力。首先是加强创新能力。中小企业要不断进行技术创新、产品创新和商业模式创新，提升产品的附加值和市场竞争力。特别是在科技迅猛发展的今天，中小企业要紧跟时代步伐，积极应用新技术，推动企业转型升级。其次是提升管理水平。中小企业要引入科学的管理制度，培养经验丰富的管理人才，加强员工培训和人力资源管理，提升企业的整体管理水平。

中小企业还需要积极开拓国际市场。随着全球化进程的加快，国际市场为中小企业提供了广阔的发展空间。中小企业要加强市场调研，制定有效的市场营销策略，拓展新的市场和客户。要加强与国际企业的合作，学习先进的管理经验和技术，提升企业的国际竞争力。

2. 中小企业的就业贡献

中小企业是吸纳劳动力的重要渠道。由于中小企业数量庞大，遍布各行各业，能够提供多样化的就业岗位。无论是初级工人、技术人员还是管理人员，中小企业都能为其提供适合的工作机会。据统计，在许多国家和地区，中小企业的就业贡献率超过了总就业人数的50%。在中国，中小企业提供了全国80%以上的城镇就业岗位，这不仅大幅降低了失业率，也为社会的和谐稳定奠定了基础。

中小企业灵活的用工机制和多样的岗位设置，使其能够吸纳更多的弱势群体就业，包括应届毕业生、残疾人、农民工和中老年人等。这些群体在大型企业中往往难以找到适合的工作，但中小企业能够为其提供更多机会。在一些经济欠发达地区，中小企业是吸纳当地农民工的重要力量，帮助他们实现就地就业，减少了农村人口向城市的过度迁移，促进了城乡经济的协调发展。

中小企业通过提供多样化的岗位和灵活的用工机制，满足了不同群体的就业需求。中小企业在员工工作时间和工作地点方面具有较大的灵活性，能够根据员工的具体情况进行调整，这对有家庭负担的员工尤为重要。中小企业注重员工的技能培训和职业发展，通过不断提升员工的专业能力，增强其就业竞争力，提升了整体就业质量。

许多中小企业本身就是由创业者创办的，他们通过创业不仅实现了自我就业，还带动了更多的就业机会。中小企业创业门槛较低，适合各类创业者尝试，特别是对于那些缺乏经验和资金的年轻人而言，中小企业是实现创业梦想的理想平台。中小企业的创业成功率相对较高，因为其灵活的经营机制和快速的市场反应能力，使得创业者能够迅速调整战略，适应市场变化，增加了创业成功的可能性。

在经济转型和产业升级过程中，中小企业也为就业结构的优化作出了贡献。中小企业在新兴产业和高科技领域的创新能力和发展潜力，使其成为推动产业升级和结构调整的重要力量。在信息技术、生物医药、新能源等领域，中小企业通过技术创新和商业模式创新，创造了大量高技术含量和高附加值的就业岗位。这些新兴产业的就业岗位不仅数量多，而且质量高，为劳动力市场注入了新的活力。

首先是融资难的问题。由于中小企业规模小、抗风险能力弱，融资渠道有限，导致其在扩大生产和吸纳就业方面受到制约。其次是人才短缺的问题。中小企业由于薪资待遇和职业发展前景相对较弱，难以吸引和留住高素质人才，这在一定程度上影响了其就业质量和竞争力。中小企业在管理水平、市场开拓、技术创新等方面也存在一定的不足，需要政府和社会各界的支持和帮助。

为了解决中小企业在就业贡献方面面临的问题，政府应加强政策扶持，提供全方位的支持和服务。通过设立中小企业专项基金、提供融资担保、降低税费负担等措施，帮助中小企业解决融资难题，增强其吸纳就业的能力。政府还应加强对中小企业的技术支持和服务，鼓励中小企业加大研发投入，提升自主创新能力。政府还应推动中小企业与高校、科研院所的合作，促进产学研结合，提升中小企业的技术水平和竞争力。

社会各界也应积极支持中小企业的发展。金融机构应创新金融产品和服务，提供多样化的融资渠道，满足中小企业的融资需求。大企业应与中小企业加强合作，形成互利共赢的产业链关系，推动中小企业的成长壮大。高校和科研院所应加强与中小企业的合作，提供技术支持和人才培养，助力中小企业的创新发展。

在全球经济一体化和科技快速发展的背景下，中小企业的就业贡献将变得更加重要。中小企业不仅是经济增长的重要动力，也是增加就业、激发创新、优化结构、促进社会稳定的重要力量。政府和社会各界应共同努力，为中小企业的发展创造良好的环境，提供有力的支持，推动中小企业健康快速发展，为实现经济高质量发展和社会和谐进步作出更大贡献。

通过积极推动中小企业的发展，不仅能够解决就业问题，提升就业质量，还能促进经济结构优化和产业升级，增强国家的综合竞争力。在这个过程中，需要各方共同努力，采取切实有效的措施，帮助中小企业克服困难，实现更大发展。中小企业的成长和壮大，不仅关系到千千万万个家庭的福祉，也关系到国家的长远发展和繁荣。

未来，中小企业将在经济发展中发挥更加重要的作用。随着技术进步和产业升级，中小企业将迎来更多的发展机遇。政府应继续加强政策支持，社会各界应积极参与，共同推动中小企业的健康发展，为实现经济高质量发展和社会和谐进步作出更大贡献。

二、中小企业在经济发展中的作用

（一）中小企业的社会作用

中小企业在社会作用方面发挥着重要而独特的作用，对于经济社会的发展具有不可替代的重要性。它们在促进就业、推动经济增长、促进社会稳定、促进科技创新、扶持贫困地区经济发展等方面发挥着积极作用，对于促进经济社会的全面发展和进步具有重要的意义。

中小企业是就业的重要渠道。由于中小企业规模相对较小，灵活性较强，能够更加迅速地适应市场需求的变化，因此在经济运行中具有较强的就业吸纳能力。根据统计数据显示，中小企业在中国的城镇就业中所占比重超过 60%，在一些地区更是达到 70% 以上。这些数据充分说明了中小企业在促进就业方面的重要作用，为社会稳定和经济发展提供了坚实的基础。

作为国民经济的重要组成部分，中小企业在促进经济增长、扩大就业、增加税收等方面都发挥着重要作用。中小企业通过创新创业，不断推出新产品、新技术，促进了市场的竞争和活力，为经济的发展注入了新的活力和动力。

由于中小企业规模较小，管理灵活，能够更加迅速地适应市场变化和技术进步，因此在科技创新方面具有一定的优势。许多中小企业通过自主研发、技术引进等方式，不断推出具有市场竞争力的新产品、新技术，为产业升级和经济发展做出了积极贡献。

中小企业还在促进社会和谐稳定方面发挥着重要作用。中小企业通常注重员工的培训和激励，提供良好的工作环境和发展机会，能够有效地提升员工的工作积极性和生产力，增强员工的归属感和幸福感，从而促进社会的和谐稳定。

中小企业在扶贫济困、支持农村经济发展等方面也发挥着重要作用。由于中小企业在规模、管理、技术等方面具有一定优势，因此在扶贫济困、支持农村经济发展等方面具有一定的优势。许多中小企业通过开发农产品加工业、发展乡村旅游业等方式，为农村经济的发展提供了新的动力和机遇。

在促进产业链发展方面，中小企业扮演着不可替代的角色。它们常常是创新的源泉和技术的先锋，在产业链中发挥着关键的推动作用。中小企业通过持续不断的创新，推动着产业链向前发展，为整个产业链注入了新的活力和动力。

由于规模较小，中小企业更加灵活，能够更快速地适应市场变化和技术进步，更容易进行创新尝试。在产业链中，中小企业常常是技术创新和产品创新的主要推动者，通过引入新技术、新产品和新商业模式，推动整个产业链的升级和转型。

中小企业在产业链中扮演着桥梁和纽带的角色。中小企业通常处于产业链的中游和下游，既是上游企业提供产品和服务的重要客户，又是下游企业的重要供应商。中小企业通过加强上下游企业之间的合作与协同，促进资源共享和信息交流，有助于优化产业链的整体效率和效益，实现资源的最大化利用。

由于中小企业的数量庞大，涉及的行业和领域广泛，它们在技术、产品、市场等方面具有较强的差异化竞争优势。通过在不同领域进行创新尝试和实践，中小企业能够为产业链提供更多元化的产品和服务，满足不同消费群体的需求，拓展产业链的发展空间。

它们往往能够为社会创造更多的就业机会，减少失业人口，提高就业率，为经济社会发展做出积极贡献。中小企业的发展也会带动相关产业的发展，形成产业集聚效应，进一步提升整个产业链的经济效益和竞争力。

某家中小企业通过自主研发，成功开发出了一种新型的智能手机配件，不仅在国内市场取得了巨大成功，还逐渐拓展到国际市场，成为该产业链的领军企业。该企业通过技术创新和市场拓展，不断提升自身的竞争力和影响力，为整个产业链的发展做出了积极贡献。

政府可以通过加大财政支持力度，设立专项基金，为中小企业提供创新资金支持；加强科技创新政策，鼓励中小企业增加研发投入，提升技术创新能力；加强知识产权保护，维护中小企业的合法权益。政府还应加强对中小企业的培训和指导，提升其管理水平和市场竞争力，为其发展提供更多的支持和保障。

社会各界也应积极支持中小企业的创新和发展。高校和科研机构可以加强与中小企业的合作，为其提供技术支持和人才培养；金融机构可以创新金融产品和服务，为中小企业提供更多的融资渠道和资金支持；媒体可以加强对中小企业的宣传报道，树立典型，激发其创新活力和发展潜力。

1. 促进就业机会

中小企业是就业机会的重要提供者。根据统计，中小企业在许多国家的就业总量中占据了大部分比例。其灵活的经营模式和多样化的业务范围，使其能够吸纳大量劳动力，从而缓解社会就业压力。在制造业、服务业、零售业等领域，中小企业提供了大量的就业岗位，尤其是在经济转型和产业升级过程中，中小企业的就业吸纳能力尤为突出。

通常更加注重员工的多技能培养和综合素质提升，通过内部培训和岗位轮换等方式，为员工提供了广阔的发展空间和职业成长机会。相比于大企业的高度分工和岗位固化，中小企业的灵活性和多样性，使得员工能够更快地积累经验、提升能力，从而在职业发展道路上走得更远。

分布范围广泛，涉及各行各业，从传统制造业到新兴的互联网和高科技产业，无所不包。这种多样化不仅使得经济结构更加健全和完善，也在很大程度上提高了经济的抗风险能力。在全球金融危机期间，许多大企业面临经营困难甚至倒闭，但众多中小企业依然顽强生存，为经济的复苏和稳定提供了重要支撑。

由于其规模较小，经营灵活，中小企业往往能够深入到大企业难以覆盖的区域，特别是一些经济欠发达的地区。通过投资和开设分支机构，中小企业带动了当地的经济发展和社会进步。在一些农村和偏远地区，中小企业的兴起不仅提供了就业机会，还带来了先进的技术和管理经验，推动了当地经济的快速发展。

具有决策链短、反应速度快、创新意识强等优势，能够更迅速地把握市场机遇，进行技术研发和产品创新。许多中小企业通过持续创新，开发出了具有市场竞争力的产品和服务，打破了行业的技术壁垒，推动了整个产业的进步。在科技领域，不少中小企业通过不断创新，成为行业内的领军企业，为经济发展注入了新的动力。

通过不断尝试新的商业模式和管理方法，中小企业能够更加灵活地适应市场变化，提升自身的竞争力。一些中小企业通过互联网和电子商务平台，实现了线上线下的无缝对接，大大拓展了市场渠道和客户群体，取得了显著的经济效益。

通过提供大量就业机会，中小企业有效地缓解了社会的就业压力，减少了失业率，为社会的稳定和和谐做出了贡献。中小企业在员工管理和企业文化建设方面注重人性化和亲和力，营造了良好的工作氛围和企业文化，增强了员工的归属感和幸福感。一些中小企业通过设立员工关爱基金、开展各种文体活动、提供灵活的工作时间和职业发展机会，提升了员工的工作满意度和忠诚度，从而促进了企业的稳定发展。

中小企业在环境保护和社会责任方面也展现出了积极的一面。随着社会环保意识的增强和可持续发展理念的普及，越来越多的中小企业开始重视环境保护和社会责任，通过采取绿色生产工艺、节能减排措施和开展公益活动，为环境保护和社会进步贡献力量。一些中小企业通过开发和推广环保产品，减少了环境污染；通过参与和支持各类公益活动，帮助弱势群体，提升了企业的社会形象和影响力。

值得一提的是，中小企业在推动区域经济合作和国际化发展方面也有着独特的优势。通过积极参与区域经济合作和国际市场竞争，中小企业不仅拓展了自身的发展空间，也为区域经济的一体化和全球经济的发展做出了贡献。在"一带一路"倡议的推动下，许多中小企业积极开拓国际市场，通过合作和交流，实现了跨国界的发展和壮大。

中小企业的发展离不开各级政府和社会各界的支持。为了更好地促进中小企业的发展，政府应加强政策支持和服务保障，为中小企业营造良好的发展环境。具体而言，政府可以通过制定和实施有利于中小企业发展的税收政策、金融支持政策和市场准入政策，为中小企业的发展提供更多的政策保障和支持。政府还应加强对中小企业的服务和指导，通过设立中小企业服务中心、提供创业辅导和培训等方式，帮助中小企业提升管理水平和市场竞争力。

社会各界也应积极支持中小企业的发展。高校和科研机构可以通过产学研结合，为中小企业提供技术支持和人才培养；金融机构可以通过创新金融产品和服务，为中小企业提供更多的融资渠道和资金支持；媒体可以通过宣传中小企业的成功案例和创新成果，提升中小企业的社会形象和影响力。

2. 促进资源配置

中小企业在资源配置中发挥着桥梁作用。与大型企业相比，中小企业的规模较小，运营更加灵活，能够迅速响应市场需求的变化。这种灵活性使得中小企业能够在资源配置过程中起到桥梁作用，迅速填补市场需求的空白。在某些特定的细分市场或新兴行业，大型企业往往因其规模庞大、决策链条长，难以及时调整战略，而中小企业则可以快速进入这些市场，提供所需的产品和服务，满足消费者的需求，从而优化资源的配置效率。

创新是经济增长的重要驱动力，而中小企业由于其结构简单、决策灵活，常常成为创新的先锋。许多突破性的新技术、新产品和新商业模式，往往源于中小企业的创新实践。这些创新不仅为中小企业自身带来了发展机遇，也推动了整个产业的进步。科技领域的许多初创公司，通过创新技术和商业模式，改变了传统产业的格局，提升了资源利用效率，推动了经济的可持续发展。

在许多国家和地区，中小企业是地方经济的重要支柱，它们不仅提供了大量就业机会，还促进了地方产业的发展和资源的合理利用。在一些农村和边远地区，大型企业往往因市场规模有限、基础设施不足等原因不愿投资，而中小企业则可以利用当地的资源优势，发展特色产业，带动地方经济的繁荣。这不仅优化了资源配置，也缓解了地区发展的不平衡问题，推动了社会的和谐发展。

它们在吸纳就业、缓解失业压力方面发挥了重要作用，为社会稳定奠定了基础。尤其是在经济波动时期，中小企业通过提供灵活多样的就业机会，帮助许多人实现就业，维持了社会的稳定与和谐。中小企业在推动社会责任方面也有突出的表现。许多中小企业积极参与社区建设、环境保护和公益事业，履行社会责任，树立了良好的企业形象。一些中小企业通过环保技术创新，推动了绿色经济的发展，为实现可持续发展目标作出了积极贡献。

许多中小企业由于其本地化的特点，更加贴近社区和居民，能够在产品和服务中融入地方文化，推动文化的传承和发展。这不仅丰富了社会的文化多样性，也增强了社会的凝聚力。一些手工艺企业通过传承和创新传统技艺，不仅保护了传统文化，还为社会提供了独特的文化产品和服务，提升了社会的文化水平和居民的生活质量。

随着全球化的深入发展，中小企业越来越多地参与到国际贸易和跨国经营中，成为国际市场的重要力量。通过参与全球供应链和价值链，中小企业不仅获取了更多的发展机会，也推动了全球资源的优化配置和经济的互利共赢。一些中小企业通过跨国合作和技术引进，提升了自身的技术水平和竞争力，同时也为其他国家和地区的经济发展提供了新的动力。

全球面临着诸多挑战，如气候变化、资源枯竭、环境污染等问题，而中小企业通过创新和灵活的经营模式，可以在这些领域发挥积极作用。许多中小企业通过开发和推广绿色技术、节能产品和环保服务，积极参与到应对全球挑战的行动中，为实现可持续发展目标贡献力量。一些中小企业通过生产可再生能源设备、推行低碳经济模式，不仅实现了自身的绿色转型，也为社会的可持续发展提供了有力支持。

在未来的发展中，中小企业需要不断适应市场变化，提升自身的竞争力和创新能力。信息化和数字化是中小企业发展的重要趋势。随着互联网和信息技术的飞速发展，数字化转型已成为中小企业提升效率和竞争力的关键路径。通过利用大数据、云计算、人工智能等新技术，中小企业可以实现生产流程的智能化和管理的现代化，提升产品和服务的质量和效率。电子商务平台的广泛应用，使得中小企业能够突破地域限制，开拓全球市场，实现线上线下的无缝对接。

中小企业应注重国际化发展，积极参与全球市场竞争。全球化为中小企业提供了更多的发展机遇和市场空间，但同时也带来了更多的挑战。中小企业需要增强自身的国际竞争力，了解和适应国际市场规则，提升产品和服务的国际化水平。政府应加强对中小企业的外贸支持，提供更多的政策和服务，帮助中小企业开拓国际市场，提升国际竞争力。

（二）中小企业的创新作用

中小企业在技术创新方面具有显著优势。由于中小企业的组织结构相对简单，决策过程灵活，能够迅速响应市场变化和技术发展。这种灵活性使得中小企业能够在技术研发和应用方面快速做出调整，开发出适应市场需求的新技术。在信息技术领域，许多成功的初创企业如 Google、Apple 和 Facebook，都是从中小企业起步，通过不断的技术创新，逐渐发展成为行业巨头。这些企业在成立之初，依靠的正是其敏锐的市场洞察力和快速的技术创新能力。

中小企业在产品创新方面也具有独特的优势。由于中小企业离市场更近，能够更好地了解消费者的需求和偏好，从而在产品设计和开发上更具针对性和创造性。许多中小企业通过创新的产品设计、独特的功能和优质的用户体验，赢得了大量消费者的青睐。Dyson 公司在吸尘器市场上通过其独特的无袋吸尘技术，迅速占领市场，并成为家电行业的知名品牌。这样的案例在各行各业中比比皆是，展示了中小企业在产品创新方面的巨大潜力。

商业模式创新是中小企业的另一个重要创新领域。中小企业在市场中通常面临激烈的竞争，因此必须不断寻找新的商业模式，以提升竞争力和市场占有率。近年来，随着互联网和电子商务的快速发展，许多中小企业通过创新的商业模式，如 O2O（线上线下融合）、共享经济、订阅服务等，实现了快速发展。Airbnb 和 Uber 就是商业模式创新的典型代表，这些企业通过全新的商业模式，颠覆了传统行业，并创造了巨大的市场价值。

中小企业的创新不仅体现在技术、产品和商业模式上，还在组织管理和运营流程上表现出色。中小企业通常具有扁平化的组织结构，这使得内部沟通更为高效，决策过程更为快速。许多中小企业通过创新的管理方法，如精益管理、敏捷开发和企业文化建设，提升了员工的创造力和工作效率，推动了企业的持续发展。华为公司在成立初期，正是通过灵活的管理和创新的企业文化，迅速成长为全球领先的通信设备供应商。

中小企业在创新方面的成功，离不开良好的创新环境和政策支持。许多国家和地区为了促进中小企业的创新发展，采取了一系列政策措施，如税收优惠、金融支持、技术扶持和市场准入等。政府还通过设立科技园区、创新中心和孵化器，为中小企业提供良好的创新平台和资源支持。中国的中关村科技园区,就是一个集中了大量高科技中小企业的创新基地,为企业提供了丰富的技术、资金和人才支持,促进了创新和产业集群的发展。

1. 创新驱动经济发展

中小企业通过技术创新提升生产力。技术创新是中小企业提高竞争力的关键手段。中小企业由于其规模较小、组织结构灵活,能够迅速响应市场需求,进行快速试错,从而在技术创新上具备独特优势。它们不仅在传统制造业中进行技术革新,还在新兴产业中不断探索新的技术应用。在信息技术、生物医药、新能源等领域,中小企业通过不断研发和应用新技术,提升了产品和服务的质量和效率,推动了产业的进步和发展。

管理创新是中小企业成功的重要因素。中小企业的管理层通常具有较强的创新意识和执行力,能够迅速调整企业战略,灵活应对市场变化。通过引入先进的管理理念和方法,如精益管理、供应链管理和人力资源管理等,中小企业能够提高运营效率,降低成本,增强企业的竞争力。某些中小企业通过实施精益管理理念,优化生产流程,减少浪费,提升了生产效率和产品质量,从而在激烈的市场竞争中占据一席之地。

中小企业在商业模式创新方面也表现出色。商业模式创新是中小企业获得市场竞争优势的重要手段。中小企业通过不断探索新的商业模式,寻找新的市场机会,实现企业的可持续发展。某些中小企业通过开展电子商务业务,拓展了销售渠道,提升了市场占有率。还有一些中小企业通过与大企业合作,借助大企业的资源和平台,实现了自身的快速发展。这些商业模式的创新,不仅帮助中小企业在市场竞争中取得优势,也为整个经济的发展注入了新的活力。

中小企业在推动就业方面的作用也不容忽视。中小企业是就业机会的重要提供者,它们在吸纳劳动力方面具有重要作用。尤其是在经济下行压力较大的情况下,中小企业通过不断扩大生产规模和业务范围,提供了大量的就业岗位,缓解了社会就业压力。中小企业的创新活动不仅创造了新的就业机会,还提升了劳动者的技能水平和职业素养,为社会经济的可持续发展提供了有力支持。

2. 促进产业链发展

中小企业的技术创新对产业链的进步具有重要意义。技术创新是推动产业链整体升级的关键因素。中小企业由于其灵活性和快速响应能力,能够在新技术的研发和应用方面迅速做出反应,填补大企业难以覆盖的市场空白。在电子信息、智能制造和生物医药等高科技领域，中小企业通过自主研发和技术引进，不断推出新产品和新工艺，推动了产业链的技术进步。这些技术创新不仅提升了中小企业自身的竞争力，也为整个产业链带来了新的增长点和发展机遇。

管理创新是中小企业促进产业链发展的重要手段。中小企业在管理模式上具有灵活性，能够根据市场变化和客户需求迅速调整经营策略。通过引入先进的管理理念和方法，如精益生产、供应链管理和客户关系管理等，中小企业可以提高运营效率，优化资源配置，提升整体竞争力。通过实施精益生产模式，中小企业可以减少生产过程中的浪费，提升产品质量和生产效率，从而在整个产业链中发挥更大的作用。中小企业还可以通过优化供应链管理，加强与上下游企业的合作，提高供应链的整体效率和响应速度，促进产业链的协同发展。

商业模式创新是中小企业在市场竞争中脱颖而出的重要手段。中小企业通过不断探索和创新商业模式，开拓新的市场空间，提升市场占有率和客户满意度。一些中小企业通过电子商务平台，打破了传统销售渠道的限制，直接面向终端消费者，降低了营销成本，提升了市场反应速度。还有一些中小企业通过与大企业建立战略合作关系，借助大企业的资源和平台，实现了自身的快速发展。这些商业模式的创新，不仅提升了中小企业的市场竞争力，也为整个产业链的健康发展提供了动力。

中小企业作为产业链中的重要组成部分，通过自身的创新活动，推动了产业链的优化升级。中小企业在研发新技术和新产品的过程中，往往会带动上下游企业共同参与，实现技术和资源的共享，提升整个产业链的创新能力和市场竞争力。中小企业还可以通过与大企业和科研机构的合作，借助外部资源和技术，提升自身的创新能力，从而为产业链的发展注入新的动能。

第三节 财务管理对中小企业的重要性

一、财务管理在中小企业中的作用

（一）资金管理

资金管理是企业管理中的一项关键任务，直接影响到企业的运营效率和生存能力。资金管理包括资金的筹集、运用和控制，其主要目的是确保企业在适当的时间拥有足够的资金，以满足日常运营和投资需求。

合理的资金管理能够有效缓解中小企业的资金压力。中小企业通常面临着资金短缺的问题，这主要由于其融资渠道较少，融资成本较高。因此，通过科学的资金管理，企业能够优化资金的使用效率，确保资金的流动性，避免因资金短缺而影响正常运营。

资金管理有助于降低企业的财务风险。中小企业在经营过程中面临各种不确定性，如市场波动、客户拖欠款项等，这些都可能导致企业财务紧张。通过制定合理的资金管理计划，企业可以提高资金的利用效率，减少因资金不足带来的经营风险。企业可以通过加强应收账款管理、优化库存管理等措施，进一步降低财务风险。

资金管理能够提高企业的盈利能力。通过科学的资金管理，企业可以合理安排资金的使用，避免资金闲置或浪费。企业可以通过有效的现金管理，提高资金的周转速度，减少资金的占用成本。通过优化资金的配置，企业可以将有限的资金用于最具潜力的项目，最大化投资回报。

1. 资金调配

资金调配是企业运作的核心环节，涉及资金的筹集、运用、分配和管理等多个方面。对于中小企业而言，合理的资金调配能够有效提高资金使用效率，降低经营风险，实现企业的可持续发展。资金的筹集是企业运作的基础。中小企业通常面临融资难的问题，这既与自身资信水平较低、缺乏抵押物等因素有关，也与金融机构对中小企业的贷款意愿不足有关。因此，中小企业应积极拓宽融资渠道，通过银行贷款、股权融资、风险投资等多种方式筹集资金，满足企业发展的资金需求。

资金的运用直接关系到企业的经营效益和发展前景。中小企业应根据自身的发展战略和经营目标，合理制定资金使用计划，确保资金投向最具效益的项目。企业可以通过加强市场调研和分析，确定最具潜力的市场和产品，并集中资金投入，提升市场竞争力。企业还应注重提高资金使用效率，通过优化生产工艺、引进先进技术等措施，降低生产成本，提高产品附加值，从而实现利润最大化。

资金的分配是企业内部资源配置的关键环节。中小企业应根据不同部门和项目的需求，合理分配资金，确保各项业务的顺利开展。在生产环节，企业应优先保证原材料采购、生产设备维护等方面的资金需求，确保生产的连续性和稳定性。

在市场营销环节，企业应注重品牌建设和市场推广，投入适当的资金进行广告宣传、促销活动等，提升企业知名度和市场占有率。在研发环节，企业应加大科技研发投入，增强自主创新能力，提升产品竞争力和市场适应性。

资金的管理是企业实现财务健康和可持续发展的重要保障。中小企业应建立健全财务管理制度，规范资金的使用和管理，确保资金流转顺畅、安全。企业应加强预算管理，通过科学编制和执行预算，合理控制资金使用，防止资金浪费和流失。企业应加强内部控制，通过建立健全的内部控制制度，明确各部门和岗位的职责权限，严格执行资金审批程序，防范资金风险。企业应加强财务分析，通过定期进行财务报表分析和财务指标监控，及时发现和解决财务管理中存在的问题，确保企业财务状况的稳健和健康。

财务管理是企业管理的核心内容，涉及资金管理、成本管理、利润管理、资产管理等多个方面。对于中小企业而言，科学的财务管理能够有效提升企业的经营管理水平，增强企业的核心竞争力，实现企业的可持续发展。资金管理是财务管理的基础。中小企业应注重现金流管理，通过加强资金的计划和控制，确保企业的资金链条不断裂，防范资金风险。企业应建立现金流预测和监控机制，定期编制现金流量表，分析和预测现金流入和流出情况，确保企业具备充足的现金流，满足日常经营和发展需求。

成本管理是企业提高效益的重要手段。中小企业应注重成本控制，通过科学的成本管理，降低生产和经营成本，提高经济效益。企业应加强成本核算，通过合理分摊和归集成本，准确计算产品成本，找出成本控制的薄弱环节，采取有效措施降低成本。企业还应注重提高生产效率，通过优化生产流程、改进生产工艺等措施，降低生产成本，提高生产效率。企业还应加强供应链管理，通过优化供应链结构、建立稳定的供应渠道等措施，降低采购成本，提高供应链效率。

利润管理是企业实现价值最大化的关键。中小企业应注重利润管理，通过科学的利润管理，提高企业的盈利能力和市场竞争力。企业应加强市场营销，通过科学的市场分析和营销策略，提升产品的市场占有率和销售收入，提高利润水平。企业还应注重产品结构优化，通过研发和生产高附加值产品，提高产品的毛利率，实现利润最大化。企业还应注重成本和费用控制，通过合理控制各项成本和费用，降低经营成本，提高利润水平。

2. 风险管理

风险管理在财务管理中的作用对于中小企业尤为重要。中小企业在面对市场竞争、经营风险等方面常常处于较为脆弱的地位，因此，加强风险管理，合理规划和运用资金，对于中小企业的发展至关重要。

中小企业在发展过程中面临着市场风险、信用风险、流动性风险等多种风险。通过风险管理，企业可以对各种风险进行全面分析和评估，找出存在的潜在风险和隐患，并采取相应的防范和控制措施，提高企业的抗风险能力，降低遭受风险的可能性和损失程度。

通过风险管理，企业可以有效识别和评估各种风险，合理规划和调配资金，降低风险对企业经营活动的影响，提高企业的经营效率。在资金调配方面，企业可以通过风险管理，合理配置资金，降低投资风险，提高资金使用效率，实现经营效益的最大化。

中小企业在市场竞争中往往处于劣势地位，通过风险管理，企业可以有效降低经营风险，提高企业的盈利能力和市场竞争力。在市场风险方面，企业可以通过加强市场调研和分析，了解市场需求和竞争态势，制定灵活的营销策略，提高产品市场占有率，实现持续发展。

风险管理有助于提高企业的社会责任感和声誉。中小企业在发展过程中，应积极承担社会责任，维护企业的良好声誉。通过风险管理，企业可以及时发现和解决存在的问题和风险，避免因风险事件引发的不良影响，提高企业的社会责任感和声誉，为企业的可持续发展奠定良好基础。

（二）决策支持

中小企业（SMEs）在日常经营中面临着各种复杂的财务决策，这些决策直接影响着企业的长期发展和成功。决策支持是财务管理中不可或缺的一部分，它涉及为企业领导人提供有关财务决策的关键信息和建议，以帮助他们做出明智的决策。本节将探讨决策支持在中小企业中的财务管理中的作用，并分析其在实践中的重要性。

提供有关企业财务状况的详细信息和分析，决策支持可以帮助企业领导人更好地了解其企业的财务状况，包括资产负债表、利润表和现金流量表等方面。这使他们能够更准确地评估企业的财务健康状况，并做出相应的决策。

分析市场趋势和竞争对手的行为，决策支持可以帮助企业确定其财务战略和目标，并制定相应的计划和策略来实现这些目标。这有助于企业更好地规划和管理其财务活动，从而提高其盈利能力和市场竞争力。

通过提供有关潜在风险的信息和分析，决策支持可以帮助企业领导人更好地识别、评估和管理各种财务风险，包括市场风险、信用风险和操作风险等。这有助于企业减少潜在的财务损失，并保护其资产和利益。

提供有关财务资源的信息和分析，决策支持可以帮助企业领导人更好地管理其财务资源，包括资金、人力资源和技术资源等。这有助于企业提高其财务效率和效益，从而实现更好的财务绩效和长期发展。

二、财务管理对中小企业的重要性

（一）提升效益

提升效益对于中小企业而言具有至关重要的意义，这是因为效益直接关系到企业的生存和发展。中小企业在市场竞争中处于相对弱势地位，面对资金、资源和市场份额的限制，提升效益成了这些企业能够持续发展的关键因素之一。效益的提升不仅仅体现在财务指标的改善上，还涉及运营效率、市场竞争力、产品或服务质量等多个方面。通过科学的财务管理和运营策略，中小企业可以有效提高效益，从而在激烈的市场竞争中立于不败之地。

中小企业由于规模较小，资源相对有限，因此需要更为精准和高效的财务管理。财务管理不仅仅是记账和报税，更重要的是通过财务数据的分析来指导企业决策。有效的财务管理可以帮助中小企业准确了解自身的财务状况，发现潜在的问题和机会。通过财务分析可以发现哪些产品或服务盈利能力强，哪些运营环节存在成本过高的问题，从而有针对性地进行调整和优化。财务管理还涉及现金流管理，这是中小企业生存的命脉。通过科学的现金流管理，可以避免资金链断裂的风险，确保企业的正常运营。

中小企业在市场上往往面临大企业的竞争压力，如果不能有效提升效益，就难以在市场中站稳脚跟。通过提升效益，中小企业可以在成本控制、产品定价、市场推广等方面取得优势。通过优化生产流程和供应链管理，可以有效降低生产成本，从而在价格上具备竞争力；通过提高产品或服务的质量，可以赢得更多客户的信赖和口碑，扩大市场份额。提升效益还可以增加企业的盈利能力，使企业有更多的资金进行市场推广和品牌建设，进一步提升市场竞争力。

在经济环境变化和市场不确定性增加的背景下，中小企业面临的风险和挑战更加严峻。提升效益可以增强企业的财务稳健性，增加抵御风险的能力。通过合理的成本控制和预算管理，可以为企业积累一定的财务缓冲，以应对突发的市场波动和经济危机。效益提升还可以增加企业的融资能力，为未来的扩展和发展提供资金支持。在金融机构和投资者眼中，效益良好的企业风险更低，信用更高，更容易获得融资支持。

可持续发展不仅仅是财务上的持续盈利，更包括了社会责任和环境保护等方面的要求。通过提升效益，中小企业可以在保持财务健康的基础上更好地履行社会责任。通过提高生产效率和资源利用率，可以减少资源浪费和环境污染，实现绿色发展；通过提升员工福利和工作环境，可以提高员工的满意度和忠诚度，构建和谐的企业文化和社会形象。可持续发展的企业不仅能够获得更多的市场认可和社会支持，还可以在未来的发展中占据更加有利的地位。

首先是制定合理的战略规划，明确企业的发展方向和目标。在战略规划的指导下，制定详细的经营计划和预算方案，并严格按照计划执行和控制。其次是加强内部管理，特别是财务管理和成本控制。通过引入现代化的管理工具和信息系统，提高管理效率和决策水平。注重人力资源管理，提升员工的技能和素质，激发员工的积极性和创造力。再者是积极开拓市场，通过市场调研和分析，准确把握市场需求和变化，制定有效的市场营销策略，提升市场竞争力。

（二）提高竞争力

提高竞争力对中小企业的重要性在财务管理中扮演着关键角色。中小企业作为经济的重要组成部分，其竞争力的提升对于促进经济的稳定增长、增加就业机会以及推动创新发展都具有重要意义。财务管理作为中小企业管理的重要组成部分，直接影响着企业的竞争力。下面将从财务管理的角度探讨如何提高中小企业的竞争力。

通过合理的资金运作和资源配置，企业可以减少浪费，提高资源利用率，从而降低生产成本。有效的财务管理还能够帮助企业优化财务结构，降低财务风险，提高财务灵活性，增强企业应对外部环境变化的能力。

投资者通常倾向于投资管理规范、财务状况良好的企业，因为这些企业通常具有较低的投资风险和较高的收益潜力。通过健全的财务管理，企业可以提高自身的盈利能力和资产负债比，吸引更多投资者的关注和青睐，进而获得更多的融资渠道和更优惠的融资条件，为企业的发展壮大提供有力支持。

财务数据的透明度和真实性是企业信誉和形象的重要体现，能够增强消费者和合作伙伴对企业的信任和认可，从而提升企业的品牌价值和市场竞争力。通过建立良好的财务声誉，企业可以在市场竞争中脱颖而出，赢得更多客户和市场份额。

通过对财务数据的分析和研究，企业可以及时发现经营问题和机遇，制定有效的战略计划和决策方案，为企业的长远发展提供指导和支持。良好的财务管理还可以帮助企业进行业务创新和技术升级，提升产品质量和服务水平，满足消费者不断增长的需求，保持市场竞争力。

1. 资金优化利用

资金优化利用可以提高中小企业的资金使用效率。中小企业通常资源有限，融资渠道狭窄，因此如何高效利用有限的资金成为它们生存和发展的关键。通过优化资金利用，中小企业可以在现有资源条件下，实现最大化的产出和效益。通过科学的资金预算和精确的财务预测，中小企业可以合理安排各项开支，避免资金浪费。通过有效的资金流管理，企业可以保持充足的现金流，确保日常运营的顺利进行。

中小企业通常缺乏足够的抗风险能力，任何财务上的不当决策都可能对企业造成致命打击。优化资金利用可以帮助企业提前预见和规避潜在的财务风险。通过建立健全的内部控制制度，中小企业可以有效防范资金流失和财务舞弊。通过多元化的融资渠道和合理的债务结构，企业可以分散风险，避免因单一融资渠道断裂而陷入困境。

创新是企业持续发展的动力，而创新活动往往需要大量资金投入。中小企业如果能够高效利用资金，不仅可以保证日常运营的资金需求，还能有余力投入到研发和创新中去。通过科学的投资决策和项目评估，企业可以将有限的资金投入到最有潜力、最具回报的创新项目中，从而实现技术进步和市场拓展。通过引入风险投资和战略投资者，中小企业不仅可以获得资金支持，还能引进先进的管理经验和技术资源，提升自身的竞争力。

从战略层面来看，资金优化利用能够增强中小企业的市场竞争力。市场竞争不仅仅是产品和服务的竞争，更是资金和资源的竞争。中小企业如果能够在资金利用上做到精细化管理和战略性安排，就能在市场竞争中占据有利位置。通过优化供应链管理和采购策略，企业可以降低成本，提高产品质量和服务水平，增强市场竞争力。通过合理的营销和推广策略，企业可以扩大市场份额，提升品牌知名度和美誉度，从而实现可持续发展。

为了实现资金的优化利用，中小企业需要在财务管理方面采取一系列措施。企业需要建立健全的财务管理制度和流程。一个完善的财务管理体系可以帮助企业实现资金的科学配置和高效利用，确保各项资金活动的透明和可控。企业可以引入现代化的财务管理软件，提升财务信息的准确性和及时性，帮助管理层进行科学决策。

资金预算是企业财务管理的重要工具，通过科学的资金预算，企业可以合理安排各项资金支出，避免资金的盲目使用和浪费。企业可以根据历史数据和市场预测，制定详细的年度和季度预算，并在实际执行过程中严格控制各项费用支出，确保预算的有效落实。

资金流管理是企业财务管理的核心内容，通过科学的资金流管理，企业可以确保资金的及时到位和合理使用。企业可以通过优化应收账款和应付账款管理，缩短资金周转周期，提高资金使用效率。企业还可以通过现金流预测，提前预见资金缺口和风险，采取相应的应对措施，确保企业的财务安全。

企业可以通过银行贷款、股权融资、风险投资等多种渠道获取资金支持，避免单一融资方式带来的风险。企业还可以通过优化融资结构，降低融资成本，提高资金使用效率。通过合理的债务和股权比例，企业可以在保持财务稳健的实现资金的最大化利用。

投资是企业实现发展和扩展的重要途径，但投资决策的科学性直接影响企业的财务健康和发展前景。企业在进行投资决策时，需要进行详细的市场调研和可行性分析，确保投资项目的可行性和盈利性。企业还需要定期对投资项目进行收益评估，及时调整投资策略，确保资金的高效利用。

在实践中，中小企业可以通过引入外部专业机构和咨询服务，提升自身的财务管理水平。通过与专业的财务顾问公司合作，企业可以获得专业的财务管理建议和方案，提升资金的优化利用效果。通过与银行、投资机构等金融机构建立良好的合作关系，企业可以获得更多的融资支持和资金管理服务，降低融资成本和风险。

2. 风险防范

风险防范对中小企业的重要性在财务管理中扮演着至关重要的角色。中小企业作为经济的重要组成部分，其发展和稳定直接影响着整个经济的健康发展。由于中小企业的规模较小、资源有限、市场竞争激烈等因素，它们更容易受到各种内部和外部风险的影响，包括市场风险、财务风险、经营风险、法律风险等。因此，有效的风险防范措施对中小企业来说至关重要。接下来，

财务管理涉及企业的资金运作、投资决策、资金筹集、财务报表编制等方面。

有效的财务管理可以帮助企业合理分配资源，降低资金成本，提高资金使用效率，从而增强企业的竞争力和盈利能力。如果财务管理不善，就会给企业带来诸多风险和挑战，如资金周转困难、债务过高、财务造假等。因此，中小企业必须重视财务管理，采取有效的风险防范措施，确保企业的财务稳健。

风险防范是指企业为防止各种风险发生，采取的一系列措施和策略。在财务管理中，风险主要包括市场风险、信用风险、流动性风险、汇率风险等。中小企业由于规模较小、资金有限等特点，更容易受到这些风险的影响。因此，中小企业必须加强风险防范意识，积极采取有效的措施，降低各类风险对企业的影响。

针对市场风险，中小企业可以通过多元化经营、开发新产品、拓展新市场等方式降低对单一市场的依赖，减少市场波动对企业的冲击。对于信用风险，企业可以建立完善的客户信用评估体系，加强对客户信用情况的监控，及时发现和应对潜在的信用风险。流动性风险是指企业在资金周转上出现困难，为应对这一风险，企业可以建立健全的资金预测和管理体系，提前做好资金调配和融资安排。汇率风险是指企业由于汇率波动而导致的损失，为规避这一风险，企业可以采取汇率套期保值等金融工具，锁定汇率风险，降低汇率波动对企业的影响。

内部控制是指企业为实现经营目标、保护企业资产和财产利益，预防欺诈行为，确保财务报告的真实性和完整性而建立的一系列制度、措施和程序。加强内部控制可以有效防范企业内部风险，提高财务管理的效率和准确性。财务信息披露是指企业向内外部利益相关方提供财务信息的行为。加强财务信息披露可以增加企业的透明度和信誉度，降低投资者和债权人的风险，为企业融资提供更多的机会和渠道。规范财务管理行为可以避免财务造假和违法违规行为，保护企业的合法权益，维护市场秩序和稳定。

第二章 中小企业财务管理的理论基础

一、中小企业财务管理的概念

（一）财务管理的定义

财务管理是指对企业资金、资产和负债等方面进行有效管理和控制，以实现企业经营目标和利润最大化的过程。它是企业管理中的重要组成部分，涉及财务规划、预算编制、资金筹集、投资决策、成本控制、财务分析等多个方面，是企业运营和发展的基础和保障。

财务规划是指根据企业的经营战略和发展目标，制定相应的财务目标和计划，明确资金需求和来源，规划资金的运用和分配。预算编制是在财务规划的基础上，具体确定各项收入和支出的预算数额，制定财务预算表和预算控制标准，为企业的经营活动提供预先的经济计划和指导。

资金筹集是指通过内部融资和外部融资等手段，筹集所需的资金，以满足企业日常运营和发展扩张的需要。投资决策是指对可供选择的投资项目进行评估和比较，选择最具价值和风险可控的投资项目，实现资金的最优配置和利润最大化。

成本控制是指通过合理的成本核算和控制手段，降低生产和经营过程中的各项成本，提高企业的盈利能力和竞争优势。效益分析是对企业经营活动的效果进行评价和分析，包括利润率、资产回报率、经济增加值等指标，为企业的决策提供依据和参考。

财务风险管理是指对企业面临的各种财务风险进行识别、评估和应对，包括市场风险、信用风险、流动性风险等，以保障企业的财务安全和稳健。财务监督是指对企业财务活动的监督和审计，确保企业的财务信息真实、准确、完整，符合相关法律法规和会计准则的要求。

财务报告是企业向内外部利益相关者披露企业财务状况和经营成果的重要手段，包括资产负债表、利润表、现金流量表等财务报表，以及相关的财务分析和解释。财务沟通是指企业与内外部利益相关者之间就财务管理和经营活动进行信息交流和沟通，促进彼此的理解和信任，保障企业的良好运作和发展。

（二）中小企业财务管理的特殊性

中小企业的财务管理相较于大型企业具有一些特殊性，这些特殊性主要源于中小企业自身的特点和外部环境的差异。了解和把握中小企业财务管理的特殊性对于制定有效的管理策略和提升企业竞争力至关重要。

中小企业的规模相对较小，组织结构简单，管理层次少。相较于大型企业，中小企业的财务管理更加灵活，决策更为迅速。但是，由于管理人员相对较少，财务管理可能存在专业水平不高的问题，容易出现财务管理漏洞和风险。因此，中小企业需要加强财务管理人员的培训和提升，建立健全的财务管理制度和流程，确保财务数据的准确性和可靠性。

与大型企业相比，中小企业往往面临着更大的融资困难和融资成本更高的问题。因此，中小企业需要加强资金管理，合理规划资金运作，降低资金压力，确保企业的经营稳定和可持续发展。中小企业还需要积极寻找多样化的融资渠道，如银行贷款、股权融资、债券发行等，以解决资金需求，支持企业的扩张和发展。

由于市场规模较小、品牌影响力较弱，中小企业往往面临着来自大型企业和其他同行业竞争对手的激烈竞争。因此，中小企业需要加强市场调研和竞争分析，把握市场动态，及时调整经营策略，提升产品质量和服务水平，增强市场竞争力。中小企业还需要注重品牌建设和市场营销，提升品牌知名度和市场份额，打造自身的竞争优势。

与大型企业相比，中小企业往往缺乏专业的研发团队和高端的技术设备，导致创新能力和技术水平相对较低。因此，中小企业需要注重技术创新和研发投入，提升产品品质和技术含量，增强企业的核心竞争力。中小企业还可以通过与高校、科研机构等合作，引进外部优质技术和人才，加快技术更新和转型升级，提升企业的创新能力和市场竞争力。

二、中小企业财务管理的特点

（一）灵活性与多样性

中小企业财务管理的灵活性体现在财务决策的快速反应能力上。中小企业通常规模较小，决策链条较短，这使得其能够迅速根据市场变化调整财务策略。当市场需求突然变化时，中小企业可以快速调整生产计划和销售策略，进而调整财务预算和资金使用计划。这种灵活性使得中小企业能够更好地应对市场波动，减少因市场变化带来的不确定性和风险。

中小企业可以通过银行贷款、民间借贷、政府补贴、风险投资等多种途径获得资金支持。相比大型企业，中小企业在选择融资方式时更加灵活，能够根据自身的资金需求和财务状况选择最适合的融资方式。一家新兴科技企业可以通过风险投资获得初期资金，而一家传统制造企业则可能更倾向于通过银行贷款来解决资金短缺问题。这种多样化的融资渠道为中小企业提供了更多的资金来源，增强了其财务管理的灵活性。

中小企业在成本控制上具有较强的灵活性和适应性，能够根据市场和经营环境的变化灵活调整成本结构。当原材料价格上涨时，中小企业可以通过寻找替代材料、优化生产工艺等方式来降低成本。中小企业还可以通过灵活的薪酬制度和激励机制来提高员工的工作效率，降低人工成本。通过这些措施，中小企业能够在保证产品质量和服务水平的前提下，最大限度地降低经营成本，从而提高盈利能力。

可以根据自身的实际情况选择合适的财务管理方式和工具。一些中小企业选择采用传统的手工记账方式，而另一些企业则选择使用现代化的财务管理软件进行财务管理。随着信息技术的发展，越来越多的中小企业开始采用云计算、大数据等先进技术进行财务管理，提高了财务管理的效率和准确性。

可以根据自身的经营特点和发展阶段选择不同的财务指标来衡量企业的财务状况。对于处于初创阶段的中小企业来说，现金流量是一个非常重要的财务指标，因为初创企业通常面临资金短缺的问题，而现金流量能够反映企业的资金周转情况。而对于已经进入稳定发展阶段的中小企业来说，盈利能力和资产回报率等指标则更为重要，因为这些指标能够反映企业的经营效益和财务健康状况。

可以采用多种方式来进行财务风险管理，以应对可能出现的财务风险。中小企业可以通过购买保险来转移财务风险，或者通过签订对冲协议来规避汇率风险和利率风险。中小企业还可以通过建立内部控制制度、加强财务审计等措施来防范和控制财务风险。通过这些多样化的财务风险管理措施，中小企业能够更好地应对财务风险，保障企业的财务安全。

尽管中小企业在财务管理的灵活性和多样性方面具有诸多优势，但在实际操作中仍然面临一些挑战。中小企业在财务管理上往往缺乏专业人才。由于资源有限，中小企业难以像大型企业那样聘请专业的财务管理人员，这导致其财务管理水平相对较低。中小企业在财务管理上还面临信息不对称的问题。由于信息获取渠道有限，中小企业难以及时获取市场和行业的财务信息，从而影响财务决策的准确性和及时性。中小企业在财务管理上还存在制度不完善的问题。由于管理层对财务管理的重要性认识不足，中小企业往往缺乏完善的财务管理制度，导致财务管理工作存在诸多漏洞和隐患。

（二）风险性与不确定性

财务管理是企业运作的核心部分，对中小企业尤为关键。中小企业在资金来源、资本结构及流动性管理方面存在天然劣势，资金短缺是其常见问题。中小企业通常难以获得银行贷款，融资渠道单一且融资成本较高。为了缓解资金压力，部分企业依赖高息贷款或民间借贷，这些资金来源的不稳定性进一步加剧了企业的财务风险。融资难题导致企业在市场竞争中处于劣势，制约了其发展壮大。

市场环境的不确定性也是中小企业财务管理中的一大挑战。市场需求的波动、原材料价格的变化、政策环境的调整等都可能对企业的经营产生重大影响。中小企业在市场信息获取及预测方面不如大企业灵活，容易受到市场变化的冲击。企业若无法准确把握市场动向，调整经营策略，可能面临库存积压或原材料短缺的问题，从而影响企业的财务稳定性。

管理能力和经验的不足也是中小企业面临的一大问题。中小企业通常由创业者或家族成员管理，这些管理者可能缺乏系统的财务知识和管理经验，导致财务决策的随意性和盲目性。企业在预算编制、成本控制、财务分析等方面存在诸多不足，难以建立有效的财务管理体系。管理者的决策失误往往会导致企业陷入财务困境，影响其长远发展。

信息技术的应用水平也是影响中小企业财务管理的重要因素。信息技术的不足导致企业在财务数据收集、分析及决策支持方面存在滞后性。许多中小企业仍然依赖手工记账，财务数据的准确性和及时性难以保证。信息化水平的不足不仅影响企业的财务管理效率，还可能导致财务风险的积累和爆发。

中小企业在应对财务风险与不确定性方面，需采取多种措施以提高其抗风险能力。企业应加强财务管理基础建设，完善财务管理制度和流程，提高财务管理的科学性和规范性。建立全面预算管理体系，加强成本控制，确保企业财务运行的稳定性和可持续性。企业应积极拓展融资渠道，降低融资成本。利用多种融资工具，如股权融资、债券融资、融资租赁等，提高企业的资本获取能力，缓解资金压力。企业还应注重风险管理，加强市场分析与预测，灵活调整经营策略，适应市场变化。

加强财务人员培训，提高财务管理队伍的专业素质和管理能力，也是中小企业应对财务风险的关键。企业应定期组织财务培训，提高财务人员的专业水平和实践能力，增强其风险识别和应对能力。建立科学的财务管理团队，提高企业的财务决策水平，为企业的长远发展奠定坚实基础。

企业信息化建设也不可忽视。中小企业应加大信息技术投入，建立完善的财务管理信息系统，提高财务数据的准确性和及时性。通过信息化手段，企业可以实现财务数据的实时监控和分析，提高财务管理的效率和决策水平。信息化建设不仅有助于提高企业的财务管理水平，还可以降低企业的运营成本，提升市场竞争力。

外部环境的复杂性和不确定性，要求中小企业具备灵活的应对能力。企业应密切关注市场动态和政策变化，及时调整经营策略。加强与政府、金融机构及行业协会的沟通与合作，获取更多的市场信息和资源支持。通过加强合作，企业可以提升自身的市场应变能力和抗风险能力，确保企业的稳定发展。

中小企业在财务管理过程中还应注重内部控制建设。建立健全的内部控制体系，有助于企业有效防范财务风险。通过合理的内部控制措施，企业可以加强对资金流、信息流和业务流的管理，提高财务透明度和管理效率。内部控制的有效实施，可以防止财务舞弊和腐败行为的发生，保障企业资产的安全性和完整性。

企业在财务管理中应注重长远规划。中小企业应制定科学的财务战略和发展规划，明确企业的发展方向和目标。通过合理的财务规划，企业可以有效配置资源，优化资本结构，确保企业的可持续发展。财务战略的制定应结合企业的实际情况，考虑市场环境和自身优势，制定切实可行的财务目标和措施。

在国际化背景下，中小企业还面临跨国经营带来的财务风险。汇率波动、外汇管制、国际贸易壁垒等因素，都可能对企业的财务状况产生影响。中小企业在进行跨国经营时，应加强对国际市场的研究，了解目标市场的政策法规和经济环境，制定相应的风险管理措施。通过合理的汇率风险管理和外汇对冲策略，企业可以降低跨国经营的财务风险，确保其国际业务的稳定发展。

中小企业在面对财务风险和不确定性时，应注重企业文化建设。良好的企业文化有助于提升员工的凝聚力和责任感，增强企业的整体竞争力。通过树立诚信、务实、创新的企业文化，企业可以提高员工的工作积极性和创造力，推动企业的持续发展。企业文化的建设不仅有助于提升企业的内部管理水平，还可以增强企业的外部形象和品牌价值。

法律法规的遵守和合规管理也是中小企业财务管理中的重要环节。企业应严格遵守国家的法律法规，建立完善的合规管理体系，确保财务活动的合法性和规范性。通过合规管理，企业可以防范法律风险和合规风险，提升企业的社会信誉和公信力。合规管理的有效实施，可以促进企业的健康发展，增强其市场竞争力。

中小企业在财务管理中应注重创新和变革。通过引入先进的管理理念和管理工具，企业可以提升财务管理水平和决策效率。创新和变革不仅有助于企业应对外部环境的变化，还可以推动企业的内部管理升级，提高企业的整体运营效率。创新和变革的实施应结合企业的实际情况，循序渐进，确保其有效性和可持续性。

中小企业在应对财务风险和不确定性方面，还需借助外部专业机构的支持。通过与会计师事务所、咨询公司等专业机构的合作，企业可以获得专业的财务管理服务和咨询建议。外部专业机构的支持有助于企业提高财务管理水平，降低财务风险，提升企业的市场竞争力。通过借助外部资源，企业可以实现内部管理的优化和升级，推动企业的持续发展。

1. 资金风险高

中小企业的财务管理过程中，资金风险一直是一个不可忽视的重要问题。由于这些企业通常规模较小，抗风险能力较弱，资金的流动性和稳定性成为财务管理的关键。许多中小企业在实际运作中，往往忽视了对资金风险的有效管理，导致财务困境甚至倒闭。

资金来源单一是中小企业面临的一个主要问题。大部分中小企业依赖于自有资金和银行贷款来维持日常运营。银行贷款的获取并非易事，尤其是在经济不景气或企业信用评级较低的情况下。企业一旦无法从银行获得贷款，就可能面临资金链断裂的风险。许多中小企业缺乏吸引外部投资的能力，导致融资渠道非常有限。这种资金来源的单一性，使得企业在遇到突发状况时，很难迅速筹集到足够的资金应对危机。

资金管理缺乏系统性和专业性是另一个突出的问题。中小企业的财务管理人员往往不具备专业的财务管理知识和经验，他们更多的是凭借经验和直觉进行资金管理。这种做法在短期内可能看不出明显问题，但从长期来看，缺乏科学的资金管理体系容易导致企业财务状况混乱。一些企业在资金周转方面缺乏有效的规划，导致资金使用效率低下，甚至出现资金浪费的现象。企业缺乏严格的财务监控和审计制度，使得资金流向不明、资金使用不当等问题难以及时发现和纠正。

外部环境的变化对中小企业资金风险的影响也不容忽视。市场需求的变化、原材料价格的波动、政策法规的调整等都可能对企业的资金状况产生重大影响。原材料价格的上涨会直接增加企业的生产成本，而市场需求的下降则会导致产品滞销，影响企业的现金流。政策法规的调整，如税收政策的变化，也可能增加企业的财务负担。金融市场的不稳定性，如利率和汇率的波动，也会对企业的资金管理带来挑战。这些外部环境的不确定性，使得中小企业的资金风险更加难以预见和控制。

内部控制制度的缺失也是中小企业资金风险高的重要原因之一。很多中小企业为了节省成本，没有建立完善的内部控制制度，导致资金使用过程中缺乏有效的监督和制约机制。企业可能存在公款私用、虚报费用等现象，这不仅损害了企业的经济利益，也增加了企业的财务风险。缺乏透明和规范的资金管理流程，容易导致企业内部滋生腐败和舞弊行为，进一步加剧资金风险。

应对中小企业资金风险高的问题，需要企业从多个方面进行改进和加强。企业应拓宽融资渠道，减少对单一资金来源的依赖。除了银行贷款，企业可以考虑通过股权融资、债券融资等多种方式筹集资金。企业应积极寻求政府和金融机构的支持，争取获得更多的融资优惠政策和金融服务。通过多元化的融资方式，企业可以提高资金的流动性和稳定性，降低资金风险。

企业应加强资金管理的系统性和专业性。建立科学的资金管理体系，包括资金预算、资金使用计划和资金监控等环节，确保资金的合理使用和高效运转。企业应聘请专业的财务管理人员，定期进行财务分析和审计，及时发现和解决资金管理中的问题。企业应加强对财务管理人员的培训，提高其专业素质和管理水平。

企业应密切关注外部环境的变化，及时调整资金管理策略。建立健全的市场调研和风险预警机制，随时掌握市场动态和政策变化，提前做好应对措施。在市场需求下降时，企业可以通过调整产品结构、开拓新市场等方式保持销售稳定；在原材料价格上涨时，企业可以通过签订长期供货合同、寻找替代材料等方式控制成本。企业应建立与金融机构的良好合作关系，及时了解金融市场的变化，合理规避利率和汇率风险。

企业内部控制制度的建立和完善也是降低资金风险的重要手段。企业应制定严格的资金管理制度，明确资金使用的权限和流程，确保每一笔资金的使用都有据可查。建立健全的监督和审计机制，加强对资金流向和使用情况的监控，及时发现和纠正资金管理中的问题。企业应加强员工的职业道德教育，提高员工的法律意识和责任感，防止公款私用、贪污受贿等行为的发生。

企业应树立风险意识，加强风险管理。在企业的财务管理中，风险管理应贯穿始终。企业应定期进行风险评估，识别和分析可能的资金风险，并制定相应的风险应对策略。企业可以通过购买商业保险、设立风险基金等方式，分散和转移资金风险。企业应加强对突发事件的应急管理，建立应急预案和应急机制，确保在突发事件发生时能够迅速反应，及时采取措施，最大限度地减少损失。

金融科技的应用也是中小企业降低资金风险的有效途径。随着互联网和大数据技术的发展，金融科技在资金管理中的应用越来越广泛。企业可以利用大数据技术进行财务分析和预测，准确掌握企业的资金状况和未来的资金需求，提前做好资金安排。企业可以利用互联网金融平台进行融资，通过在线借贷、众筹等方式筹集资金，提高融资效率。金融科技还可以帮助企业提高资金的安全性和透明度，降低资金管理中的风险。

在全球经济一体化的背景下，中小企业的资金风险管理不仅仅是一个企业内部的问题，也是一个需要政府和社会共同关注和支持的问题。政府应制定和实施有利于中小企业发展的政策措施，如减税降费、提供融资担保、设立专项基金等，帮助中小企业降低资金风险，促进其健康发展。金融机构应加大对中小企业的支持力度，提供多样化的金融产品和服务，满足中小企业的资金需求。社会各界也应加强对中小企业的关注和支持，为其创造良好的发展环境。

通过一系列的努力和措施，中小企业可以有效降低资金风险，提高财务管理水平，实现稳健发展。资金风险管理是一项长期而复杂的工作，需要企业在实践中不断探索和完善。只有不断提高资金管理的专业性和系统性，建立健全的内部控制制度和风险管理机制，才能在激烈的市场竞争中立于不败之地，推动企业的持续健康发展。

2. 市场变化快

中小企业财务管理的市场变化令人瞩目。在经济全球化和信息技术迅猛发展的背景下，财务管理成为企业核心竞争力的关键之一。传统的财务管理方式已经难以适应瞬息万变的市场环境，中小企业必须不断调整财务策略，以应对市场变化和竞争压力。

近几年来，金融科技的崛起给中小企业带来了前所未有的机遇和挑战。云计算、大数据和人工智能等新兴技术的应用，使得财务数据处理和分析变得更加高效和精准。通过这些技术，中小企业能够更及时地获取市场信息，做出快速反应，优化资源配置。这不仅提升了财务管理的效率，还增强了企业的市场竞争力。

除了技术变革，市场环境的快速变化也在不断考验中小企业的财务管理能力。经济周期的波动、政策法规的变化、市场需求的不确定性，都对中小企业提出了更高的要求。企业需要具备灵活的财务管理体系，才能在复杂多变的市场环境中保持稳定和持续发展。财务管理不仅仅是记账和报税，更是企业战略决策的重要组成部分。

在市场竞争日益激烈的今天，中小企业面临的融资压力不断加大。传统的融资渠道往往无法满足企业快速发展的需求，而新的融资方式，如股权众筹、P2P借贷等，正在逐渐受到企业的青睐。这些新型融资方式不仅拓宽了中小企业的融资渠道，还降低了融资成本，提高了融资效率。新型融资方式也伴随着风险，企业在选择时需谨慎评估，确保资金安全。

内部控制和风险管理是中小企业财务管理中不可或缺的部分。完善的内部控制制度可以帮助企业规避财务风险，确保财务数据的真实性和完整性。随着市场环境的变化，中小企业需要不断完善内部控制体系，强化风险管理能力，防范潜在的财务危机。内部控制不仅涉及财务部门，还包括企业的各个业务环节，形成一个全方位的风险管理网络。

在企业成长过程中，成本控制始终是财务管理的重点。市场变化带来的不确定性使得中小企业必须更加注重成本管理，以提高竞争力和盈利能力。通过优化生产流程、合理配置资源、降低采购成本等手段，企业可以实现成本的有效控制。成本控制不仅是财务部门的职责，更需要全体员工的共同努力，形成全员参与的成本管理文化。

随着市场的全球化，中小企业的财务管理也面临着国际化的挑战。跨国经营带来的汇率波动、税收政策差异、法律法规的不同，都是企业必须面对的问题。企业需要建立健全的国际财务管理体系，灵活应对国际市场的变化，确保企业在全球范围内的财务健康。国际财务管理不仅要求财务人员具备国际视野，还需要企业管理层有前瞻性的战略眼光。

在数字经济时代，数据已经成为企业的重要资产。中小企业需要利用大数据技术，对市场数据、客户数据、财务数据等进行深入分析，挖掘数据背后的价值。通过数据分析，企业可以精准把握市场需求，优化产品和服务，提升客户满意度。数据分析还可以帮助企业预测市场趋势，制定科学的财务预算和战略规划。

中小企业在市场变化中生存和发展的关键在于财务管理的创新。创新不仅体现在技术和工具的应用上，还体现在管理理念和模式的变革。企业需要不断探索新的财务管理方法，打破传统的管理思维，建立适应市场变化的财务管理体系。只有通过持续的创新，企业才能在激烈的市场竞争中脱颖而出，实现长远的发展。

随着市场的不断变化，中小企业财务管理的重要性愈加凸显。企业需要紧跟市场步伐，灵活调整财务策略，提升财务管理水平。通过引入新技术、优化内部控制、注重成本管理、国际化布局和数据分析等手段，中小企业可以有效应对市场变化，增强企业的竞争力和抗风险能力。在未来的发展中，财务管理将继续扮演重要角色，助力中小企业实现可持续的增长和发展。

财务管理作为企业管理的重要组成部分，不仅仅是财务部门的职责，更需要全体员工的参与和支持。企业应当建立健全的财务管理制度，培养员工的财务意识和责任感，形成良好的财务管理氛围。企业管理层需要高度重视财务管理工作，将其纳入企业战略规划，确保财务管理与企业发展方向一致，发挥财务管理的最大效能。

面对市场变化的挑战，中小企业在财务管理方面还需要注重培训和人才培养。优秀的财务管理人才是企业发展的重要资源，企业应当通过培训和学习，提升财务人员的专业能力和综合素质。企业可以引进外部专业顾问，为财务管理提供指导和支持，确保财务管理的科学性和专业性。在激烈的市场竞争中，只有具备高素质的财务管理团队，企业才能更好地应对挑战，实现稳健发展。

在财务管理的实际操作中，中小企业还需注重财务信息的透明度和及时性。企业应当建立科学的财务报告制度，确保财务数据的准确性和及时性，为管理层决策提供可靠依据。财务信息的透明度不仅有助于提升企业的信誉和形象，还可以增强企业的市场竞争力和吸引力。在信息化时代，财务信息的透明度和及时性已经成为企业管理的重要标准。

市场变化带来的不确定性和复杂性，要求中小企业在财务管理上具备更高的灵活性和适应性。企业应当建立动态的财务管理机制，及时调整财务策略和计划，灵活应对市场变化。通过定期的财务分析和评估，企业可以发现问题，及时采取措施，优化财务管理流程，提升企业的财务健康水平。只有灵活应对市场变化，企业才能在激烈的市场竞争中立于不败之地。

第二节　中小企业财务管理的基本原则

一、中小企业财务管理的基本原则

（一）资金安全原则

中小企业在财务管理过程中，资金安全是至关重要的一环。资金安全关系到企业的生存和发展，是财务管理的核心任务之一。对于中小企业来说，资金安全的管理不仅仅是为了防止财务风险，更是为了确保企业在市场竞争中具备持续发展的能力。因此，探讨中小企业财务管理的资金安全原则具有重要意义。

中小企业应坚持稳健的财务管理原则。稳健的财务管理意味着企业在进行财务决策时应以稳健为基础，避免过度冒险和盲目扩张。企业在进行投资决策、融资决策和资本运作时，应综合考虑市场环境、企业自身实力以及风险因素，确保财务决策的科学性和可行性。稳健的财务管理不仅有助于企业规避财务风险，还可以增强企业的抗风险能力，确保企业的长期稳定发展。

中小企业应加强内部控制制度建设。内部控制是保障企业资金安全的重要手段，通过建立健全的内部控制制度，企业可以有效防范资金流失和财务舞弊行为。中小企业应在资金管理、预算管理、会计核算等方面建立严格的内部控制制度，确保财务活动的规范性和透明度。内部控制制度的建设应注重制度的可操作性和有效性，确保制度能够切实执行。通过完善的内部控制体系，企业可以提高资金管理的效率和安全性，降低财务风险。

企业应注重资金的流动性管理。资金流动性是指企业在需要时能够迅速获取现金的能力，对于中小企业来说，保持适度的资金流动性是确保资金安全的关键。企业应合理安排资金的使用，确保日常运营所需的资金充足。企业应建立应急资金储备机制，以应对突发的资金需求。通过科学的资金流动性管理，企业可以提高资金的使用效率，确保资金的安全性和流动性。

企业还应加强资金的风险管理。风险管理是确保资金安全的重要环节，通过有效的风险管理，企业可以识别、评估和控制资金风险。中小企业应建立完善的风险管理体系，明确风险管理的目标、策略和措施。企业应定期进行风险评估，识别潜在的资金风险，并采取相应的控制措施。风险管理的实施应结合企业的实际情况，确保风险管理措施的可操作性和有效性。通过系统的风险管理，企业可以降低资金风险，确保资金的安全。

企业应重视资金使用的合规性管理。合规性管理是确保资金安全的基础，通过严格遵守法律法规和财务制度，企业可以防范资金使用的法律风险和合规风险。中小企业应建立完善的合规管理体系，明确资金使用的合规要求，确保财务活动的合法性和规范性。企业应定期进行内部审计和合规检查，发现并纠正财务管理中的不合规行为。通过有效的合规管理，企业可以提高资金管理的透明度和安全性，降低资金风险。

中小企业还应注重财务人员的素质和能力建设。财务人员是资金安全管理的关键，财务人员的素质和能力直接影响企业的财务管理水平。中小企业应加强财务人员的培训和考核，提高财务人员的专业素质和职业道德。企业应选聘具有丰富财务管理经验和专业知识的财务人员，确保财务管理工作的科学性和规范性。通过建立科学的财务管理团队，企业可以提高资金管理的水平和效率，确保资金的安全。

信息化建设也是中小企业资金安全管理的重要内容。信息技术的发展为企业的财务管理提供了新的手段和工具，中小企业应充分利用信息技术，提升资金管理的科学性和效率。企业应建立完善的财务管理信息系统，实现资金流动的实时监控和管理。通过信息化手段，企业可以提高财务数据的准确性及时性，增强资金管理的透明度和安全性。信息化建设不仅有助于提高企业的资金管理水平，还可以降低财务风险，确保资金的安全。

企业在资金管理中应注重资金的分散化管理。分散化管理是降低资金风险的重要策略，通过分散化管理，企业可以避免因单一资金来源或单一投资项目带来的风险。中小企业应避免将全部资金集中于某一项目或某一业务，应根据企业的实际情况，合理分散资金的使用和投资。通过分散化管理，企业可以降低资金的集中风险，提高资金的安全性和使用效率。

中小企业还应加强与金融机构的合作。金融机构是企业资金管理的重要合作伙伴，通过与金融机构的紧密合作，企业可以获得更多的资金支持和金融服务。中小企业应积极与银行、信贷机构等金融机构建立良好的合作关系，利用金融机构的专业服务和资源，提升企业的资金管理水平。企业应选择信誉良好、服务优质的金融机构，确保资金的安全和使用效率。

企业在资金管理中应注重风险预警机制的建立。风险预警机制是及时发现和应对资金风险的重要手段，通过建立完善的风险预警机制，企业可以提高资金管理的主动性和前瞻性。中小企业应建立科学的风险预警指标体系，定期监测资金流动和财务状况，及时发现潜在的资金风险。企业应制定应急预案，明确风险应对的措施和流程，确保在风险发生时能够迅速采取行动，降低资金风险的影响。

企业在资金管理中应注重与员工的沟通和协调。员工是企业的财富，也是资金安全管理的重要参与者。中小企业应加强与员工的沟通，增强员工的资金安全意识，提高员工的参与度和责任感。企业应建立科学的激励机制，鼓励员工参与资金管理工作，提高员工的工作积极性和创造力。通过与员工的有效沟通和协调，企业可以提高资金管理的整体水平，确保资金的安全和高效使用。

外部环境的复杂性和不确定性要求中小企业具备灵活的应对能力。企业应密切关注市场动态和政策变化，及时调整资金管理策略。加强与政府、金融机构及行业协会的沟通与合作，获取更多的市场信息和资源支持。通过加强合作，企业可以提升自身的市场应变能力和抗风险能力，确保企业的稳定发展。

中小企业在资金管理中还应注重企业文化建设。良好的企业文化有助于提升员工的凝聚力和责任感，增强企业的整体竞争力。通过树立诚信、务实、创新的企业文化，企业可以提高员工的工作积极性和创造力，推动企业的持续发展。企业文化的建设不仅有助于提升企业的内部管理水平，还可以增强企业的外部形象和品牌价值。

中小企业在资金管理中应注重创新和变革。通过引入先进的管理理念和管理工具，企业可以提升资金管理水平和决策效率。创新和变革不仅有助于企业应对外部环境的变化，还可以推动企业的内部管理升级，提高企业的整体运营效率。创新和变革的实施应结合企业的实际情况，循序渐进，确保其有效性和可持续性。

中小企业在应对资金安全问题时，还需借助外部专业机构的支持。通过与会计师事务所、咨询公司等专业机构的合作，企业可以获得专业的财务管理服务和咨询建议。外部专业机构的支持有助于企业提高资金管理水平，降低资金风险，提升企业的市场竞争力。通过借助外部资源，企业可以实现内部管理的优化和升级，推动企业的持续发展。

1.资金保障

资金安全原则在中小企业财务管理中具有至关重要的地位。它不仅关系到企业的日常运营和发展，更直接影响企业的市场竞争力和生存能力。为了确保资金安全，中小企业需要从多方面着手，建立健全的财务管理体系和资金保障措施。

中小企业应当建立完善的资金管理制度。资金管理制度的建立，是保障资金安全的基础。通过科学合理的制度设计，企业可以规范资金使用流程，明确资金使用权限和审批流程，防范资金流失和违规操作。资金管理制度应当涵盖资金的预算、使用、监控和审计等各个环节，确保每一笔资金的使用都符合企业的财务政策和管理规定。

资金预算是中小企业资金管理的重要工具。企业应当制定详细的资金预算计划，合理预测和安排各项资金需求，确保资金的有序流动和合理分配。资金预算不仅可以帮助企业控制成本，提升资金使用效率，还可以防范资金短缺和流动性风险。企业应当根据市场环境和经营状况的变化，及时调整资金预算，确保资金计划的科学性和可行性。

内部控制是保障资金安全的重要手段。企业应当建立健全的内部控制制度，加强对资金流动的监控和管理。通过内部控制，企业可以及时发现和纠正资金管理中的问题，防范资金风险。内部控制制度应当覆盖资金的审批、支付、核算和监督等各个环节，确保资金流动的每一个环节都受到严格的控制和管理。

企业需要加强对资金的监控和审计。通过资金监控和审计，企业可以及时发现资金管理中的问题，确保资金的安全和使用效率。企业应当定期进行财务审计，检查资金流动的合法性和合理性，确保每一笔资金都得到正确的使用和管理。财务审计不仅可以帮助企业发现和防范资金风险，还可以提高企业的财务透明度和公信力。

在企业的日常运营中，资金风险管理是不可忽视的重要环节。企业应当建立健全的资金风险管理体系，识别和评估各种潜在的资金风险，制定有效的风险防范措施。资金风险管理不仅包括对资金流动性的管理，还包括对信用风险、市场风险和操作风险的防范。通过有效的风险管理，企业可以降低资金风险，提高资金使用的安全性和可靠性。

外部环境的变化对中小企业的资金安全也有重要影响。企业应当密切关注市场环境和政策法规的变化，及时调整资金管理策略，防范外部风险。市场环境的变化可能带来资金流动性的波动，企业需要灵活调整资金计划，确保资金的充足和稳定。政策法规的变化可能影响企业的融资和税务安排，企业需要及时了解和应对，确保资金管理的合法性和合规性。

技术手段的应用是提升资金安全的重要途径。中小企业可以借助信息技术和金融科技，提升资金管理的效率和安全性。通过应用电子支付、网上银行和财务软件等技术手段，企业可以实现资金流动的实时监控和管理，提高资金管理的透明度和安全性。金融科技的应用不仅可以提升资金管理的效率，还可以降低资金管理的成本，为企业带来更多的便利和效益。

在确保资金安全的中小企业还需要注重资金的使用效率。企业应当合理安排资金使用，提高资金的利用率，确保每一笔资金都发挥最大的效益。通过科学的资金管理，企业可以优化资源配置，提升经营效益和市场竞争力。资金使用效率的提升不仅可以帮助企业降低成本，还可以增强企业的盈利能力和抗风险能力。

企业文化和员工素质是资金安全的重要保障。企业应当建立良好的企业文化，培养员工的资金安全意识和责任感。通过培训和教育，提升员工的财务管理能力和风险防范意识，确保每一位员工都能正确理解和执行企业的资金管理政策和制度。企业文化和员工素质的提升不仅可以增强资金管理的效果，还可以促进企业的长期健康发展。

中小企业在资金管理中还需要注重外部合作。与银行、投资机构等外部合作伙伴建立良好的合作关系，可以为企业提供更多的资金支持和保障。通过与金融机构的合作，企业可以获得更多的融资渠道和资金来源，降低资金风险，提升资金流动性和安全性。外部合作不仅可以帮助企业解决资金问题，还可以提升企业的信誉和形象，为企业的长远发展奠定基础。

市场竞争的加剧，对中小企业的资金安全提出了更高的要求。企业需要不断提升资金管理水平，增强市场竞争力和抗风险能力。通过完善的资金管理制度、科学的资金预算、严格的内部控制和有效的风险管理，企业可以保障资金安全，提升资金使用效率，实现可持续的发展。在激烈的市场竞争中，只有具备良好资金管理能力的企业，才能在变化多端的市场环境中立于不败之地。

金融市场的不确定性，对中小企业的资金安全提出了新的挑战。企业需要密切关注金融市场的变化，灵活调整资金管理策略，防范金融风险。通过科学的资金管理，企业可以有效应对金融市场的波动，确保资金的安全和稳定。金融市场的不确定性，要求企业具备更高的资金管理能力和风险防范意识，才能在复杂的市场环境中保持竞争优势。

随着市场环境的不断变化，中小企业的资金管理需要不断创新和调整。通过技术手段提升资金管理效率，建立健全的资金管理制度，加强内部控制和风险管理，企业可以有效保障资金安全，提升市场竞争力。未来，中小企业还需要不断提升资金管理水平，注重资金使用效率，灵活应对市场变化，实现可持续的发展和长远的成功。

2. 风险防范

中小企业需要加强内部控制体系建设。内部控制是保障企业资金安全的重要手段，通过建立健全的内部控制制度，可以有效防范资金流失和财务舞弊。企业应该建立完善的内部控制制度，包括资金管理、财务核算、风险评估等方面，明确责任分工和监督机制，确保各项制度得到有效执行。定期进行内部审计和检查，发现并纠正问题，及时消除潜在风险。

风险管理是企业保障资金安全的关键环节，通过识别、评估和控制各种风险，可以有效防范风险对企业资金安全的影响。中小企业应建立完善的风险管理制度，包括市场风险、信用风险、流动性风险等方面，制定相应的风险管理策略和措施，采取适当的对冲和防范措施，降低资金管理中的各种风险。

外部环境的变化可能对企业的财务管理产生重大影响，中小企业应该密切关注市场动态、政策变化等因素，及时了解市场情况和风险变化。通过建立健全的信息收集和分析机制，及时发现并应对可能存在的风险，做到有备无患，确保企业资金的安全。

资金流动性是企业保障运营正常的基础，中小企业应合理安排资金使用和流动，确保在需要时能够及时调动和利用资金。企业可以通过建立资金预算和计划，控制资金流出，合理安排资金的使用和投资，确保资金流动性的稳定和充裕。

财务人员是资金管理的核心力量，他们的素质和能力直接影响到企业资金安全的管理。企业应该加强对财务人员的培训和考核，提高其专业素质和责任意识，确保其能够胜任资金管理工作。建立健全的激励机制，激励财务人员积极投入到资金管理工作中，提高工作效率和质量。

金融机构是企业资金管理的重要合作伙伴，通过与金融机构的合作，企业可以获得更多的金融服务和支持。中小企业应该选择信誉良好、服务优质的金融机构合作，充分利用金融机构提供的各种金融产品和服务，提高资金使用的效率和安全性。

在面临突发事件或财务危机时，企业应能够迅速做出反应，采取有效的措施，化解风险，保障资金安全。中小企业应该建立健全的应急预案和危机管理机制，明确责任分工和应对流程，确保在危机发生时能够及时应对，最大限度地减少损失。

（二）效益最大化原则

中小企业在激烈的市场竞争中，要实现长期可持续发展，财务管理的效益最大化原则是关键之一。财务管理不仅仅是单纯的资金运作，更是一种通过合理配置和使用企业资源，以实现利润最大化、成本最小化的科学管理方式。

中小企业要实现财务管理的效益最大化，必须树立明确的财务管理目标。企业的财务管理目标应与其战略目标相一致，并围绕利润最大化和价值提升进行具体设计。在设定财务管理目标时，企业需考虑到市场环境、企业自身状况以及未来的发展规划。明确的财务管理目标可以为企业的财务活动提供方向和依据，使各项财务决策更具针对性和可操作性。

中小企业需要建立健全的财务管理体系。一个完善的财务管理体系应包括财务计划、财务控制、财务分析和财务决策等多个环节。财务计划是财务管理的起点，通过对未来财务活动的预测和安排，企业可以制定出科学合理的预算方案。财务控制则是对财务计划执行情况进行监控和调整，确保企业资源得到有效利用。财务分析是对企业财务状况和经营成果进行系统评估，为企业决策提供重要依据。财务决策是企业根据财务分析结果，做出最优的资金运用和分配方案，以实现企业利益最大化。

成本控制是中小企业实现财务管理效益最大化的重要手段。企业在生产经营过程中，应始终关注成本的控制和管理，通过降低成本来提高利润率。成本控制不仅包括材料成本、人工成本等直接成本的控制，还包括管理成本、财务成本等间接成本的优化。企业可以通过引进先进的生产技术和设备，提高生产效率，降低单位产品的成本。通过优化供应链管理，降低采购成本和物流成本，也是有效的成本控制措施。企业还应加强内部管理，提高工作效率，减少资源浪费，从而实现成本的全面控制。

企业需要优化资金运作，提高资金使用效率。资金是企业生产经营的血液，如何高效运作资金是实现财务效益最大化的关键。企业应根据自身的经营特点和资金需求，制定合理的资金运用计划，确保资金流动的顺畅和高效。企业可以通过优化应收账款管理，加快资金回笼，减少资金占用时间，提高资金使用效率。通过合理安排贷款和投资，企业可以降低资金成本，增加资金收益。企业还应关注现金流管理，保持适当的现金储备，确保在应对突发事件和投资机会时具备充足的资金支持。

风险管理是中小企业财务管理中不可忽视的一环。企业在追求效益最大化的过程中，往往面临各种风险，包括市场风险、信用风险、操作风险等。有效的风险管理可以帮助企业识别、评估和控制各类风险，减少财务损失，保障企业的财务安全。企业应建立全面的风险管理体系，制定风险管理政策和流程，定期进行风险评估和监控。通过多元化投资和分散经营，企业可以降低市场风险；通过严格的信用管理和客户评估，企业可以减少信用风险；通过完善的内部控制和管理制度，企业可以有效防范操作风险。

信息化和智能化是提升中小企业财务管理效益的重要手段。随着信息技术的发展，越来越多的中小企业开始利用财务软件和信息系统来进行财务管理。信息化不仅可以提高财务管理的效率和准确性，还可以实现财务数据的实时监控和分析，为企业决策提供数据支持。企业可以通过引入财务管理系统，实现财务数据的自动化处理和集中管理，提高财务工作的效率和准确性。通过大数据分析和人工智能技术，企业可以对财务数据进行深度挖掘和分析，发现潜在的问题和机会，优化财务决策。

团队建设和人才培养是实现财务管理效益最大化的基础保障。财务管理是一项专业性很强的工作，需要具备专业知识和技能的财务人员来执行。企业应注重财务团队的建设和培养，通过引进高素质的财务人才和加强对现有员工的培训，提高财务管理团队的专业水平和综合素质。企业应建立科学的绩效考核和激励机制，调动财务人员的积极性和创造性，增强团队凝聚力和战斗力。只有拥有一支高效、专业的财务管理团队，企业才能在财务管理上实现效益最大化。

创新是推动中小企业财务管理效益提升的重要动力。企业应积极探索和尝试新的财务管理模式和方法，不断优化和改进财务管理体系。企业可以借鉴国内外先进的财务管理经验和实践，结合自身实际情况，创新财务管理思路和手段。企业可以探索运用区块链技术进行财务数据的安全管理，或者通过互联网金融平台进行融资和投资。通过不断的创新和探索，企业可以在财务管理上实现突破，提升效益。

企业文化的建设也是实现财务管理效益最大化的重要因素。企业文化是企业的灵魂，是企业发展的精神动力和行为规范。一个具有良好企业文化的企业，往往具备较强的凝聚力和向心力，员工的工作积极性和创造性也更高。在财务管理中，企业应倡导和培养诚信、透明、责任和创新的文化氛围，使每一位员工都树立起正确的财务观念和行为规范。通过企业文化的引导和激励，企业可以形成良好的财务管理环境，促进财务管理效益的提升。

政府和社会的支持也是中小企业实现财务管理效益最大化的重要外部条件。中小企业在发展过程中，往往面临融资难、融资贵的问题，政府应通过制定和实施扶持政策，帮助中小企业解决资金难题。政府可以设立专项基金，为中小企业提供低息贷款和融资担保，减轻企业的资金压力。政府应加强对中小企业的财务管理培训和指导，提高企业的财务管理水平。社会各界也应加强对中小企业的关注和支持，营造良好的外部环境，助力企业实现财务管理效益最大化。

通过多方面的努力，中小企业可以在财务管理上实现效益最大化，提高竞争力和抗风险能力。财务管理效益最大化不是一蹴而就的，需要企业在实践中不断探索和改进。企业应在实际操作中不断总结经验，优化管理流程，提高管理水平。企业应保持开放和创新的态度，积极应对市场变化和挑战，不断提升财务管理的效益。

1. 资金利用效率

中小企业在市场竞争中，资金利用效率的提升是财务管理效益最大化的重要途径。资金利用效率不仅影响企业的盈利能力，还关系到企业的生存与发展。因此，如何提高资金利用效率，是中小企业财务管理必须解决的关键问题。

中小企业应优化资金筹集渠道，以确保资金来源的多样化和稳定性。传统的银行贷款渠道虽然是中小企业筹集资金的重要途径，但在市场波动和企业信用评级较低的情况下，获取贷款的难度较大。因此，企业应积极探索和利用多种融资方式，如股权融资、债券融资、互联网金融等，拓宽资金来源渠道。企业可以通过引入战略投资者来获取长期资金支持，也可以通过发行企业债券筹集中长期资金。利用互联网金融平台进行众筹或 P2P 借贷，也是一种快速有效的融资手段。这种多元化的融资方式不仅可以降低企业的融资成本，还可以提高企业的资金流动性和使用效率。

企业应加强现金流管理，确保资金的高效运作。现金流是企业资金运作的核心，良好的现金流管理可以保证企业在运营过程中始终保持充足的流动资金。企业应根据经营计划和资金需求，制定详细的现金流预算，合理安排资金的收支。通过对各项收支活动的科学预测和控制，企业可以避免资金链断裂的风险，提高资金的利用效率。企业可以通过严格的应收账款管理，加快回款速度，减少坏账损失。企业应合理控制库存水平，避免因库存积压而导致的资金占用。通过灵活的支付方式和期限管理，企业可以在确保供应链稳定的前提下，延长支付期限，提高资金的使用效率。

成本控制是提高资金利用效率的关键环节。中小企业在生产经营过程中，应注重各项成本的精细化管理，通过降低成本来提高利润率。企业可以采用成本领先策略，通过优化生产工艺、提高生产效率、降低材料消耗等措施，降低单位产品的生产成本。企业可以引入先进的生产设备和技术，自动化和智能化生产过程，提高生产效率，减少人力和物力的浪费。企业应优化供应链管理，选择性价比高的供应商，减少采购成本。企业可以通过定期进行成本分析和审计，及时发现和纠正成本管理中的问题，确保成本控制的有效性。

企业的投资决策也是影响资金利用效率的重要因素。中小企业应在投资决策中，综合考虑项目的预期收益和风险，选择那些能够带来较高回报的投资项目。企业应建立科学的投资决策机制，通过市场调研、可行性分析、风险评估等环节，全面评估投资项目的潜在价值和风险。企业可以通过引入专业的投资顾问团队，进行全面的投资分析和决策支持。企业应注重投资组合的多元化，通过分散投资风险，确保整体投资收益的稳定性。企业应定期对投资项目进行绩效评估，根据实际情况调整投资策略，优化投资组合，提高投资收益。

内部控制制度的完善是提高资金利用效率的重要保障。中小企业应建立健全的内部控制制度，通过制度化、规范化的管理流程，确保资金使用的透明和高效。企业应制定严格的财务审批制度，明确各级管理人员的资金使用权限，确保每一笔资金的使用都有据可查。企业应加强财务监督和审计，定期对资金流向和使用情况进行检查，及时发现和纠正资金管理中的问题。企业应加强对员工的职业道德教育，提高员工的法律意识和责任感，防止资金使用过程中的舞弊和腐败行为。

信息化和智能化是提升资金利用效率的重要手段。随着信息技术的发展，越来越多的中小企业开始利用财务软件和信息系统进行财务管理。信息化不仅可以提高财务管理的效率和准确性，还可以实现财务数据的实时监控和分析，为企业决策提供数据支持。企业可以通过引入 ERP 系统，实现财务、生产、销售等各个环节的数据集成和共享，提高整体管理效率。通过大数据分析和人工智能技术，企业可以对财务数据进行深度挖掘和分析，发现潜在的问题和机会，优化资金使用方案。企业可以利用互联网金融平台进行资金管理，通过在线融资、支付、结算等方式，提高资金的流动性和使用效率。

人才培养和团队建设也是提高资金利用效率的重要因素。财务管理是一项专业性很强的工作，需要具备专业知识和技能的财务人员来执行。企业应注重财务团队的建设和培养，通过引进高素质的财务人才和加强对现有员工的培训，提高财务管理团队的专业水平和综合素质。企业可以通过内部培训和外部培训相结合的方式，提高财务人员的业务能力和管理水平。企业应建立科学的绩效考核和激励机制，调动财务人员的积极性和创造性，增强团队凝聚力和战斗力。只有拥有一支高效、专业的财务管理团队，企业才能在财务管理上实现资金利用效率的最大化。

创新是推动资金利用效率提升的重要动力。企业应积极探索和尝试新的财务管理模式和方法，不断优化和改进资金管理体系。企业可以借鉴国内外先进的财务管理经验和实践，结合自身实际情况，创新财务管理思路和手段。企业可以探索运用区块链技术进行资金的安全管理，通过智能合约实现资金使用的透明和自动化。通过不断的创新和探索，企业可以在资金管理上实现突破，提升利用效率。

企业文化的建设也是提高资金利用效率的重要因素。企业文化是企业的灵魂，是企业发展的精神动力和行为规范。一个具有良好企业文化的企业，往往具备较强的凝聚力和向心力，员工的工作积极性和创造性也更高。在资金管理中，企业应倡导和培养诚信、透明、责任和创新的文化氛围，使每一位员工都树立起正确的资金管理观念和行为规范。通过企业文化的引导和激励，企业可以形成良好的资金管理环境，促进资金利用效率的提升。

政府和社会的支持也是中小企业提高资金利用效率的重要外部条件。中小企业在发展过程中，往往面临融资难、融资贵的问题，政府应通过制定和实施扶持政策，帮助中小企业解决资金难题。政府可以设立专项基金，为中小企业提供低息贷款和融资担保，减轻企业的资金压力。政府应加强对中小企业的财务管理培训和指导，提高企业的资金管理水平。社会各界也应加强对中小企业的关注和支持，营造良好的外部环境，助力企业提高资金利用效率。

通过多方面的努力，中小企业可以在资金管理上实现利用效率的最大化，提高竞争力和抗风险能力。资金利用效率的提高不是一蹴而就的，需要企业在实践中不断探索和改进。企业应在实际操作中不断总结经验，优化管理流程，提高管理水平。企业应保持开放和创新的态度，积极应对市场变化和挑战，不断提升资金利用效率。

2. 费用控制

效益最大化原则是中小企业财务管理的核心目标之一。实现效益最大化需要企业在费用控制方面下足功夫，通过科学合理的费用管理手段，提高资源利用效率，降低运营成本，从而提升企业的整体效益。在实际操作中，费用控制涉及多个环节和方面，涵盖了预算编制、成本管理、采购控制、库存管理等诸多内容。

预算编制是中小企业实现费用控制的重要工具。企业应当制定详细的费用预算计划，将各项费用进行合理分配和预测。预算编制不仅可以帮助企业明确各项费用的使用方向，还可以为企业提供费用控制的依据。在预算编制过程中，企业需要综合考虑市场环境、经营状况和发展目标等因素，确保预算的科学性和可行性。企业应当定期对预算执行情况进行评估和调整，确保费用控制的有效性和准确性。

成本管理是实现效益最大化的重要环节。中小企业需要通过优化生产流程、降低采购成本、提高生产效率等手段，实现成本的有效控制。企业应当采用现代成本管理方法，如作业成本法、目标成本法等，对生产和运营过程中的各项成本进行科学分析和控制。通过优化资源配置、合理安排生产计划、改进工艺流程等手段，企业可以降低生产成本，提高生产效率，从而实现效益最大化。

采购控制是中小企业费用管理的重要内容。企业应当建立健全的采购管理制度，规范采购流程，确保采购活动的透明性和合规性。在采购过程中，企业应当综合考虑价格、质量、交货期等因素，选择优质供应商，降低采购成本。企业应当加强对采购合同的管理，确保合同条款的合法性和严谨性，防范采购风险。通过科学的采购控制，企业可以降低采购成本，提高采购效率，从而提升整体效益。

库存管理在费用控制中同样不可忽视。企业应当建立科学的库存管理制度，合理控制库存水平，避免因库存过多或不足导致的成本增加。通过采用现代库存管理方法，如 ABC 分类法、JIT（准时制）等，企业可以优化库存结构，降低库存成本，提高库存周转率。企业应当加强对库存物资的管理，确保库存物资的质量和安全，防止因物资损耗和过期造成的损失。科学的库存管理不仅可以降低库存成本，还可以提高资金利用效率，实现效益最大化。

在费用控制过程中，中小企业还需要注重费用分析和监控。通过对各项费用的详细分析和监控，企业可以及时发现费用管理中的问题，采取有效措施进行调整和改进。企业应当建立费用分析和监控机制，定期对各项费用进行分析和评估，发现费用控制中的不足之处，及时调整费用控制策略。通过费用分析和监控，企业可以全面掌握费用使用情况，提高费用控制的科学性和有效性。

信息化手段在费用控制中发挥着重要作用。中小企业可以借助信息技术，如 ERP 系统、财务软件等，提高费用管理的效率和准确性。通过信息化手段，企业可以实现费用的实时监控和管理，及时发现和解决费用管理中的问题，提高费用控制的透明度和科学性。信息化手段不仅可以提升费用管理的效率，还可以降低管理成本，为企业实现效益最大化提供有力支持。

人力资源管理对费用控制同样具有重要影响。企业应当通过优化人力资源配置、提高员工工作效率、合理控制人力成本等手段，实现人力资源费用的有效控制。企业可以通过制定科学的人力资源管理制度，优化员工培训和激励机制，提高员工的工作积极性和效率。企业应当合理控制人力成本，避免因人员冗余或薪酬不合理导致的费用增加。科学的人力资源管理不仅可以降低人力成本，还可以提升员工的工作效率和企业的整体效益。

在费用控制过程中，中小企业还需要注重外部合作。通过与供应商、客户、金融机构等外部合作伙伴建立良好的合作关系，企业可以实现费用控制的协同效应。与供应商的合作可以降低采购成本，提高供应链效率；与客户的合作可以提高销售收入，降低营销费用；与金融机构的合作可以获得更多的融资支持，降低融资成本。外部合作不仅可以帮助企业降低费用，还可以提升企业的市场竞争力和整体效益。

市场环境的变化对中小企业的费用控制提出了新的挑战。企业需要密切关注市场环境的变化，灵活调整费用控制策略，确保费用控制的有效性和适应性。市场环境的变化可能带来成本和费用的波动，企业需要及时调整生产和运营计划，优化资源配置，确保费用控制的稳定性和持续性。通过灵活应对市场变化，企业可以实现费用的有效控制，提升整体效益。

政策法规的变化同样对中小企业的费用控制产生影响。企业需要密切关注政策法规的变化，及时调整费用控制策略，确保费用管理的合法性和合规性。政策法规的变化可能影响企业的税务安排和成本结构，企业需要及时了解和应对，确保费用管理的合理性和科学性。通过及时调整费用控制策略，企业可以有效应对政策法规的变化，降低费用管理风险，实现效益最大化。

技术创新是中小企业实现费用控制的重要手段。通过技术创新，企业可以提高生产效率，降低生产成本，实现效益最大化。企业应当注重技术研发和创新，采用先进的生产工艺和技术设备，提高生产和运营的效率和效益。企业可以通过技术创新，开发新的产品和服务，提升市场竞争力和盈利能力。技术创新不仅可以降低成本，还可以带来更多的收入和利润，为企业实现效益最大化提供有力支持。

在费用控制过程中，中小企业还需要注重企业文化的建设。通过建立良好的企业文化，培养员工的成本意识和责任感，企业可以实现全员参与的费用控制。企业应当通过培训和教育，提升员工的费用管理能力和成本意识，确保每一位员工都能正确理解和执行企业的费用管理政策和制度。企业文化的建设不仅可以提升费用管理的效果，还可以促进企业的长期健康发展。

二、中小企业财务管理的实施原则

（一）审慎经营原则

中小企业在财务管理中，审慎经营原则是至关重要的。这一原则涵盖了诸多方面，包括资金运用、投资决策、财务规划等各个环节。审慎经营原则的实施，对于中小企业确保财务稳健、提升竞争力具有重要意义。

中小企业应当审慎管理资金运用。资金是企业生存和发展的血液，因此，中小企业必须审慎管理资金的运用，确保资金的合理利用和流动性。企业应根据实际情况合理制定资金运用计划，合理规划资金的使用范围和金额，避免过度投资或资金闲置导致资金利用效率低下。企业应加强资金监控，及时发现并解决资金使用中的问题，确保资金的安全性和有效性。

投资是企业实现长期发展的重要手段，然而投资过程中也伴随着诸多风险。因此，企业在进行投资决策时应谨慎选择投资项目，全面评估投资项目的市场前景、盈利能力、风险水平等因素，避免盲目跟风或投资过度导致资金浪费和风险加大。企业应建立完善的投资评估和决策机制，确保投资决策的科学性和可行性。

财务规划是企业实现长期发展的重要基础，通过制定合理的财务规划和预测，企业可以有效应对市场变化和风险挑战，保障财务稳健。企业应根据市场需求和企业自身实际情况，制定长期和短期的财务规划，包括资金筹集、资金运用、盈利分配等方面，确保企业财务运作的有序性和稳定性。企业应定期进行财务预测和分析，及时调整财务规划，确保其符合市场变化和企业发展需求。

风险是企业经营活动中不可避免的因素，中小企业应采取有效措施加强风险管理和控制，降低风险对企业的影响。企业应根据实际情况，制定风险管理政策和措施，识别、评估和控制各类风险，包括市场风险、信用风险、流动性风险等。企业应建立健全的风险管理体系，明确风险管理的责任和流程，确保风险管理的及时性和有效性。

内部管理是企业保障财务稳健的重要保障，企业应建立健全的内部管理制度和流程，明确部门职责和权限，建立相互监督和制衡机制，确保内部管理的规范性和透明度。企业应加强内部审计和监督，及时发现并纠正内部管理中存在的问题，确保企业内部管理的健康和有序。

外部环境的变化对企业的经营活动具有重大影响，企业应密切关注市场动态和政策变化，及时调整经营策略和措施，保持企业的竞争力。企业应积极与政府部门、行业协会、金融机构等外部组织合作，获取更多的信息和资源支持，共同应对市场挑战和风险挑战，推动企业的健康发展。

（二）信息透明原则

在中小企业的财务管理中，信息透明原则被视为一项至关重要的实施原则。信息透明原则指的是企业在财务管理过程中应该及时、准确地向各方披露与企业经营状况相关的财务信息，以保障各方利益相关者的知情权和决策权。在当今竞争激烈的市场环境下，中小企业必须遵循信息透明原则，以提高企业的信誉度、增强市场竞争力，进而实现财务管理的可持续发展。

在商业社会中，信誉是企业立足和发展的基石。通过及时、准确地披露财务信息，企业可以向外界展示其良好的经营状况和财务健康状态，增加投资者、供应商、客户等各方对企业的信任度。而缺乏信息透明的企业容易被认为不够诚信，从而失去市场竞争力。因此，中小企业应积极实施信息透明原则，树立良好的企业形象，提升企业的信誉度。

在资金需求日益增加的情况下，中小企业需要通过融资来支持企业的发展和扩张。投资者在进行融资决策时往往会考虑企业的财务状况和经营表现。如果企业能够及时、准确地向投资者披露财务信息，展示企业的良好运营状况和潜在增长机会，将增加投资者对企业的信心，从而提高企业的融资能力。相反，如果企业缺乏信息透明，投资者很可能对企业的未来发展持怀疑态度，从而影响企业融资的顺利进行。

财务信息的透明披露不仅是对外展示企业形象的手段，也是对内加强企业内部管理的有效方式。通过对财务信息的及时披露和共享，可以促进企业各部门之间的信息沟通和协作，加强企业内部控制，提高决策的科学性和准确性。财务信息的透明披露还可以帮助企业发现和解决内部管理中存在的问题和隐患，促进企业管理水平的不断提升。

财务信息的透明披露可以使企业及时发现和识别潜在的风险因素，降低企业经营风险。通过对财务报表的分析，企业可以及时发现经营成本过高、资金周转不畅等问题，采取有效措施加以解决，避免陷入财务困境。财务信息的透明披露还可以提高企业对外部环境的敏感度，及时调整经营策略，降低外部风险对企业的影响。

在市场竞争激烈的环境下，企业需要不断提升自身的竞争力，保持持续发展的动力。通过实施信息透明原则，企业可以提高自身的市场知名度和美誉度，增强客户、供应商和投资者对企业的信任，从而赢得更多的市场份额。财务信息的透明披露还可以提高企业对市场变化的应对能力，及时调整经营策略，适应市场需求的变化，保持企业的竞争优势。

第三节　中小企业财务管理的基本内容与方法

一、中小企业财务管理的基本内容

（一）资金筹集

资金筹集是中小企业财务管理的核心内容之一，直接关系到企业的日常运营和发展。中小企业在经营发展过程中，常常面临资金不足的问题，需要通过多种途径进行资金筹集，满足企业的生产经营和发展需求。资金筹集涉及内部和外部多个渠道，包括自有资金、债务融资和股权融资等。

中小企业可以通过自有资金进行资金筹集。自有资金是企业日常运营中产生的利润积累和留存的资金，是企业最基本的资金来源之一。企业可以通过提高盈利水平、优化资产配置、加强成本控制等方式增加自有资金规模。通过合理运用自有资金，企业可以降低融资成本，减少财务风险，提升经营自主性和灵活性。

债务融资是中小企业常用的资金筹集方式之一。债务融资是指企业通过向金融机构借款或发行债券等方式筹集资金。中小企业可以选择银行贷款、发行公司债券、融资租赁等方式进行债务融资。债务融资具有灵活性高、成本低、资金获取速度快等优点，适合中小企业满足短期和中期资金需求。

第三，股权融资是中小企业另一种重要的资金筹集方式。股权融资是指企业通过发行股票或吸收外部股东投资等方式筹集资金。中小企业可以选择私募股权融资、公开发行股票等方式进行股权融资。股权融资具有资金规模大、风险分担、激励管理层等优点，适合中小企业满足长期资金需求和扩大经营规模。

中小企业还可以通过政府补贴、国际合作、业务拓展等方式进行资金筹集。政府补贴是指企业通过政府提供的财政补贴、税收优惠等方式获取资金支持。国际合作是指企业通过与国外企业合作、开展跨国经营等方式获取资金支持。业务拓展是指企业通过开拓新市场、拓展新业务等方式获取增加营收的资金支持。这些方式都可以帮助中小企业获取额外的资金支持，满足企业的发展需求。

在进行资金筹集过程中，中小企业需要注重风险管理和财务监控。企业应当根据自身的经营状况和发展需求，选择合适的资金筹集方式，并合理安排资金使用和偿还计划。企业应当加强对资金使用情况的监控和管理，确保资金的安全和有效使用。通过科学合理的财务管理，企业可以降低融资风险，提高资金使用效率，实现经营目标和效益最大化。

在资金筹集过程中，中小企业还需要注重与金融机构和投资者的合作。企业应当加强与银行、证券公司、投资基金等金融机构的合作，充分利用金融机构的专业服务和资金支持。企业应当积极开展与投资者的沟通和合作，吸引投资者投资企业，扩大资金来源。通过与金融机构和投资者的合作，企业可以获取更多的资金支持，提升企业的资金实力和市场竞争力。

（二）资金使用

资金使用是中小企业财务管理中的一个核心内容，直接关系到企业的经营活动和财务状况。有效的资金使用可以促进企业的健康发展，而不当的资金使用则可能导致企业财务风险和经营困难。因此，中小企业在进行财务管理时，需要重视资金使用，并合理规划、科学管理资金的运作。

资金使用需要根据企业的经营规模和发展阶段制定合理的计划。不同阶段的企业可能面临着不同的资金需求和使用重点，因此，企业应根据自身的实际情况，制定长期和短期的资金使用计划，明确资金的来源、用途和期限。在制定资金使用计划时，企业应充分考虑市场需求、竞争状况、行业发展趋势等因素，确保资金使用的合理性和有效性。

企业应加强资金运营和管理，提高资金使用效率。资金运营是企业财务管理的重要环节，通过合理的资金配置和运作，企业可以最大限度地提高资金的使用效率和收益水平。中小企业应建立健全的资金管理制度和流程，加强资金监控和分析，及时了解资金流动情况，确保资金的安全和流动性。企业应优化资金运营方式，灵活运用各种资金工具和手段，提高资金的使用效率和收益率。

企业在资金使用中应注意合理控制成本，降低财务风险。成本控制是企业财务管理的重要内容，通过合理控制各项费用和支出，企业可以降低经营成本，提高盈利能力。中小企业应加强成本管理和核算，严格控制各项费用和支出，提高资金利用效率，确保企业的盈利能力和竞争力。企业应加强对财务风险的监控和防范，及时发现并应对可能存在的风险，确保资金的安全和稳健。

合规经营是企业保障财务安全的重要保障，中小企业应加强对相关法律法规的学习和理解，确保企业的财务活动符合法律法规的要求。企业应建立健全的财务制度和流程，严格执行各项财务规定，加强对财务活动的监督和管理，防范财务风险和违规行为的发生。企业应加强与税务、财政等相关部门的沟通和合作，及时了解相关政策和法规的变化，确保企业的合规经营。

风险管理是企业财务管理的重要环节，通过识别、评估和控制各类风险，企业可以有效防范风险对企业的影响。中小企业应建立完善的风险管理制度和体系，明确风险管理的责任和流程，加强对市场风险、信用风险、流动性风险等各类风险的监控和控制，确保企业的财务安全和稳健。

企业应加强对资金使用效果的评估和监测。资金使用效果是衡量企业财务管理水平的重要指标，企业应建立健全的资金使用效果评估体系，定期对资金使用情况进行评估和监测，及时发现并解决存在的问题，提高资金使用的效率和效果。企业应加强内部沟通和协作，建立健全的资金使用信息共享机制，促进各部门之间的协调配合，确保资金使用的科学性和规范性。

1. 短期投资

中小企业在财务管理中的短期投资是一项重要的经营活动，涉及企业短期资金的运用与配置，对企业的经营效益和风险管理起着关键性的作用。短期投资是指企业将资金投向期限较短、流动性较强的投资项目，以获取较快的回报或灵活运用资金的一种投资行为。在中小企业的财务管理中，短期投资的基本内容主要包括投资标的、投资决策、投资组合、风险控制等方面。

短期投资的标的通常包括货币市场工具、短期债券、短期理财产品等，这些投资标的具有期限较短、流动性强、风险相对较低的特点，适合于企业短期闲置资金的投资需求。企业可以根据自身的资金需求和风险偏好，选择不同类型的短期投资标的，以实现资金的最大化利用和风险的最小化。

投资决策的关键在于平衡风险与回报，确保投资项目的安全性和收益性。企业应根据投资标的的特点和市场情况，对不同投资项目进行风险评估和收益预测，科学制定投资计划和方案。企业还应考虑投资期限、资金流动性、投资成本等因素，确保投资项目与企业的经营需求和财务状况相适应。

投资组合的多样化可以降低投资风险，提高整体投资收益。企业可以将资金分散投资于不同类型、不同期限、不同风险的投资标的中，以实现风险的分散和收益的最大化。企业可以将部分资金投资于货币市场工具和短期债券，以获取稳定的收益；将部分资金投资于高流动性的短期理财产品，以应对突发资金需求。

投资风险是短期投资过程中不可避免的因素，企业应采取有效措施降低投资风险，保护企业的资金安全。一方面，企业可以通过加强市场调研和信息分析，提高投资决策的科学性和准确性，避免盲目跟风和投机行为。企业可以通过建立健全的风险管理制度和控制措施，及时发现和应对投资风险，保障企业的经营安全。企业可以制定严格的投资审批制度，规范投资决策流程；建立风险监控机制，定期对投资项目进行风险评估和监测，及时调整投资组合，降低风险暴露。

投资效益评估是企业进行短期投资的关键环节，可以帮助企业及时了解投资项目的盈利情况和风险状况，指导企业调整投资策略和优化投资组合。企业可以通过制定投资绩效评估指标，对投资项目的收益率、资金回报周期、投资风险等方面进行全面评估，及时发现问题和改进措施。企业还应建立健全的投资监督机制，加强对投资项目的跟踪监测和管理，确保投资效益的实现和资金安全。

2. 长期投资

长期投资在中小企业财务管理中占据重要地位，它是企业实现长期发展和增长的关键。中小企业需要通过长期投资来扩大生产规模、提升技术水平、拓展市场份额等方式，从而增强企业的竞争力和盈利能力。长期投资涉及多个方面，包括固定资产投资、技术创新投资、市场开拓投资等，需要企业综合考虑市场环境、行业发展趋势和自身实际情况，制定合理的投资计划和策略。

固定资产投资是中小企业长期投资的重要内容之一。固定资产投资是指企业用于购置和建设固定资产的资金支出，包括厂房、设备、机器等固定资产的投资。中小企业需要通过固定资产投资来扩大生产规模、提升生产效率、改善生产条件，从而增强企业的竞争力和盈利能力。在进行固定资产投资时，企业需要综合考虑投资规模、投资效益、投资风险等因素，选择适合自身发展的固定资产投资项目。

技术创新投资是中小企业长期投资的重要手段之一。技术创新投资是指企业用于技术研发、技术改造和技术引进等方面的投资，旨在提升企业的技术水平和核心竞争力。中小企业需要通过技术创新投资来不断提升产品质量、降低生产成本、拓展市场份额，从而实现长期可持续发展。在进行技术创新投资时，企业需要注重技术选型、技术引进、人才培养等方面的问题，确保投资的有效性和可持续性。

市场开拓投资是中小企业长期投资的重要途径之一。市场开拓投资是指企业用于开拓新市场、拓展新业务的投资，旨在扩大企业的经营范围和市场份额。中小企业需要通过市场开拓投资来积极开拓国内外市场、拓展新产品线、提升品牌知名度，从而增加销售收入和盈利空间。在进行市场开拓投资时，企业需要充分了解市场需求、竞争格局和行业发展趋势，制定科学合理的市场开拓策略，确保投资的成功和可持续性。

除了以上几种方式，中小企业还可以通过股权投资、并购重组、战略合作等方式进行长期投资。股权投资是指企业用于购买其他企业股权或参与其他企业合作项目的投资，旨在实现企业战略目标和增值增效。并购重组是指企业通过并购、兼并、重组等方式扩大企业规模和市场份额，实现资源整合和优势互补。战略合作是指企业与其他企业或机构合作开展项目或业务，共同实现战略目标和利益最大化。这些方式都可以帮助中小企业实现长期发展和增长，提升企业的市场竞争力和盈利能力。

在进行长期投资过程中，中小企业需要注重风险管理和效益评估。企业应当根据市场环境、行业发展趋势和自身实际情况，选择合适的投资项目和投资策略，并制定科学合理的投资计划和预算。企业需要加强对投资项目的风险评估和监控，及时发现和应对投资风险，确保投资的安全和有效。通过科学合理的风险管理和效益评估，中小企业可以降低投资风险，提高投资效益，实现长期发展和增长。

在进行长期投资过程中，中小企业还需要注重与相关方的合作和沟通。企业应当加强与金融机构、投资机构、政府部门等相关方的合作，共同推动长期投资项目的实施和发展。企业还应当加强与供应商、客户、合作伙伴等相关方的沟通和合作，共同实现长期投资项目的目标和效益。通过加强合作和沟通，企业可以获取更多的资源支持和信息资源，降低投资风险，提高投资效益，实现长期发展和增长。

（三）资金分配

在中小企业的财务管理中，资金分配是一个至关重要的基本内容。合理的资金分配能够有效地促进企业的持续发展和提升竞争力，而不当的资金分配则可能导致资源浪费和财务风险。因此，中小企业在进行财务管理时，需要认真考虑如何合理分配资金，以实现财务目标和长期发展。

不同的企业可能有不同的发展方向和目标，因此，资金分配应当与企业的战略规划相一致。企业应明确自己的发展定位和目标，根据市场需求和竞争状况，确定资金分配的重点和方向，确保资金的使用能够最大限度地支持企业的战略目标和发展需求。

应充分考虑各项支出和投资的必要性和效益，合理安排资金的使用范围和金额。企业可以根据自身的经营特点和市场需求，制定长期和短期的资金分配计划，明确资金的用途和投入比例，确保资金的使用能够最大限度地发挥效益和产生价值。

企业应考虑投资项目的风险水平和预期收益，以确保投资的安全性和盈利性。企业可以采取分散投资、风险对冲等方式，降低资金投资的风险，提高投资的效益。企业应建立健全的资金管理和监控机制，及时发现并应对资金使用中的风险，确保企业的财务安全和稳健。

企业的发展离不开各种利益相关方的支持和参与，因此，在进行资金分配时，企业应充分考虑各种利益相关方的利益和需求，确保资金分配能够最大限度地满足各方的合理需求。企业可以通过加强沟通和协调，建立良好的合作关系，实现内外部利益相关方的利益共享，促进企业的可持续发展。

企业在进行资金分配时，应考虑到长期发展和短期利益的关系，确保资金的使用能够同时兼顾企业的长期发展和短期效益。企业可以通过合理规划和布局，平衡长期投资和短期回报，确保资金分配能够支持企业的持续发展和提升竞争力。

企业的内部运营是资金分配的重要环节，良好的内部运营能够提高资金使用效率和效益水平，促进企业的健康发展。因此，在进行资金分配时，企业应加强内部管理和监督，确保资金的使用能够符合企业的内部运营需求和要求，有效支持企业的生产经营活动。

二、中小企业财务管理的方法

（一）财务分析法

在企业经营中，财务分析法是一种关键性的工具，它帮助管理者了解企业的财务状况、经营绩效以及未来发展趋势。这种分析方法的核心在于利用财务数据和指标来评估企业的财务健康状况。通过深入分析财务报表和其他财务信息，管理者可以做出明智的决策，制定合适的战略方向。

财务数据是企业运营的重要组成部分，它反映了企业的经济活动和财务状况。通过财务分析，管理者可以了解企业的盈利能力、偿债能力、成本结构等方面的情况。这些信息对于制定企业战略、调整经营方针至关重要。财务分析还可以帮助企业发现经营中存在的问题，并及时采取措施加以解决，从而提高企业的经营效益和竞争力。

在财务分析中，常用的技术包括比率分析、趋势分析、财务比较分析等。比率分析是一种常用的方法，它通过计算不同财务指标之间的比率来评估企业的财务状况。常见的比率包括利润率、资产负债比率、偿债能力比率等。趋势分析则是通过对企业历史财务数据的变化趋势进行分析，来预测未来的发展方向。财务比较分析是将企业的财务数据与同行业或同类型企业进行比较，从而找出企业在同行业中的优势和劣势。

财务分析法为企业管理者提供了重要的决策依据。通过对财务数据的分析，管理者可以及时发现企业的财务问题，并采取相应的措施加以解决。如果利润率持续下降，管理者可以考虑调整成本结构或改善经营策略，以提高盈利能力。又如，如果偿债能力不足，管理者可以通过减少负债或增加资产来改善企业的财务状况。总之，财务分析法为企业管理者提供了一个全面、客观的视角，帮助他们做出正确的决策，提高企业的竞争力和盈利能力。

1.财务比率分析

在企业管理中，财务比率分析是一项关键的工具，用以评估企业的财务健康状况和经营绩效。这种分析基于不同的财务指标和比率，从多个角度来审视企业的财务状况，为管理者提供决策支持和改进方向。在实践中，财务比率分析不仅可以帮助企业发现潜在的问题和机会，还可以协助其制定合适的战略规划，提高整体经营效率。

利润率是财务比率分析中的重要指标之一。利润率直接反映了企业在销售产品或提供服务方面的盈利能力。高利润率通常意味着企业能够有效地控制成本，并获得良好的市场定位。需要注意的是，利润率过高可能是因为企业在降低品质或投资不足方面存在问题，因此，利润率分析应该与其他指标相结合，以获取更全面的信息。

偿债能力是另一个需要重点关注的财务比率指标。企业的偿债能力直接影响其长期发展和生存能力。通过分析企业的偿债比率、流动比率等指标，可以评估企业是否能够及时偿还债务，并保持良好的信用记录。高偿债能力意味着企业具有足够的资金储备，可以在面对突发情况时保持稳定，而低偿债能力则可能导致企业陷入资金紧缺的境地，从而影响其正常经营。

另一个需要考虑的财务比率是资产管理效率。资产管理效率反映了企业在利用资产方面的效率和能力。通过分析资产周转率、库存周转率等指标，可以了解企业是否有效地利用其资产，实现最大化的利润。高资产周转率通常意味着企业在管理和运营方面效率较高，而低资产周转率可能暗示着资产使用效率不佳，需要进一步优化。

成长性也是财务比率分析中需要考虑的因素之一。企业的成长性直接关系到其未来的发展潜力和市场竞争力。通过分析销售增长率、利润增长率等指标，可以评估企业在市场上的表现和发展趋势。高增长率通常意味着企业具有良好的市场前景和竞争优势，而低增长率则可能暗示着市场饱和或者企业内部问题需要解决。

2. 财务预测分析

在企业运营的舞台上，财务预测分析扮演着至关重要的角色。它不仅仅是一种数值游戏，更是一项战略性的工具，能够为企业提供指导，并在不确定的商业环境中做出明智的决策。财务预测分析的核心在于利用历史数据和未来趋势，对企业未来的财务状况进行预测和分析，以便管理层做出合理的决策。

在这个信息时代，财务预测分析已经不再仅仅是一种选项，而是成了企业成功的必备利器。通过利用先进的技术和数据挖掘工具，企业可以更加准确地预测未来的市场需求和竞争态势。这种预测性分析不仅能够帮助企业抢占先机，还能够降低风险并提高效率，使企业在竞争激烈的市场中立于不败之地。

财务预测分析不仅仅是对数字的简单解读，更是对企业战略方向的精准把握。通过深入分析市场趋势和竞争态势，企业可以更好地了解自身在行业中的定位，并及时调整战略以应对变化。这种战略性的财务分析不仅能够帮助企业规避风险，还能够发现商机并实现持续增长。

在现代商业环境中，财务预测分析已经成为企业管理的重要组成部分。通过对财务数据进行深度挖掘和分析，企业可以更好地了解自身的财务状况，并及时调整经营策略以应对市场变化。这种精细化的管理手段不仅能够提高企业的运营效率，还能够为企业创造更大的价值。

财务预测分析是企业决策的重要依据之一。通过对市场需求和竞争态势的深入分析，企业可以更准确地预测未来的市场走向，并据此调整自身的战略布局。这种数据驱动的决策方式不仅能够降低风险，还能够提高企业的竞争力，实现可持续发展。

（二）成本控制法

企业经营中，成本控制是至关重要的一环。通过成本控制，企业可以有效管理资源、提高效率，从而实现更好的经营业绩。在这个竞争激烈的市场环境中，成本控制更是企业生存和发展的关键之一。本节将探讨成本控制的重要性、常用的成本控制方法以及它对企业经营的影响。

成本是企业生产经营过程中的重要支出，直接影响着企业的盈利能力和竞争力。通过成本控制，企业可以降低生产成本，提高产品的竞争力，从而在市场中占据更有利的地位。成本控制还可以帮助企业提高经营效率，优化资源配置，实现更好的利润增长。因此，成本控制对于企业的长期发展具有重要意义。

在企业管理中，有许多成本控制的方法和技术。其中，常用的方法包括标准成本法、差异分析法、成本核算法等。标准成本法是一种常用的成本控制方法，它通过制定标准成本，与实际成本进行对比，找出偏差并及时采取措施加以调整。差异分析法则是通过对实际成本与预算成本之间的差异进行分析，找出成本控制的关键点，并采取相应的措施进行调整。成本核算法可以帮助企业对各项成本进行科学合理的核算，为成本控制提供依据。

成本控制可以帮助企业提高经营效率，降低生产成本，从而提高产品的竞争力。通过精细化管理和优化生产流程，企业可以实现更好的资源配置，降低浪费，提高生产效率。成本控制还可以帮助企业提高盈利能力，增加企业的利润空间。通过控制各项成本，企业可以降低经营风险，提高经营稳定性，为企业的可持续发展奠定良好的基础。

1.成本核算

在企业管理中，成本核算是一项至关重要的活动，它旨在全面了解企业生产过程中的各种成本，并为管理者提供基于成本数据的决策支持。成本核算的准确性和及时性对企业的经营决策和成本控制至关重要。通过对成本核算方法和技术的应用，企业可以更好地管理资源、优化成本结构，从而提高竞争力，实现可持续发展。

传统成本核算方法主要依靠历史成本和固定成本来计算产品成本，其中包括直接材料成本、直接人工成本和制造费用等。虽然传统成本核算方法简单易行，但它忽略了间接成本的影响，导致对产品成本的估计可能存在偏差，因此在实际应用中需要慎重考虑。

活动成本核算方法将成本与活动相关联，通过分析活动的成本驱动因素来确定产品或服务的成本。这种方法更加精确地反映了成本的实际情况，有助于管理者更好地理解成本的形成过程，从而采取有效的成本控制措施，提高企业的盈利能力。

作业成本法将企业的生产过程分解为多个作业，针对每个作业进行成本核算和分配。通过对作业成本的精细管理，企业可以更好地了解不同产品或服务的成本组成，从而制定更为合理的定价策略，提高产品的市场竞争力。

标准成本法也是成本核算中常用的一种方法。标准成本法通过设定标准成本，将实际成本与标准成本进行比较，从而评估生产活动的效率和成本控制的效果。通过标准成本法，企业可以及时发现生产过程中的问题和异常，及时采取措施加以解决，提高生产效率和产品质量。

2. 成本控制

在企业经营中，成本控制是一项至关重要的管理活动。它不仅仅是为了降低企业的运营成本，更是为了提高企业的竞争力和盈利能力。成本控制涉及整个企业的方方面面，需要从采购、生产、销售等环节入手，通过科学的管理手段和有效的控制措施，确保企业在不断变化的市场环境中保持稳健发展。

在当今竞争激烈的市场中，成本控制已经成为企业生存和发展的关键。通过合理的采购策略和供应链管理，企业可以降低原材料和生产成本，提高产品的竞争力。通过提高生产效率和优化生产流程，企业还可以降低人工和制造成本，实现生产成本的有效控制，从而提升企业的整体盈利能力。

成本控制不仅仅是对企业内部成本的管理，更是对外部环境变化的灵活应对。通过及时调整产品定价和销售策略，企业可以应对市场价格波动和竞争压力，确保企业的盈利空间不受过多挤压。通过加强对财务数据的分析和监控，企业可以及时发现成本异常和风险点，采取有效措施进行应对，保障企业的盈利能力和稳定发展。

在企业经营中，成本控制是一项需要持续改进和优化的管理活动。通过建立完善的成本管理制度和绩效评价体系，企业可以及时发现成本问题和管理漏洞，采取有效措施进行纠正和改进。通过加强成本核算和预测分析，企业可以更准确地把握成本变化趋势，做出合理的成本控制决策，提高企业的运营效率和盈利能力。

　　成本控制是企业实现可持续发展的关键所在。通过降低运营成本和提高盈利能力，企业可以增强自身的竞争力和市场地位，实现良性循环发展。因此，成本控制不仅仅是一项管理手段，更是企业成功的基石，需要得到企业管理者的高度重视和持续关注。

第三章 中小企业财务管理的实践挑战与问题分析

第一节 中小企业面临的融资难题

一、中小企业融资难题解析

（一）外部资金渠道有限

中小企业要想获取外部资金，面临着有限的渠道。这其中包括银行贷款、股权融资、债券发行以及政府资助等各种方式。即便是这些渠道，也存在着一系列挑战与限制。

银行贷款是许多中小企业首选的融资方式之一。通过与银行建立合作关系，企业可以获得资金支持，并以较低的利率进行还款。对于一些新兴企业或信用记录较差的企业来说，获得银行贷款可能会面临一定的难度。贷款审批过程通常较为烦琐，需要提供大量的企业财务信息和担保物品，这对于一些中小企业而言可能是一个不小的挑战。

除了银行贷款之外，股权融资也是中小企业获取外部资金的一种重要途径。企业可以通过向投资者出售股份的方式来获取资金支持，从而实现企业发展的资金积累。股权融资往往意味着企业需要与投资者分享部分所有权和利润，这可能会影响到企业的管理自主权。对于一些初创企业来说，找到愿意投资的合适投资者也可能是一项挑战。

债券发行是另一种中小企业融资的方式。企业可以通过发行债券来吸引资金，然后按照约定的利率和期限向债券持有人支付利息和本金。与银行贷款相比，债券发行通常具有更灵活的条件和较低的担保要求。对于一些中小企业来说，债券市场可能并不那么容易进入，因为投资者往往更愿意选择信用评级较高的企业的债券。

政府资助是支持中小企业发展的另一种重要方式。许多政府都设有专门的基金和项目，为中小企业提供资金支持和政策倾斜。这包括补贴、奖励、贴息贷款等形式，有助于企业降低融资成本，提升竞争力。政府资助通常面临着申请流程复杂、审批周期长等问题，同时资助额度也可能有限，无法满足所有企业的需求。

中小企业融资的外部资金渠道确实有限。虽然存在着多种融资方式，但每种方式都有其自身的限制和挑战。因此，中小企业在选择融资渠道时，需要充分考虑自身的发展阶段、资金需求、风险承受能力等因素，以及与各种融资方式可能存在的风险和成本。政府部门也应该加大对中小企业融资的支持力度，简化审批流程，提高资助的覆盖面，从而为中小企业的发展创造更加良好的外部融资环境。

（二）信息不对称问题

在中小企业（SMEs）融资中，信息不对称问题一直是一个普遍存在且具有挑战性的现实。这一问题指的是在融资过程中，企业和投资者之间存在信息不对称，即企业对自身的情况和前景了解更多，而投资者往往缺乏足够的信息来做出准确的决策。信息不对称可能导致投资者风险意识增加、融资成本提高，甚至影响到融资的可行性。因此，解决中小企业融资中的信息不对称问题对于促进经济发展和创新至关重要。

由于中小企业规模相对较小，其信息披露程度往往不如大型企业那么充分。这种情况下，投资者往往难以获取到足够的信息来评估企业的风险和潜力，从而导致信息不对称的出现。为了解决这一问题，中小企业可以加强信息披露，通过定期公布财务报表、经营状况和发展计划等信息，提高投资者对企业的透明度，减少信息不对称的程度。

相比之下，投资者通常具有更丰富的投资经验和专业知识，因此更加注重企业的管理团队和运营能力。如果中小企业缺乏有效的管理团队和专业知识，投资者可能会对其投资价值产生怀疑，进而增加了信息不对称的风险。为了解决这一问题，中小企业可以加强管理团队的建设和培训，提升企业的管理水平和专业能力，从而增强投资者对企业的信心，减少信息不对称的发生。

另一个导致信息不对称问题的原因是中小企业的不稳定性和不确定性。由于中小企业的规模较小，市场竞争激烈，经营环境不稳定，因此其经营风险和不确定性相对较高。在这种情况下，投资者往往难以准确评估中小企业的经营状况和发展前景，导致信息不对称的产生。为了解决这一问题，中小企业可以采取一些措施，如加强市场调研、提升产品质量、拓展销售渠道等，从而降低经营风险，增强投资者对企业的信心，减少信息不对称的程度。

由于中小企业往往缺乏专业的法律顾问和合规团队，可能存在法律风险和合规隐患，从而增加了投资者的不确定性和风险。为了解决这一问题，中小企业可以加强法律意识和合规能力建设，定期进行法律风险评估和合规检查，及时纠正存在的问题，提升企业的合规水平，减少信息不对称的发生。

1. 企业信息透明度低

中小企业融资面临的一个普遍难题是企业信息透明度低。相较于大型企业，中小企业的信息披露程度较低，这给它们融资带来了一定的困难。信息透明度是投资者评估企业风险和价值的重要依据之一，缺乏充分透明的信息会降低投资者对中小企业的信任度，进而影响到它们的融资能力和发展前景。

许多中小企业缺乏规范的财务报告和透明的经营数据，投资者难以获取到准确的企业财务状况和经营情况。这种信息不对称给投资者带来了较大的风险，使得他们在融资时更加谨慎，对中小企业的投资意愿降低。

中小企业更倾向于自主核算和管理财务，往往缺乏独立的第三方审计和评估机构的介入。这导致了企业财务报告的真实性和可信度受到一定的质疑，投资者对企业的风险认知存在一定的不确定性。

由于中小企业往往具有家族化管理结构或者是创业型企业，企业所有者对企业信息的把控力较强，对外部投资者的信息需求没有足够的重视。这种信息保密的倾向使得投资者难以获取到企业内部的运营情况和发展计划，从而降低了投资者对中小企业的信任度和投资意愿。

相比大型企业，中小企业在信息披露方面受到的监管力度相对较低，缺乏足够的规范和制约。金融机构对中小企业的信贷审查和风险评估也相对谨慎，对于信息透明度较低的中小企业持观望态度，导致它们难以获得融资支持。

2. 金融机构难以准确评估风险

中小企业的信息披露不足是导致金融机构难以准确评估风险的主要原因之一。许多中小企业的财务数据不够完善，信息披露不够及时和透明，这使得金融机构难以全面了解企业的运营状况和财务状况。缺乏准确的信息基础，金融机构往往难以做出准确的风险评估，从而影响了对企业的融资决策。

中小企业更容易受到市场变化、政策调整、行业竞争等因素的影响，其经营风险相对较高。而金融机构在评估中小企业融资申请时，往往需要考虑到这些因素，但由于不确定性较大，评估难度也就相应增加。

一些中小企业的管理团队和治理结构存在问题，缺乏规范的管理制度和有效的内部控制机制，这容易导致企业经营不稳定和风险隐患的存在。对于金融机构来说，如果企业的管理水平和治理结构不够健全，就很难对企业的风险进行准确评估。

金融机构自身也存在一定程度的风险评估能力不足。尽管金融机构在风险管理方面有着丰富的经验和专业的团队，但由于中小企业的特殊性和复杂性，金融机构在评估风险时仍然面临一定的挑战。因此，金融机构需要不断提升自身的风险评估能力，加强对中小企业的风险识别和评估，以更好地支持中小企业的融资需求。

二、应对中小企业融资难题的策略

（一）发展债务融资

中小企业是经济发展的重要支撑力量，但它们在融资方面常常面临巨大困难。无论是在初创阶段还是在发展过程中，中小企业都需要资金支持。由于自身规模较小、信用不足以及缺乏抵押资产等原因，它们在传统金融机构中往往难以获得足够的贷款。这种融资困境不仅限制了中小企业的发展潜力，也影响了整个经济的活力。

尽管中小企业面临着融资难的问题，但解决这一难题并非不可能。债务融资作为一种重要的融资手段，可以为中小企业提供有效的资金支持。通过发行债券、获取银行贷款或者其他形式的债务融资，中小企业可以获得所需的资金来扩大生产、进行技术升级和开拓市场。债务融资的灵活性和多样性，使得中小企业可以根据自身的需求选择最适合的融资方式。

要有效地利用债务融资，中小企业需要具备一定的条件和能力。企业必须具备良好的财务管理能力和透明的财务状况。只有具备了这些基本条件，企业才能够赢得投资者和金融机构的信任，从而获得融资。企业还需要具备清晰的发展战略和可行的业务计划，以证明其未来的盈利能力和偿债能力。这些因素都是中小企业在申请债务融资时需要考虑的关键问题。

除了企业自身的努力，政府和金融机构也可以通过一系列政策和措施来支持中小企业的债务融资。政府可以通过制定优惠政策、提供担保和补贴等方式，降低中小企业的融资成本，提高其融资能力。金融机构也可以通过创新金融产品和服务，为中小企业提供更加灵活和便捷的融资渠道。推出中小企业专项贷款、发展互联网金融平台等，都是有效的措施。

在全球范围内，许多国家已经采取了积极的措施来支持中小企业的债务融资。美国通过小企业管理局（SBA）提供担保贷款计划，帮助中小企业获得银行贷款。欧洲国家则通过设立专门的中小企业发展基金，为中小企业提供长期的资本支持。这些成功的经验表明，政府和金融机构的合作，对于解决中小企业融资难题具有重要意义。

在中国，近年来也出台了一系列政策措施来支持中小企业的债务融资。中国人民银行推出了中小企业再贷款再贴现政策，通过提供低成本资金，支持金融机构向中小企业发放贷款。各地政府也纷纷设立了中小企业融资担保基金，为中小企业提供融资担保服务，降低其融资风险。通过这些措施，中小企业的融资环境得到了显著改善。

尽管如此，中小企业在实际操作中仍然面临着许多挑战。信息不对称问题依然存在，导致金融机构在评估中小企业的信用风险时面临困难。中小企业自身的管理水平和能力也有待提高，以更好地应对市场变化和风险。因此，解决中小企业融资难题需要各方的共同努力，持续推进改革和创新。

除了债务融资，中小企业还可以探索其他融资方式，如股权融资、风险投资和政府补贴等。多元化的融资渠道可以为中小企业提供更多选择和更大的灵活性，帮助其在不同的发展阶段获得所需的资金支持。企业自身也需要不断提升管理水平和竞争力，以增强其在资本市场上的吸引力。

总之，发展债务融资是解决中小企业融资难题的重要途径，但这需要各方的共同努力。企业需要加强自身建设，提升管理水平和透明度；政府和金融机构需要继续推出支持政策和创新金融产品，改善中小企业的融资环境。通过多方面的协同努力，中小企业将能够更好地获得资金支持，实现可持续发展，为经济社会的繁荣作出更大的贡献。

要想彻底解决中小企业的融资难题，还需要长期的努力和持续的政策支持。政府在制定政策时，应充分考虑中小企业的特点和需求，制定更加精准和有效的措施。金融机构也需要不断创新，开发更多适合中小企业的金融产品和服务，为其提供更广泛的融资选择。

通过加强金融知识的普及和培训，提高中小企业对各种融资方式的认识和理解，可以帮助它们更好地选择和利用适合自己的融资渠道。建立健全的信用体系和信息披露机制，可以提高中小企业的信用评级，增强其在金融市场上的信誉和吸引力。

（二）提升企业信息披露水平

面对中小企业融资难题，提升企业信息披露水平成为解决这一问题的重要手段之一。中小企业在融资过程中，常常面临着信息不对称的问题，即金融机构和投资者难以全面了解企业的实际经营情况、财务状况和未来发展潜力。这种信息不对称使得中小企业难以获得融资，进而限制了其发展和成长。因此，提升企业信息披露水平，对于缓解中小企业融资难题具有重要意义。

透明度的提升有助于金融机构和投资者更好地了解企业的实际情况，从而减少信息不对称带来的风险。中小企业可以通过定期发布财务报表、经营报告、市场分析等方式，向外界展示其经营状况和发展前景。这样的信息披露不仅可以增加企业的可信度，还可以吸引更多的投资者和金融机构关注，进而为企业带来更多的融资机会。

一个信息透明、经营稳健的企业形象，可以增强金融机构和投资者对企业的信任感。企业可以通过发布社会责任报告、环境保护报告等，展示其在社会责任和可持续发展方面的努力和成就。这些信息不仅可以提高企业的社会形象，还可以增强企业在融资过程中的竞争力，从而获得更多的融资支持。

企业在进行信息披露的过程中，需要对自身的经营状况和财务状况进行全面的审视和分析。这样的过程可以帮助企业发现自身存在的问题和不足，进而采取相应的措施进行改进和提升。通过不断地自我审视和改进，企业可以不断提升其管理水平，从而增强其在市场中的竞争力。

企业通过信息披露，可以向外界展示其对市场的洞察和对行业发展的理解。这种互动不仅可以增强企业在行业中的话语权，还可以为企业带来更多的合作机会和发展资源。企业可以通过与金融机构、投资者、政府部门等各方的互动，获取更多的支持和帮助，从而更好地应对融资难题。

在当今竞争激烈的市场环境中，企业要想脱颖而出，必须具备较高的竞争力。信息披露可以帮助企业展示其独特的竞争优势和市场潜力，从而吸引更多的关注和支持。通过不断地提升信息披露水平，企业可以不断增强其市场竞争力，从而在融资过程中占据有利地位。

企业在信息披露过程中，需要对其长期发展战略和规划进行详细的展示和说明。这样的信息披露不仅可以增强金融机构和投资者对企业的信心，还可以为企业的长期发展提供有力的支持和保障。通过不断提升信息披露水平，企业可以不断增强其可持续发展能力，从而实现长期稳健的发展。

1. 加强财务报告透明度

在全球经济发展中，中小企业一直扮演着至关重要的角色。中小企业不仅推动了经济的多样性和创新，还创造了大量的就业机会。这些企业在融资方面却常常面临严峻的挑战。加强财务报告透明度，作为一种有效的手段，能够在一定程度上缓解中小企业的融资难题。

财务报告的透明度能够增强投资者和金融机构对中小企业的信任。透明的财务报告使投资者能够清晰地看到企业的财务状况和经营成果，从而做出更为准确的投资决策。对于金融机构而言，透明的财务数据可以有效降低信息不对称的风险，提高贷款审批的效率和准确性。这不仅有助于中小企业获得融资，也有助于整个金融系统的稳定性和健康发展。

提升财务报告透明度能够提升中小企业的内部管理水平。清晰、详细的财务报告能够帮助企业管理层更好地掌握公司的经营状况，及时发现潜在的问题，并采取相应的措施加以解决。通过定期的财务报告，企业可以追踪其财务表现，识别出成本控制和资源配置方面的不足，从而进行有效的改进。这种内在的管理提升，最终将反映在企业的盈利能力和市场竞争力上。

加强财务透明度还有助于中小企业树立良好的企业形象和社会责任感。在当前的市场环境中，透明度高的企业更容易赢得客户和合作伙伴的信任。消费者往往更愿意选择那些财务状况公开透明、经营管理规范的企业进行合作。同样，供应商和其他合作伙伴也会倾向于与这些企业建立长期稳定的合作关系。通过建立良好的企业形象，中小企业不仅可以提高市场竞争力，还能在危机时刻更容易获得外界的支持和帮助。

而且，政府在推动中小企业财务报告透明度方面也扮演着重要的角色。通过制定相关的法律法规和政策，政府可以引导和鼓励中小企业提高财务透明度。比如，政府可以通过税收优惠、融资支持等政策措施，激励企业自觉加强财务信息披露。政府还可以加强对企业财务报告的监管力度，确保信息披露的真实、准确和及时。政府的政策支持和监管，可以为中小企业创造一个公平透明的市场环境，有利于中小企业的健康发展。

金融科技的发展为中小企业提高财务透明度提供了新的工具和手段。现代化的财务管理软件和系统,使得中小企业能够更加便捷和高效地进行财务数据的记录、处理和报告。这些科技工具不仅降低了企业财务管理的成本,还提高了数据的准确性和可追溯性。通过借助金融科技,中小企业可以更好地向外界展示其财务状况,从而赢得更多的融资机会和市场信任。

提高财务报告透明度也面临一些挑战和障碍。部分中小企业由于自身管理水平有限,可能缺乏足够的专业知识和技术支持,难以达到较高的财务透明度标准。一些企业可能担心财务信息的公开会暴露其商业机密,影响其竞争优势。因此,在推动中小企业财务透明度的过程中,需要综合考虑各种因素,提供相应的培训和技术支持,帮助企业克服困难,实现目标。

2. 建立信用评级体系

融资难一直以来是中小企业发展中的一大瓶颈。尽管它们在经济中扮演着重要角色,但由于信用不足和信息不对称,许多中小企业在融资时屡屡碰壁。这种局面需要一种有效的信用评级体系来缓解,从而为中小企业的成长注入新的动力。

在经济发展中,中小企业作为创新和就业的重要力量,面临着融资困难的问题。传统的银行和金融机构往往倾向于向大型企业提供贷款,因为它们信用评级较高,风险较低。而中小企业由于经营规模小、财务信息不透明,难以获得银行的信任,从而导致融资渠道狭窄。这种情况迫切需要引入信用评级体系,帮助中小企业建立可靠的信用记录,提高其融资能力。

从金融市场的角度来看,中小企业融资难不仅影响了企业自身的发展,还制约了整个经济的活力。信用评级体系的建立,可以有效解决中小企业在融资过程中面临的信息不对称问题。通过科学的信用评估方法,金融机构能够更准确地评估中小企业的信用状况,从而降低贷款风险,增加对中小企业的信贷支持。

引入信用评级体系不仅是解决中小企业融资难题的关键措施,也是金融体系完善的重要一步。通过建立健全的信用评级机制,中小企业可以通过信用评级机构获得客观公正的信用评价。这样的评价不仅能够帮助中小企业在银行获得贷款,还可以增强投资者对中小企业的信心,吸引更多的社会资本流入中小企业,推动其发展壮大。

值得注意的是,信用评级体系的建立并非一朝一夕之功。它需要一个科学合理的评估标准,以及一套完善的信用数据采集和管理系统。评估标准必须公正透明,能够全面反映中小企业的经营状况和信用水平。信用数据的采集和管理要做到及时准确，以确保评级结果的有效性和可靠性。

进一步讲，信用评级体系的建设还需要政府的大力支持和政策引导。政府可以通过制定相关政策法规，鼓励和规范信用评级行业的发展。可以设立专项基金，支持中小企业的信用评级和融资活动。可以为信用评级机构提供税收优惠和财政补贴，激励其积极参与中小企业信用评估工作，从而提升整个行业的服务质量和覆盖面。

金融机构也应积极参与信用评级体系的建设。它们可以与信用评级机构合作，共享中小企业的信用信息和评估结果，从而降低信息不对称带来的风险。金融机构还可以根据信用评级结果，制定差异化的贷款政策，对信用评级较高的中小企业提供优惠贷款利率和更灵活的贷款条件，进一步缓解中小企业的融资难题。

在实际操作中，中小企业自身也需要积极参与信用评级体系的建设。它们应加强内部管理，规范财务记录，积极配合信用评级机构的评估工作。中小企业还可以通过建立内部信用管理体系，提升自身的信用水平，增强融资能力。可以通过加强与客户和供应商的合作，建立良好的商业信用记录，增加信用评级的可信度。

从长远来看，信用评级体系的建立将为中小企业的发展带来深远的影响。它不仅可以解决融资难题，还可以提升中小企业的整体竞争力和市场地位。通过信用评级体系，中小企业能够更好地展示自身的信用状况，增强与金融机构和投资者的信任关系，从而获得更多的发展机会。

当然，信用评级体系的建立也面临一些挑战。如何确保评级标准的公正性和透明性，如何防范信用评级过程中的道德风险，以及如何保护中小企业的信用信息不被滥用等。这些问题需要各方共同努力，通过加强监管和自律，建立起一套完善的信用评级体系，真正为中小企业的发展保驾护航。

第二节　中小企业投资决策的难点与风险

一、中小企业投资决策的难点

（一）政策环境变化不确定性

近年来，政策环境的变化日益频繁和复杂，这给中小企业的投资决策带来了极大的不确定性。在一个快速变化的政策环境中，中小企业面临着诸多挑战，尤其是在投资决策方面。这种不确定性源于政策的频繁调整和突发性变化，使得中小企业难以预测未来的发展趋势，从而影响其投资的方向和力度。

政策环境的不确定性对于中小企业的影响是深远的。频繁的政策变化可能导致中小企业无法及时调整其经营策略和投资计划。税收政策的变动、环境保护法规的加强以及行业监管措施的升级等，都会对企业的成本结构和利润预期产生直接影响。面对这种情况，中小企业需要花费更多的时间和资源来研究政策，评估其对企业的影响，并做出相应的调整。

政策环境的不确定性还可能导致中小企业在投资决策时更加谨慎。由于无法准确预测政策走向，企业在制定投资计划时往往会采取保守的态度，避免过大的风险。这种谨慎的态度虽然可以降低企业的风险暴露，但也可能限制其发展机会，影响其市场竞争力和创新能力。在一个充满变数的政策环境中，中小企业如何在谨慎与进取之间找到平衡，是其面临的重大难题。

面对政策环境的频繁变化，中小企业需要具备更强的应对能力和适应能力。企业应当建立灵活的经营策略和投资计划，能够迅速应对政策变化带来的冲击。比如，制定多元化的投资方案，避免将所有资源集中在单一项目或市场上；保持一定的现金流和储备资金，以应对突发的政策变动。企业还应积极加强与政府部门和行业协会的沟通，及时获取政策信息和调整建议。

企业的内部管理也需要不断优化和提升，以增强其应对外部环境变化的能力。健全的风险管理体系和高效的信息管理系统，对于中小企业来说尤为重要。通过科学的风险评估和管理，企业可以提前识别和应对可能的政策风险，减少决策的不确定性。高效的信息管理系统可以帮助企业快速收集和分析政策信息，提高决策的准确性和及时性。

政策环境的变化不仅对中小企业的短期经营产生影响，还会对其长期战略布局带来挑战。在制定长期发展战略时，企业需要充分考虑政策环境的不确定性，保持战略的灵活性和可调整性。在进行市场扩展和新产品开发时，企业应预留一定的调整空间，以便在政策变化时能够及时调整方向。通过加强技术创新和提升产品质量，企业可以增强自身的竞争力，减少对政策环境的依赖。

在全球化背景下，政策环境的变化不仅限于国内，还包括国际政策的变化。中小企业在进行国际化经营和跨国投资时，需要同时应对国内外政策的双重不确定性。不同国家和地区的政策环境各不相同，企业在制定国际化战略时，需要深入了解目标市场的政策和法规，评估其对企业经营的影响。通过建立国际化的风险管理体系和灵活的应对机制，企业可以更好地应对国际政策环境的变化。

企业还可以通过加强合作和联合，增强应对政策环境变化的能力。通过与其他企业、科研机构和行业协会的合作，共同应对政策变化带来的挑战。合作不仅可以分担风险，还可以共享资源和信息，提高整体的应对能力。通过参与政策制定和行业标准的制定，企业可以积极影响政策环境，为自身发展创造更加有利的条件。

在应对政策环境变化的过程中，企业的领导层起着至关重要的作用。高效的领导团队需要具备前瞻性的战略眼光和灵活的决策能力，能够迅速识别政策变化带来的机会和挑战，制定有效的应对策略。领导层还需要加强与员工的沟通和协调，确保企业各个部门和层级都能够及时了解和响应政策变化，形成统一的行动力。

教育和培训也是提高企业应对能力的重要手段。通过开展政策解读和风险管理培训，提升员工对政策环境变化的敏感度和应对能力。特别是对于企业的中高层管理人员，需要具备较强的政策分析和决策能力，能够在复杂多变的政策环境中做出正确的判断和决策。通过不断的学习和培训，企业可以建立一支高素质的管理团队，提升整体的竞争力和抗风险能力。

虽然政策环境的变化给中小企业带来了诸多挑战，但这也可以成为企业发展的机遇。在面对不确定性时，企业如果能够灵活应对，迅速调整策略，反而可以在竞争中占得先机。在环保政策加强的背景下，企业可以加大环保技术和产品的研发投入，抢占绿色发展的市场先机。通过积极应对政策变化，企业不仅可以化解风险，还可以发掘新的发展机会，实现更高质量的发展。

（二）信息获取困难

在当今竞争激烈的市场环境中，中小企业在做出投资决策时面临着许多信息获取的挑战。由于中小企业的资源有限，他们往往缺乏专门的市场调研和分析团队。这意味着企业在获取和分析市场数据时，可能依赖于不完整或不准确的信息，从而影响其决策质量。

快速变化的市场环境也给中小企业带来了巨大的压力。市场趋势和消费者偏好随时可能发生变化，这使得企业必须迅速获取和处理信息。由于信息渠道的多样性和复杂性，中小企业在筛选和甄别有用信息方面面临重重困难。错误的信息可能导致错误的投资决策，进而影响企业的生存和发展。

不仅如此，中小企业在获取政府政策和法规信息时也存在障碍。政策和法规的频繁变化，往往需要企业投入大量精力和资源进行跟踪和解读。而中小企业由于人力和财力的限制，难以在第一时间掌握最新的政策动态，从而可能错失政策带来的投资机会，或者在政策调整后被动应对。

金融市场信息的不对称性也是中小企业面临的一大难题。大企业通常拥有更多的资源和渠道获取金融市场的最新动态和投资机会，而中小企业则由于缺乏这些资源，难以获得同样详尽和及时的信息。这种信息的不对称性，使得中小企业在金融市场中处于劣势地位，增加了投资决策的风险。

信息技术的快速发展虽然为信息获取提供了新的工具和途径，但中小企业在运用这些技术时也面临挑战。大数据分析、人工智能等新技术的应用，需要企业具备相应的技术能力和基础设施。许多中小企业在这方面仍存在较大的欠缺，无法充分利用这些技术来提升信息获取和决策的效率。

不仅如此，中小企业在行业信息的获取上也面临困境。行业报告、市场分析等专业资料通常价格昂贵，而中小企业的预算有限，难以负担这些高额的费用。即使能够获取这些资料，企业内部也可能缺乏专业的人员来解读和应用这些信息，从而限制了信息对投资决策的实际帮助。

在面对国际市场时，中小企业的信息获取困难尤为突出。跨国投资需要企业掌握目标市场的经济环境、文化差异、法律法规等多方面的信息。由于语言障碍、信息渠道不畅等原因，中小企业在国际市场信息的获取上往往处于劣势，影响了其国际化投资的决策和实施。

不仅如此，中小企业在获取竞争对手信息方面也存在一定的难度。了解竞争对手的动向和战略，对于企业制定自己的投资计划至关重要。中小企业在获取这类信息时，常常受到信息不对称和渠道受限的影响，无法全面了解竞争对手的情况，从而在市场竞争中处于被动地位。

除此之外，中小企业在获取供应链信息时也面临挑战。供应链管理对企业的运营和投资决策有着直接的影响，准确的供应链信息能够帮助企业优化生产和销售策略。中小企业由于规模较小，在与供应商和渠道商的信息沟通和协作上往往处于弱势地位，难以获得全面和准确的供应链信息，从而影响了投资决策的科学性和有效性。

信息的可靠性和真实性也是中小企业投资决策中的一大难点。互联网上充斥着大量的信息，但这些信息的来源和真实性却参差不齐。中小企业在进行信息筛选和验证时，需要耗费大量的时间和精力，而一旦误信了虚假信息，可能导致投资失败，给企业带来巨大的经济损失。

中小企业在获取客户信息时也面临诸多障碍。客户需求和市场趋势的准确把握对于企业制定投资策略至关重要。中小企业在进行客户调研和市场分析时，往往缺乏专业的方法和工具，难以准确捕捉客户需求的变化，从而影响了投资决策的科学性和精准性。

中小企业在信息保密和安全方面也面临压力。随着信息技术的普及，信息泄露和网络安全问题日益突出。中小企业在获取和处理投资决策相关信息时，必须确保信息的安全性和保密性。许多中小企业在信息安全管理方面的投入和能力有限，容易成为信息泄露和网络攻击的目标，进而影响投资决策的安全性和可靠性。

不仅如此，中小企业在信息整合和分析方面也存在不足。投资决策需要综合考虑多方面的信息和因素，而中小企业在信息整合和综合分析能力上往往欠缺，难以全面系统地分析和判断市场形势，从而影响投资决策的科学性和有效性。

1. 市场信息获取受限

中小企业在现代经济中扮演着重要角色，然而他们在投资决策过程中常常面临市场信息获取受限的难题。信息的缺乏导致决策的不确定性增加，影响了企业的成长和竞争力。这种信息不对称现象对中小企业的投资决策产生了深远的影响，需要全面的理解和有效的解决方案。

市场信息获取受限直接影响中小企业的市场洞察能力。由于缺乏足够的信息，企业难以全面了解市场动态、竞争对手情况和客户需求变化。这种信息不足使得中小企业在制定战略时无法基于全面、准确的市场分析，导致其市场反应速度慢，错失市场机会，甚至在竞争中处于劣势。市场信息的缺乏使得中小企业的投资决策更具风险和不确定性，限制了其发展潜力。

中小企业在信息获取方面面临的另一个重大难题是资源有限。大企业通常拥有专门的市场调研团队和充足的预算来获取详细的市场信息，而中小企业由于资源有限，往往难以负担高昂的市场调研费用。缺乏专业的市场调研支持，使得中小企业只能依靠有限的内部资源和非专业的信息来源，导致其投资决策依据不够充分和科学。

信息技术的快速发展虽然为市场信息的获取提供了新的渠道，但中小企业在利用这些技术方面也存在一定的障碍。信息技术的应用需要专业的知识和技能，而中小企业往往缺乏这方面的人才和培训。即便有了信息技术的支持，中小企业在海量的信息中筛选和分析有用信息的能力也受到限制。这使得中小企业无法充分利用信息技术的优势，依然难以获取全面和高质量的市场信息。

中小企业在获取信息的过程中还面临着信息真实性和可靠性的问题。在信息时代，信息来源多种多样，信息质量参差不齐。中小企业由于缺乏专业的判断能力，往往难以辨别信息的真伪和准确性。错误或不完整的信息可能导致企业做出错误的投资决策，带来不必要的风险和损失。因此，如何获取真实可靠的市场信息是中小企业在投资决策过程中亟须解决的难题之一。

行业内的信息壁垒也是中小企业获取市场信息的一大障碍。某些行业由于竞争激烈或技术壁垒高，信息流通受到严格限制。大企业往往通过专利、技术保密等手段保护其核心信息，使得中小企业难以获取行业内的重要技术和市场动态信息。这种信息壁垒增加了中小企业在行业内的竞争难度，使其在投资决策中处于不利地位。

政府和公共机构在中小企业市场信息获取中的角色也需要重视。政府和公共机构拥有大量的市场数据和信息资源，可以为中小企业提供必要的市场信息支持。现有的政策和服务在信息的公开和共享方面仍有待加强。通过政策引导和公共服务的优化，政府可以帮助中小企业更便捷地获取高质量的市场信息，降低信息不对称带来的不利影响。

解决中小企业市场信息获取受限的问题需要多方面的共同努力。企业自身应加强内部信息管理和市场调研能力建设，通过提升内部管理水平和引进专业人才，提高信息获取和分析能力。企业应积极利用各种信息技术和工具，如大数据分析、人工智能等，提升信息处理和决策支持能力。

政府和公共机构也应在政策和服务方面提供更多支持。通过建立和完善市场信息共享平台，政府可以为中小企业提供免费或低成本的市场调研服务和信息资源，帮助企业更好地了解市场动态和行业发展趋势。政府应加大对中小企业信息技术应用的支持力度，通过提供培训和技术援助，提升中小企业的信息化水平和市场竞争力。

中小企业应加强与行业协会、科研机构和大企业的合作，通过建立信息共享机制，突破信息壁垒，获取更多的市场和技术信息。行业协会和科研机构可以为中小企业提供专业的市场分析和技术咨询服务，而大企业可以通过产业链合作和信息共享，带动中小企业共同发展。

2. 竞争对手信息获取难度大

中小企业在制定投资决策时，经常面临获取竞争对手信息的巨大困难。竞争对手的信息对企业的发展战略至关重要，但获取这些信息的难度往往制约了中小企业的决策能力。信息不对称问题使得中小企业在市场竞争中处于劣势，需要有效的策略和工具来弥补这一不足。

在商业环境中，信息的获取和分析能力是企业竞争力的重要组成部分。中小企业由于资源有限，往往缺乏足够的人力和财力去进行全面的信息收集和分析。这种情况下，如何获取准确、及时的竞争对手信息成为中小企业面临的一个重要挑战。这不仅影响了企业的投资决策，还可能导致错失市场机遇。

另一个值得关注的方面是，中小企业在获取竞争对手信息时，面临着诸多法律和道德上的限制。许多国家和地区对企业间的信息获取和使用都有严格的规定，违反这些规定可能带来法律风险。这使得中小企业在信息收集过程中，既要考虑信息的完整性和准确性，又要遵守相关法律法规，增加了信息获取的难度。

中小企业的市场信息来源相对单一，获取到的信息往往不够全面和客观。大企业通常拥有专业的市场研究团队和丰富的信息渠道，能够从多个角度全面了解竞争对手的动向。而中小企业由于资源和渠道的限制，获取到的信息可能存在偏差，影响了决策的科学性和准确性。

在信息技术快速发展的今天，大数据和人工智能为中小企业获取竞争对手信息提供了新的可能性。通过数据分析技术，中小企业可以从公开数据和社交媒体中挖掘出有价值的信息，提升信息获取的效率和准确性。这也需要中小企业具备一定的技术能力和数据分析工具，这对于许多中小企业来说，仍然是一个不小的挑战。

除了技术手段，中小企业还可以通过行业协会和商业合作网络，获取更多的竞争对手信息。行业协会通常会定期发布行业报告和市场分析，为会员企业提供有价值的信息资源。中小企业可以通过积极参与行业活动，与同行交流和分享信息，扩大信息来源，增强对市场动态的了解。

中小企业还可以通过加强与供应商和客户的沟通，获取有关竞争对手的间接信息。供应商和客户往往掌握大量的市场和竞争对手信息，通过建立良好的合作关系，中小企业可以从中获益，获取到更多有助于投资决策的信息。这种方式虽然间接，但往往能提供一些有价值的市场洞察。

中小企业也可以考虑聘请专业的市场调研公司，帮助其进行竞争对手信息的收集和分析。市场调研公司拥有丰富的行业经验和专业的分析工具，能够提供详尽的市场报告和竞争对手分析。虽然这种方式可能增加一些成本，但可以大大提升信息获取的准确性和决策的科学性。

从战略角度看，中小企业在获取竞争对手信息时，还需要注重信息的筛选和分析能力。获取大量信息后，如何进行有效的筛选、分析和利用，是决定投资决策成败的关键。中小企业应培养具备信息分析能力的人才，建立科学的信息分析和决策机制，提高信息利用的效率。

在实际操作中，中小企业还可以利用竞争对手的公开财务报表、年报和市场宣传资料等公开信息，进行竞争对手分析。这些公开信息虽然有限，但通过细致的分析，仍然能够获得一些有价值的市场和竞争对手信息，辅助投资决策。

进一步讲，中小企业应加强内部信息管理和情报收集体系的建设。建立完善的信息管理系统，及时收集和更新市场和竞争对手信息，形成系统化的竞争情报库，为企业的投资决策提供有力支持。这不仅有助于提高信息获取的效率，还能提升企业整体的竞争力。

从长远来看，提升信息获取和分析能力，将是中小企业在激烈市场竞争中立于不败之地的重要手段。中小企业应不断学习和引进先进的信息技术和管理方法，提升自身的信息化水平和决策能力，积极应对市场变化和竞争对手的挑战。

二、中小企业投资决策的风险

（一）市场需求波动风险

市场需求的波动性是中小企业在投资决策中面临的一个重要风险。市场需求的波动受多种因素影响，如经济周期、竞争态势、消费者偏好等，这些因素的变化可能导致产品销售量的波动，进而影响企业的收入和利润。中小企业通常规模较小、资源有限，难以承受市场需求波动带来的冲击，因此如何有效管理这一风险，成为中小企业投资决策的重要考虑因素之一。

市场需求的波动性对中小企业的影响是多方面的。市场需求的下降可能导致企业产品的销售量减少，从而降低企业的收入和利润。这对于中小企业来说尤为严重，因为它们通常依赖少数几个产品或服务来维持运营，一旦其中一个产品受到市场需求波动的影响，整个企业的经营都会受到严重影响。

市场需求波动可能导致企业生产计划和库存管理方面的困难。当市场需求下降时，企业可能面临产品积压和库存过剩的问题，从而增加了企业的存货成本和管理成本。反之，当市场需求上升时，企业可能面临供货不足和订单无法及时交付的风险，影响企业的声誉和客户关系。

市场需求波动还可能导致企业的市场地位和竞争力发生变化。当市场需求下降时，企业往往会面临更加激烈的竞争，因为竞争对手也会采取降价或增加促销等手段来争夺有限的市场份额。这会进一步降低企业的销售收入和利润率，加剧市场需求波动带来的风险。

中小企业在面对市场需求波动风险时，需要采取一系列措施来降低风险。企业可以通过多元化产品和服务，降低单一产品或服务对企业经营的影响。多元化可以帮助企业分散风险，使其更加灵活应对市场需求的波动。企业可以加强市场调研和预测，及时了解市场需求的变化趋势，调整生产计划和市场营销策略，以适应市场需求的波动。

中小企业还可以通过加强与供应链的合作和协调，提高供应链的灵活性和响应速度。通过与供应商和分销商建立长期稳定的合作关系，企业可以更快地调整产品供应和配送方案，以满足市场需求的变化。企业还可以通过加强与客户的沟通和合作，及时了解客户的需求和反馈，调整产品设计和营销策略，提高产品的市场竞争力。

除了以上措施外，中小企业还可以考虑引入金融工具来应对市场需求波动带来的风险。企业可以购买适当的保险产品，以降低市场需求波动带来的经营损失。企业还可以考虑通过金融衍生品等工具，对冲市场需求波动带来的价格风险，保护企业的利润和现金流。

（二）经营风险

在中小企业的经营过程中，投资决策所带来的经营风险是一项重要考虑因素。

由于中小企业的规模较小，资金相对有限，一旦投资决策出现失误，可能会对企业的经营造成较大影响。特别是在投资项目具有一定风险性的情况下，中小企业往往需要更加谨慎地评估投资机会，以降低经营风险。

市场环境的不确定性也给中小企业的投资决策带来了较大挑战。市场竞争激烈、消费者需求变化等因素都可能导致原先的投资计划无法顺利实施，从而增加了企业的经营风险。中小企业在做出投资决策时，需要综合考虑市场变化的影响，以及可能面临的风险和挑战，以制定更加灵活和适应性强的经营策略。

中小企业在制定投资决策时还需考虑到行业发展的不确定性。不同行业的发展速度和变化趋势不同，中小企业在选择投资方向时需要对所处行业的发展前景进行准确评估。一旦投资方向选择不当，可能会导致企业陷入困境，增加经营风险。

金融市场的波动也是中小企业投资决策面临的重要风险之一。由于金融市场的不确定性，投资项目的收益和回报可能会受到市场波动的影响，进而影响企业的经营状况。中小企业在制定投资决策时，需要综合考虑市场风险，采取相应的风险管理措施，以降低金融市场波动带来的经营风险。

中小企业在投资决策中还需考虑到政策和法律风险。政府政策和法律法规的变化可能会对企业的经营产生重大影响，尤其是对于依赖政府支持或监管的行业来说。中小企业在做出投资决策时，需要充分了解相关政策和法规，确保自身的经营活动符合法律规定，以降低政策和法律风险带来的经营风险。

在技术和市场变化日新月异的今天，中小企业在投资决策中还需考虑到技术和市场风险。技术的更新换代和市场需求的变化可能会使企业原有的投资计划失效，增加企业的经营风险。中小企业在做出投资决策时，需要对技术和市场的发展趋势进行深入分析，确保投资项目具有持续的竞争力和市场前景，以降低技术和市场风险带来的经营风险。

人才管理风险也是中小企业在投资决策中需要考虑的因素之一。人才是企业发展的重要驱动力量，但中小企业在吸引和留住优秀人才方面往往面临较大困难。一旦企业在人才管理上出现问题，可能会影响到企业的正常运营和投资计划的实施，增加企业的经营风险。

在全球化背景下，中小企业还需考虑到国际经营风险。跨国投资可能会受到不同国家政策、法律、文化等多方面因素的影响，增加企业的经营风险。中小企业在做出国际投资决策时，需要充分考虑到跨国经营的复杂性和不确定性，制定相应的国际经营策略，以降低国际经营风险。

1. 经营管理不善风险

经营管理不善往往导致企业资源配置不合理。中小企业由于管理水平有限，可能在资源分配上出现失误，将有限的资源投入到回报率低或风险高的项目中。这种资源配置不合理不仅浪费了宝贵的资源，还可能导致企业错失真正的市场机会。在投资决策过程中，如果企业管理层不能准确评估项目的风险和回报，很容易导致资金链断裂，影响企业的正常运营和发展。

在经营过程中，往往难以实现严格的成本管理和控制，导致经营成本不断上升，利润空间被压缩。尤其是在竞争激烈的市场环境中，成本控制的失误可能使企业在价格战中处于不利地位，进一步削弱其市场竞争力。在投资决策中，如果企业不能有效控制成本，任何投资项目都可能成为沉重的负担，增加经营风险。

在管理体系和流程上往往不够完善，导致部门间的信息交流和协作存在障碍。这种沟通不畅不仅影响了决策的效率和准确性，还可能引发内部矛盾和冲突，削弱企业的凝聚力和执行力。在投资决策过程中，缺乏有效的内部沟通可能导致信息不对称，决策失误，从而增加经营风险。

由于管理人才匮乏，管理层的决策往往依赖于个人经验和直觉，缺乏科学的分析和论证。这种决策方式在面对复杂的市场环境时显得尤为薄弱，容易导致盲目投资和错误判断。优秀的管理层应该具备战略眼光和科学的决策方法，以降低投资决策中的风险，提高企业的盈利能力和市场竞争力。

中小企业在财务管理上往往存在账目不清、资金流动性差、融资困难等问题，导致企业在投资决策中无法准确评估财务风险。财务管理的薄弱不仅增加了企业的运营成本，还可能导致资金链断裂，影响企业的正常运作。在投资过程中，如果企业不能有效管理财务风险，任何投资项目都可能带来巨大的财务压力和损失。

人力资源管理不善也对中小企业的投资决策构成风险。中小企业由于规模较小，往往难以吸引和留住高素质的人才，导致企业在人才储备和团队建设上存在短板。优秀的人才是企业成功的重要保障，缺乏优秀的管理和技术人才，企业在投资项目的实施和管理上将面临诸多挑战。人力资源管理不善不仅影响了企业的运营效率，还增加了投资项目的执行风险。

市场营销策略的不当也是中小企业投资决策中常见的风险之一。中小企业在市场营销上往往缺乏专业的团队和系统的策略，导致市场推广效果不佳，产品和服务难以快速占领市场。在投资新项目时，如果企业不能制定有效的市场营销策略，投入的资金和资源将难以获得预期的回报，甚至可能导致项目失败。

经营管理不善还可能导致企业在应对外部环境变化时缺乏灵活性和适应性。市场环境的变化是企业面临的常态，中小企业由于管理水平和应变能力有限，往往难以及时调整战略和运营模式。这种缺乏灵活性的管理方式，使得企业在市场竞争中处于劣势，增加了投资项目的风险。优秀的企业管理应具备敏锐的市场洞察力和快速反应能力，以应对不断变化的市场环境，降低经营风险。

不仅如此，企业文化和管理理念的不健全也是导致中小企业经营管理不善的原因之一。企业文化和管理理念是企业发展的精神支柱，影响着企业的管理方式和决策过程。中小企业在快速发展的过程中，往往忽视了企业文化的建设和管理理念的创新，导致内部管理混乱，缺乏凝聚力和向心力。在投资决策中，健全的企业文化和科学的管理理念是企业成功的关键因素，能够有效降低经营风险。

解决中小企业经营管理不善的问题需要综合性的措施。企业应加强管理人才的引进和培养，通过培训和职业发展规划，提高管理层的专业素质和决策能力。企业应完善内部管理制度和流程，建立科学的决策机制和有效的沟通渠道，提高管理的透明度和效率。通过加强内部管理，企业可以更好地配置资源、控制成本、优化运营，降低经营风险。

企业应重视财务管理，加强财务分析和风险控制。建立健全的财务管理制度，定期进行财务审计和风险评估，提高财务透明度和资金使用效率。在投资决策过程中，企业应进行全面的财务可行性分析，确保投资项目具有足够的回报和可控的风险。企业应积极拓展融资渠道，缓解资金压力，确保资金链的稳定和安全。

企业应加强市场营销和人力资源管理，提升市场竞争力和团队凝聚力。制定科学的市场营销策略，通过品牌建设和市场推广，提高产品和服务的市场占有率。加强人力资源管理，建立有效的激励机制和人才培养计划，吸引和留住优秀的人才，提高团队的执行力和创造力。通过优化市场营销和人力资源管理，企业可以更好地应对市场变化，降低投资项目的执行风险。

企业应积极利用信息技术和管理工具，提高管理效率和决策水平。借助现代化的管理软件和信息系统，企业可以实现数据的实时监控和分析，提高决策的科学性和准确性。信息技术的应用不仅降低了管理成本，还提高了信息的透明度和可追溯性，有助于企业及时发现和解决问题，降低经营风险。

2. 供应链风险

中小企业在制定投资决策时，经常会面临来自供应链的各种风险。供应链风险是指由于供应商、原材料、运输等环节出现问题，导致企业无法按时交付产品或服务，从而影响企业的经营活动和市场声誉。这些风险可能会对中小企业的发展和生存造成严重影响，需要企业采取有效措施进行应对。

供应链风险主要包括供应商倒闭、原材料供应中断、运输延误等情况。这些风险可能是由自然灾害、政治因素、经济形势等外部因素引起的，也可能是由于供应商管理不善、质量控制不力等内部因素引起的。无论是外部因素还是内部因素，都可能对中小企业的经营活动造成不利影响，需要企业及时采取措施进行应对。

供应链风险的存在使得中小企业在投资决策时面临着较大的经营风险。一旦供应链出现问题，企业可能面临生产中断、订单延迟等情况，导致销售额下降，影响企业的盈利能力和现金流。这不仅会影响企业的短期发展，还可能对企业的长期竞争力和生存能力造成影响。

供应链风险的存在也使得中小企业在供应商选择和管理方面面临着一定的挑战。中小企业通常对供应链的了解和控制能力较弱，难以及时发现和应对潜在的供应链风险。如何选择可靠的供应商，建立良好的供应链管理机制，成为中小企业在投资决策中需要认真考虑和解决的问题。

另一个值得关注的方面是，供应链风险可能会影响中小企业的声誉和品牌形象。一旦供应链出现问题，企业可能无法按时交付产品或服务，导致客户投诉和订单减少，影响企业的市场声誉和品牌形象。这对中小企业来说是一个严峻的考验，需要企业积极采取措施进行预防和应对。

在应对供应链风险时，中小企业可以采取一系列措施来降低风险程度。企业可以建立供应链风险评估机制，对供应商、原材料、运输等环节进行定期评估和监控，及时发现潜在的风险因素。企业可以建立备选供应商和备用原材料库，以应对供应链突发事件带来的影响。企业还可以加强与供应商的沟通和合作，建立长期稳定的合作关系，减少供应链风险带来的影响。

在供应链风险应对中，技术和信息化手段也可以发挥重要作用。企业可以借助信息技术，建立供应链信息平台，实现对供应链各环节的实时监控和管理，提高对风险的识别和应对能力。企业还可以利用大数据和人工智能等技术，对供应链数据进行分析，发现潜在的风险因素，提前采取措施进行预防。

除了技术手段，中小企业还可以加强内部管理，提高自身的抗风险能力。企业可以加强财务管理，保持良好的财务状况，提高应对风险的能力。企业还可以加强员工培训，提高员工的风险意识和应对能力，全员参与风险管理工作，共同维护企业的稳定发展。

政府和行业协会也可以在政策和服务方面支持中小企业应对供应链风险。政府可以加大对中小企业的扶持力度，提供贷款、税收减免等支持措施，帮助企业渡过难关。行业协会可以组织培训和交流活动，为企业提供有关风险管理的指导和帮助，促进行业内部风险管理水平的提升。

第三节　中小企业财务管理中的成本控制与预算管理

一、中小企业财务管理中成本控制的实施

（一）制定明确的成本控制目标

确立明确的成本控制目标对企业的经营管理至关重要。成本控制是企业管理中的一项重要工作，直接影响着企业的盈利能力和竞争力。通过制定明确的成本控制目标，企业可以更好地规划和管理资源，提高生产效率，降低成本，从而实现可持续发展。

在竞争激烈的市场环境中，企业需要清楚自己的成本状况，明确成本控制的重要性。制定明确的成本控制目标可以帮助企业明确目标，明晰方向，有针对性地采取措施，提高成本控制的效果。

设定具体、可量化的成本控制目标，可以激励员工努力工作，找出成本问题的根源，并提出改进方案。这不仅有助于降低成本，还可以提高员工的工作效率和满意度，促进企业的可持续发展。

市场竞争日益激烈的情况下，企业面临着多种风险，如原材料价格波动、劳动力成本上升等。通过制定明确的成本控制目标，企业可以及时发现并应对这些风险，降低其对企业经营的影响，确保企业稳健发展。

在成本控制目标的指导下，企业可以更加有效地管理资源，优化生产流程，降低生产成本，提高生产效率。这不仅可以降低企业的运营成本，还可以提高企业的市场竞争力，实现可持续发展。

通过明确成本控制目标，企业可以更准确地预测成本支出，制定合理的预算计划。在制定决策时，企业也可以根据成本控制目标来评估不同方案的成本效益，选择最优方案，实现成本最小化。

（二）采取有效的成本控制措施

为了确保企业的可持续发展，采取有效的成本控制措施至关重要。企业可以通过提高生产效率来控制成本。通过优化生产流程、提高设备利用率、降低能源消耗等方式，企业可以减少生产成本，提高生产效率，从而降低总体成本。

通过与供应商协商价格、采取集中采购、优化库存管理等方式，企业可以降低采购成本，提高采购效率，从而降低总体成本。

优化组织结构、提高员工生产效率、合理安排劳动力资源等方式，企业可以降低人力成本，提高人力资源利用率，从而降低总体成本。

合理制定资金计划、优化资金结构、降低资金占用成本等方式，企业可以降低资金成本，提高资金利用效率，从而降低总体成本。

在市场营销方面，企业可以通过提高市场营销效率来控制成本。通过精准定位目标市场、优化广告宣传、提高客户维护效率等方式，企业可以降低市场营销成本，提高市场营销效果，从而降低总体成本。

通过引进新技术、提高生产自动化程度、优化信息化管理等方式，企业可以降低生产成本、管理成本，提高企业整体效率，从而降低总体成本。

在产品研发方面，企业可以通过提高研发效率来降低成本。通过优化研发流程、提高研发团队的协作效率、降低研发周期等方式，企业可以降低研发成本，提高研发效率，从而降低总体成本。

二、中小企业财务管理中预算管理的方法

（一）滚动预算

滚动预算的核心思想是将整个预算周期分解为若干期间，每个期间都制定一个预算。这种分期编制的方式使得企业可以根据实际情况随时调整预算，及时应对市场变化和内部情况的变化。相比传统的一次性预算，滚动预算更具灵活性和针对性，有助于企业更准确地掌握经营状况，及时调整经营策略，提高企业的竞争力。

需要不断调整和完善。在每个预算期间结束后，企业需要对实际情况进行评估，分析偏差和原因，并在下一个预算期间中作出相应的调整。这种动态的预算制定过程有助于企业及时发现问题、解决问题，保持预算的准确性和有效性，提高企业的经营效率和盈利能力。

通过分期编制预算，企业可以根据不同期间的经营情况合理调配资金和资源，避免资源的浪费和闲置，提高资源利用效率。滚动预算还可以帮助企业更好地规划长期发展目标，根据实际情况逐步实现目标，降低实施计划的风险，提高企业的可持续发展能力。

滚动预算需要企业有较强的信息收集和分析能力，能够及时准确地获取市场和内部信息，并进行合理分析和判断。这对企业的信息系统和管理水平提出了较高的要求，需要企业不断提升自身的管理水平和信息化水平，以适应滚动预算的要求。

（二）零基预算

零基预算是一种管理会计方法，其核心理念是每个预算周期都从零开始制定预算，即不考虑历史数据，而是根据当前的需求和情况来确定预算数额。这种方法可以帮助企业更加精确地分析和控制成本，优化资源配置，提高经营效率，是一种非常有效的管理工具。

传统预算往往基于过去的数据和经验制定，容易导致资源的浪费和不必要的支出。而零基预算则要求企业在每个预算周期都重新评估每个预算项目的必要性和成本效益，从而使得预算更加精准和实用。

每个预算周期的重新评估，企业可以更加清晰地了解每个预算项目的成本和效益，从而能够更好地控制预算执行的过程，避免出现不必要的支出和浪费。这对于提高企业的财务状况和经营效率非常重要。

通过对每个预算项目的重新评估，企业可以更加科学地确定资源的分配方式，避免资源的浪费和闲置，从而提高资源利用效率，降低成本，提高盈利能力。

零基预算的实施过程中，企业需要充分考虑各种因素，以确保预算的合理性和有效性。企业需要建立一个完善的预算制度和流程，确保每个预算项目都能够得到充分的评估和审批。企业需要培养一支专业的预算团队，具备良好的财务和经济分析能力，能够为预算制定提供有力支持。企业还需要加强内部沟通和协作，确保各个部门之间的信息共享和协调，提高预算执行的效率和效果。

在实施零基预算的过程中，企业可能会遇到一些挑战。由于零基预算要求每个预算周期都重新评估每个预算项目，因此需要耗费大量的时间和精力，对企业的管理层和员工都提出了更高的要求。由于零基预算要求对每个预算项目进行全面评估，可能会导致预算制定过程变得复杂和烦琐，需要企业具备较强的组织和执行能力。

第四节 中小企业财务管理信息化建设的现状与问题

一、中小企业财务管理信息化建设的现状

（一）引入和应用各种财务管理软件

引入和应用各种财务管理软件对企业的财务管理和决策具有重要意义。财务管理软件可以帮助企业实现财务数据的自动化处理和分析，提高工作效率，减少错误率，增强决策的科学性和准确性。因此，企业应该积极引入和应用各种财务管理软件，以提升财务管理水平，促进企业的可持续发展。

传统的财务管理工作通常需要大量的人力和时间来完成，容易出现数据错误和遗漏。而财务管理软件可以实现财务数据的自动化处理和分析，大大减少了人力成本和时间成本，提高了财务数据处理的效率。企业可以通过财务管理软件快速生成财务报表、分析财务数据，为企业的经营管理提供及时准确的数据支持。

财务管理软件可以自动化地进行数据采集、处理和分析，避免了人为因素带来的错误和偏差，保证了财务数据的准确性。财务管理软件还可以基于大数据和人工智能等技术进行数据分析，为企业提供科学的决策依据，帮助企业降低风险，提高盈利能力。

随着信息化和数字化的发展，企业财务管理软件已经成为提升企业管理水平和竞争力的重要手段。通过引入和应用财务管理软件，企业可以实现财务管理的专业化和规范化，提高企业的管理效率和运营效益，增强企业在市场竞争中的优势地位。

可以帮助企业降低成本，提高经营效益。财务管理软件可以帮助企业实现财务流程的自动化和标准化，降低人力成本和运营成本，提高工作效率。财务管理软件还可以通过数据分析和预测，帮助企业及时发现并解决潜在的财务风险，降低经营风险，提高经营效益。

企业应该根据自身的实际情况和需求选择适合的软件。企业应该考虑软件的功能和性能，确保软件能够满足企业的财务管理需求。企业应该考虑软件的成本和实施难度，确保软件的引入和应用能够带来实际的经济效益和管理效益。企业

还应该考虑软件的适用性和兼容性，确保软件能够与现有的信息系统和业务流程相适应，实现信息共享和系统集成。

（二）实现财务数据的电子化和自动化处理

在当今数字化时代，实现财务数据的电子化和自动化处理对企业管理至关重要。企业可以通过建立电子化财务数据平台来实现财务数据的电子化处理。通过采用财务管理软件、云端存储等技术手段，将企业财务数据从传统纸质文档转变为电子化数据，实现数据的集中管理和快速检索，提高财务数据处理的效率和准确性。

企业可以通过建立自动化财务数据处理系统来实现财务数据的自动化处理。通过利用人工智能、大数据分析等技术，对财务数据进行自动化分类、分析和报告，实现财务数据处理的自动化和智能化，减少人工干预，降低错误率，提高数据处理效率。

企业可以通过建立电子化报销系统来实现财务数据的电子化和自动化处理。通过采用在线报销平台、电子发票等技术手段，实现员工报销流程的电子化管理，包括费用申请、审批、支付等环节，减少纸质流程，提高报销效率，降低管理成本。

企业还可以通过建立电子化记账系统来实现财务数据的电子化和自动化处理。通过采用财务软件、自动化记账工具等技术手段，实现企业财务数据的日常记账、账务核对、财务报表生成等工作的电子化和自动化，提高记账效率和准确性。

在财务数据分析方面，企业可以通过建立数据仓库和数据挖掘系统来实现财务数据的电子化和自动化处理。通过将企业各项财务数据整合到数据仓库中，利用数据挖掘技术分析财务数据，发现潜在的业务趋势和问题，为企业管理决策提供数据支持，提高企业的竞争力和经营效率。

在财务风险管理方面，企业可以通过建立风险控制模型和智能预警系统来实现财务数据的电子化和自动化处理。通过利用数据分析技术，对企业财务数据进行实时监测和分析，发现财务风险并及时预警，帮助企业及时采取措施应对风险，保障财务安全。

企业还可以通过建立电子化审计系统来实现财务数据的电子化和自动化处理。通过利用数据分析技术，对企业财务数据进行审计和监督，提高审计效率和准确性，减少审计成本，保障企业财务数据的合规性和真实性。

在财务数据安全方面，企业可以通过建立电子化安全管理系统来实现财务数据的电子化和自动化处理。通过加强对财务数据的加密、备份、权限管理等安全措施，保障财务数据的安全性和完整性，防范数据泄露和损坏，维护企业财务数据的安全。

二、中小企业财务管理信息化建设的问题

（一）资金投入不足

中小企业在财务管理信息化建设方面常常面临资金投入不足的问题。这一问题的存在导致了企业在财务管理信息化建设过程中无法充分利用现代化技术手段，影响了企业的管理效率和竞争力。因此，有必要深入分析资金投入不足带来的问题，寻找解决之道，推动中小企业财务管理信息化建设取得更大进步。

中小企业在财务管理信息化建设方面常常受到资金投入不足的困扰。由于资金有限，企业往往只能采取有限的措施，无法全面实施财务管理信息化系统，导致信息化水平较低。这种情况使得企业在财务管理过程中依然依赖传统的人工操作和纸质文件，效率低下，容易出现错误，影响了企业的管理效率和竞争力。

由于缺乏足够的资金支持，企业在选购和实施财务管理信息化系统时往往采取了较为廉价和简单的方案，无法满足企业的实际需求。这种情况导致企业的信息化建设无法达到预期目标，难以提高管理水平和效率，影响了企业的长期发展。

在信息化时代，信息化水平已经成为衡量企业竞争力的重要指标之一。中小企业由于资金投入不足，无法实现财务管理信息化系统的全面覆盖，导致信息化水平相对较低，难以与行业内的大企业竞争。这种情况使得企业在市场竞争中处于劣势，难以保持持续的竞争力和盈利能力。

随着市场环境的变化和竞争的加剧，企业需要不断调整和改进自身的管理模式和技术手段，以适应新的市场需求和竞争环境。由于资金投入不足，企业无法及时跟进信息化建设的最新技术和趋势，导致企业在应对外部环境变化时显得力不从心，增加了经营风险。

由于资金有限，企业往往难以吸引和留住高素质的信息化人才，导致信息化团队缺乏专业性和稳定性，影响了信息化项目的实施和运行。资金投入不足也会影响企业的信息化设备和软件的更新和维护，可能导致系统运行不稳定，影响了企业的正常经营。

企业应根据自身实际情况制定合理的财务管理信息化建设计划，明确投入资金的具体用途和重点，确保资金的有效利用。企业可以考虑引入外部投资或融资，

寻求资金支持。通过与投资机构或银行合作，企业可以获得更多的资金支持，促进信息化建设的顺利实施。企业还可以考虑与其他企业合作，共享资源和技术，降低信息化建设的成本，提高效益。

政府和相关部门也应加大对中小企业财务管理信息化建设的支持力度。政府可以通过制定相关政策和法规，为中小企业提供财务管理信息化建设的政策支持和财政补贴，降低企业信息化建设的成本。政府还可以加强对中小企业的培训和指导，提升企业信息化建设的能力和水平，促进企业的可持续发展。

中小企业在财务管理信息化建设方面，经常会遇到资金投入不足的挑战。这一问题阻碍了企业采用现代化技术来提升管理水平，影响了企业在竞争激烈的市场中的地位。因此，有必要深入探讨资金投入不足所带来的问题，并提出解决方案，以推动中小企业财务管理信息化建设迈上新台阶。

由于资金有限，企业往往无法投入足够的资金来实施全面的信息化系统，导致信息化水平较低。这使得企业在财务管理过程中仍然依赖传统的手工操作和纸质文件，效率低下，容易出现错误，影响了企业的管理效率和竞争力。

资金投入不足还会影响中小企业财务管理信息化建设的进度和质量。由于缺乏足够的资金支持，企业可能采取较为廉价和简单的信息化方案，无法满足企业的实际需求。这导致企业的信息化建设无法达到预期目标，难以提高管理水平和效率，影响了企业的长期发展。

资金投入不足还会影响企业的信息化水平和竞争力。在信息化时代，信息化水平已成为衡量企业竞争力的重要指标之一。由于资金投入不足，企业无法实现财务管理信息化系统的全面覆盖，导致信息化水平相对较低，难以与行业内的大企业竞争。这使得企业在市场竞争中处于劣势，难以保持持续的竞争力和盈利能力。

资金投入不足还可能导致企业在财务管理信息化建设过程中出现一些问题和障碍。由于资金有限，企业难以吸引和留住高素质的信息化人才，导致信息化团队缺乏专业性和稳定性，影响了信息化项目的实施和运行。资金投入不足也会影响企业的信息化设备和软件的更新和维护，可能导致系统运行不稳定，影响了企业的正常经营。

要解决中小企业财务管理信息化建设中的资金投入不足问题，需要采取一系列综合性的措施。企业应该制定合理的财务管理信息化建设规划，明确投入资金的用途和重点，确保资金的有效利用。企业可以考虑引入外部投资或融资，以获取更多的资金支持。通过与投资机构或银行合作，企业可以获得更多的资金支持，促进信息化建设的顺利实施。

政府和相关部门也应加大对中小企业财务管理信息化建设的支持力度。政府可以通过制定相关政策和法规，为中小企业提供财务管理信息化建设的政策支持和财政补贴，降低企业信息化建设的成本。政府还可以加强对中小企业的培训和指导，提升企业信息化建设的能力和水平，促进企业的可持续发展。

（二）技术人才缺乏

技术人才的缺乏是中小企业在财务管理信息化建设中面临的一个重要问题。由于技术人才的缺乏，中小企业往往难以有效地利用信息技术来支持财务管理，影响了企业的财务管理效率和水平。

中小企业在财务管理信息化建设中，往往缺乏专业的技术人才，无法对财务管理系统进行有效的维护和升级。这导致财务管理系统的功能和性能无法得到有效地发挥，影响了企业的财务管理效率和准确性。

另一个问题是，中小企业在财务管理信息化建设中，往往无法及时跟上技术的发展和变化。由于技术人才的缺乏，企业无法有效地了解最新的信息技术，无法及时应用新技术来改进财务管理工作，导致财务管理水平滞后于时代发展的步伐。

技术人才缺乏还会导致中小企业在财务管理信息化建设中面临一些风险和安全问题。由于技术人才的缺乏，企业可能无法有效地保护财务信息的安全，容易受到网络攻击和信息泄露的威胁，从而影响企业的财务安全和稳定。

解决技术人才缺乏问题，需要中小企业采取一系列措施来提高技术人才的数量和质量。企业可以加大对技术人才的培训和引进力度，提高技术人才的专业水平和技术能力。企业可以加强与高校和科研机构的合作，引入外部专家和团队，为企业提供技术支持和指导。企业还可以建立健全的技术人才培养和激励机制，吸引和留住优秀的技术人才，为企业的财务管理信息化建设提供持续的动力和支持。

除了提高技术人才的数量和质量，中小企业还可以采取一些其他措施来解决财务管理信息化建设中的问题。企业可以加强内部管理，建立规范的财务管理制度和流程，提高对财务管理信息化建设的重视程度。企业还可以加强与外部服务商和供应商的合作，利用外部资源和服务来支持财务管理信息化建设，提高企业的财务管理效率和水平。

在财务管理信息化建设中，中小企业还需要重视数据的质量和完整性。由于技术人才的缺乏，企业可能无法有效地管理和保护财务数据，导致数据质量和完整性出现问题。因此，企业需要加强对数据管理的重视，建立完善的数据管理制度和流程，确保财务数据的质量和完整性，提高财务管理的准确性和可靠性。

技术人才匮乏是中小企业在财务管理信息化建设过程中面临的一大挑战。这一问题不仅影响了企业的财务管理效率，还可能导致信息安全等方面的风险。因此，中小企业需要采取一系列措施来应对这一挑战。

中小企业可以加大对技术人才的培训和引进力度，提高员工的技术水平和适应新技术的能力。通过培训和引进，企业可以逐步建立起一支技术过硬的团队，为财务管理信息化建设提供强有力的支持。

可以加强与高校和科研机构的合作，共同开展科研项目，引进先进的技术和理念。这不仅可以帮助企业解决技术问题，还能够为企业提供创新的思路和方法，提升企业的竞争力。

可以借助外部专业服务机构的力量，引入专业的技术人才和团队，为财务管理信息化建设提供专业支持。这种方式可以帮助企业快速解决技术问题，提高财务管理信息化的建设效率。

除了加大技术人才的培训和引进力度，中小企业还应重视内部管理，建立完善的财务管理制度和流程。良好的内部管理可以提高企业的财务管理效率，降低信息化建设的风险，确保财务信息的准确性和可靠性。

中小企业还可以利用互联网和云计算等新技术手段，降低技术人才的需求。通过使用成熟的云服务平台，企业可以大大减少对技术人才的依赖，降低信息化建设的成本和风险。

第四章　中小企业财务管理的策略与方法

第一节　优化中小企业融资结构

一、拓宽中小企业融资渠道，创新融资方式

中小企业融资困难的根源在于其自身的特性和外部环境的限制。中小企业规模小、资产少、经营风险高、信息透明度低等特点，使其在传统银行贷款过程中常常处于不利地位。银行为了规避风险，通常要求企业提供足够的抵押物和较高的信用评级，而中小企业往往难以满足这些要求。信息不对称也导致银行难以全面、准确地评估中小企业的信用风险，从而进一步增加了融资难度。因此，拓宽中小企业融资渠道，创新融资方式，成为解决这一问题的关键。

为了帮助中小企业获得更为多元化的融资渠道，政府和金融机构需要采取一系列措施。政府应加强对中小企业的政策支持，特别是在融资方面的支持。政府可以设立专门的中小企业融资基金，为中小企业提供贷款担保和风险补偿，从而降低金融机构的贷款风险，激励其加大对中小企业的信贷投放力度。政府还可以通过税收优惠、财政补贴等手段，减轻中小企业的负担，提高其融资能力。政府可以对中小企业的贷款利息进行补贴，降低其融资成本，或者通过税收减免的方式，增加其可支配资金，从而增强其融资能力。

金融机构需要创新融资产品和服务，以满足中小企业多样化的融资需求。传统的银行贷款虽然是中小企业融资的主要方式，但由于其审批流程烦琐、要求严格，往往难以满足中小企业的快速融资需求。因此，金融机构需要开发出更加灵活、便捷的融资产品。可以推出基于企业应收账款的保理融资、供应链金融、动产融资等产品，以企业的应收账款、库存、设备等动产作为抵押物，提供短期融资支持。还可以开发出适合中小企业特点的小额贷款、信用贷款等产品，简化审

批流程，提高放款速度，满足中小企业的紧急资金需求。

资本市场是中小企业融资的重要渠道，如何引导和鼓励中小企业进入资本市场，是解决融资难题的重要途径之一。近年来，全球各国纷纷推出了适合中小企业特点的资本市场融资工具，例如创业板、新三板等，为中小企业提供了更多的直接融资选择。通过在资本市场上发行股票、债券等，中小企业可以获得大量的长期资金支持，从而缓解融资压力。为了促进中小企业进入资本市场，政府和金融机构可以提供相应的培训和指导，帮助中小企业提高信息披露水平，规范公司治理结构，增强其在资本市场的竞争力。资本市场监管机构也应加强对中小企业的支持和保护，简化上市流程，降低上市门槛，鼓励更多中小企业通过资本市场实现融资。

除了传统的银行贷款和资本市场融资，中小企业还可以通过互联网金融平台获得融资支持。近年来，互联网金融迅猛发展，成为中小企业融资的重要渠道。互联网金融平台通过大数据、人工智能等技术手段，能够快速、准确地评估中小企业的信用状况，为其提供精准的融资服务。P2P（个人对个人）贷款平台、小额贷款公司、众筹平台等，都为中小企业提供了新的融资途径。通过互联网金融平台，中小企业可以直接面对投资者，减少中间环节，提高融资效率。互联网金融平台还可以根据中小企业的经营数据、信用记录等，提供个性化的融资方案，满足其多样化的融资需求。

风险投资和私募股权也是中小企业融资的重要方式。风险投资和私募股权机构通过投资中小企业，特别是那些具有高成长性和创新能力的企业，为其提供资金支持和管理经验，帮助其快速发展。与传统的银行贷款不同，风险投资和私募股权不仅关注企业的短期盈利能力，更注重企业的长期发展潜力。因此，对于那些具有较高创新能力和市场前景的中小企业，风险投资和私募股权是一种非常重要的融资渠道。为了吸引更多的风险投资和私募股权机构投资中小企业，政府可以出台相应的优惠政策，例如税收减免、财政补贴等，降低投资成本，提高投资回报，激励其加大对中小企业的投资力度。

拓宽中小企业融资渠道，创新融资方式，需要政府、金融机构和企业共同努力。政府应加强政策支持，提供资金担保和风险补偿，减轻中小企业负担；金融机构需要创新融资产品和服务，满足中小企业多样化的融资需求；资本市场应为中小企业提供更多的直接融资选择，简化上市流程，降低上市门槛；互联网金融平台通过技术手段，提高融资效率，提供个性化融资方案；风险投资和私募股权机构通过投资高成长性企业，提供资金和管理经验，帮助企业快速发展。通过多方合力，可以有效缓解中小企业的融资难题，促进其健康快速发展。

在实践中，已经有许多成功的案例证明了这些措施的有效性。在中国，政府设立了中小企业发展基金，为中小企业提供贷款担保和风险补偿，有效降低了金融机构的贷款风险，激励其加大对中小企业的信贷投放力度。中国还推出了新三板市场，为中小企业提供了一个便捷的直接融资平台，许多中小企业通过新三板成功实现了融资。互联网金融在中国的发展也非常迅猛，许多中小企业通过P2P贷款平台、小额贷款公司、众筹平台等，成功获得了融资支持。

在美国，风险投资和私募股权对中小企业的发展也起到了重要作用。硅谷的许多科技公司在早期阶段都获得了风险投资的支持，帮助其快速成长为行业巨头。谷歌、苹果、脸书等公司，都在创业初期获得了大量的风险投资，成功实现了快速发展。美国的资本市场也为中小企业提供了丰富的融资选择，通过在纳斯达克等市场上市，许多中小企业成功获得了长期资金支持，促进了其快速发展。

尽管如此，中小企业融资依然面临许多挑战。随着经济环境的变化，金融市场的不确定性增加，中小企业的融资环境也会发生变化。在经济衰退期，金融机构可能会收紧信贷政策，提高贷款门槛，从而增加中小企业的融资难度。因此，中小企业需要不断提高自身的管理水平和经营能力，提高信用评级，增强融资能力。中小企业还应积极拓展融资渠道，不仅依赖于传统的银行贷款，还应充分利用资本市场、互联网金融、风险投资和私募股权等多种融资方式，降低融资风险，提高融资效率。

二、出台相关政策，建立中小企业融资担保体系

出台相关政策，建立中小企业融资担保体系，对于促进经济增长、推动社会进步、提高就业率以及增强中小企业竞争力具有重要意义。中小企业是国民经济的重要组成部分，它们在推动技术创新、活跃市场、增加就业等方面发挥了不可替代的作用。中小企业在融资过程中面临诸多困难，特别是在获取银行贷款时，往往由于缺乏足够的抵押物和信用记录而遭遇困境。为了解决这一问题，国家应出台相关政策，建立健全中小企业融资担保体系，提供有效的金融支持，促进中小企业健康发展。

国家应制定具体的政策措施来鼓励和支持融资担保机构的发展。这些措施可以包括对担保机构的财政支持、税收优惠以及法律保障等。通过财政支持，政府

可以为担保机构提供初始资金和运营资金，帮助其渡过早期发展的困难期。税收优惠则可以减轻担保机构的负担，增强其盈利能力和可持续发展能力。法律保障也是不可或缺的一环，应制定专门的法律法规，对担保机构的设立、运营、风险管理等进行规范，确保其合法合规运作。

政府应推动建立多层次、多元化的担保体系，以满足不同类型和规模中小企业的融资需求。在这方面，可以探索建立国家、省、市、县四级联动的担保体系，形成中央和地方共同参与、上下联动的担保格局。应鼓励各类社会资本进入担保行业，形成国有、民营、混合所有制等多种所有制形式并存的担保机构体系。通过这种多层次、多元化的担保体系，可以更好地覆盖不同地区、不同行业、不同发展阶段的中小企业，提高担保服务的普惠性和可得性。

政府应建立科学合理的风险分担机制，以降低担保机构的运营风险。中小企业融资担保本质上是一种高风险业务，担保机构在开展业务过程中难免会遇到坏账和损失。因此，必须建立健全的风险分担机制，明确政府、银行、担保机构、中小企业各方的责任和义务。政府可以设立专门的风险补偿基金，对担保机构因代偿产生的损失给予一定比例的补偿。应鼓励银行与担保机构之间建立合理的风险共担机制，通过降低担保费率、延长担保期限等方式，降低中小企业的融资成本，提高其融资可得性。

政府应加大对中小企业融资担保体系的宣传和推广力度，提高社会各界对融资担保的认识和接受度。可以通过举办培训班、研讨会、座谈会等形式，向中小企业介绍融资担保的相关政策、操作流程和成功案例，帮助其更好地了解和利用融资担保工具。政府还应加强对担保机构从业人员的培训和教育，提高其业务水平和服务能力，确保担保服务的专业性和高效性。

在完善担保体系的政府应鼓励银行和其他金融机构积极参与中小企业融资担保业务。银行作为中小企业融资的主要渠道，应在政策引导下加大对中小企业的信贷支持力度。政府可以通过制定相关政策，鼓励银行设立专门的中小企业信贷部门，开发适合中小企业特点的信贷产品，并对中小企业贷款实行差别化的风险评估和利率政策。应鼓励银行与担保机构之间加强合作，通过建立信息共享机制、联合开展尽职调查等方式，提高信贷审批效率，降低信贷风险。

在金融科技迅猛发展的背景下，政府还应推动担保机构积极应用金融科技手段，提高担保服务的效率和质量。可以通过大数据、云计算、区块链等技术手段，对中小企业的信用状况进行全面评估，构建精准的信用评分体系，提高信用风险识别能力。可以开发线上担保平台，实现担保业务的全流程线上化操作，简化业务流程，缩短审批周期，提高服务效率。

除了政府和银行的支持，中小企业自身也应加强信用管理，提升信用水平。信用是企业的无形资产，是获取融资的重要保障。中小企业应树立诚信经营的理念，严格遵守法律法规，按时履行合同义务，建立良好的信用记录。应加强财务管理，规范财务报表，确保信息的真实和透明，增强金融机构和担保机构对其信用的信任度。

在国际经验借鉴方面，许多国家在中小企业融资担保体系建设方面积累了丰富的经验。日本的中小企业信用担保协会体系，通过政府、地方公共团体和民间金融机构的共同参与，形成了覆盖全国的融资担保网络，有效解决了中小企业融资难的问题。韩国的中小企业振兴公团则通过提供信用担保、技术担保和出口信用保险等多种服务，全面支持中小企业的发展。中国在建设中小企业融资担保体系过程中，可以借鉴这些国家的成功经验，结合本国实际情况，探索适合中国国情的发展路径。

三、推进中小企业信用体系建设

推进中小企业信用体系建设是我国经济社会发展的一项重要任务。在市场经济中，信用是经济活动的基础，中小企业的信用体系建设不仅关系到企业自身的发展，也关系到整个经济的健康运行。由于中小企业自身特点和外部环境的制约，其信用体系建设面临诸多挑战。因此，推进中小企业信用体系建设，需要政府、金融机构和企业共同努力，从政策支持、信用信息共享、信用评价体系完善等多个方面入手，构建一个全方位、多层次的中小企业信用体系。

政策支持是中小企业信用体系建设的关键。政府应当加强政策引导和支持，通过制定和完善相关法律法规，为中小企业信用体系建设提供制度保障。政府可以出台关于中小企业信用管理的专项政策，明确中小企业信用信息的收集、管理和使用规范，建立中小企业信用档案，规范信用信息的披露和共享。政府还应通过税收优惠、财政补贴等措施，鼓励中小企业加强信用管理，提高信用水平。政府可以设立专项基金，支持中小企业信用管理系统的建设和维护，帮助中小企业提升信用管理能力。

信用信息共享是中小企业信用体系建设的重要环节。目前，中小企业信用信息分散在各个部门和机构，信息不对称问题严重，影响了信用体系的有效运行。

为了解决这一问题，政府应当建立健全中小企业信用信息共享平台，实现信用信息的互联互通。具体来说，政府可以依托现有的公共信用信息平台，整合工商、税务、银行等各类信用信息，建立统一的信用信息数据库，方便企业、金融机构和社会公众查询和使用。政府应当加强与第三方信用服务机构的合作，推动信用信息的市场化应用，促进信用信息的广泛共享和利用。

第三，信用评价体系的完善是中小企业信用体系建设的基础。信用评价体系是对企业信用状况进行客观、公正评价的工具，对于中小企业信用体系建设具有重要意义。目前，中小企业信用评价体系尚不完善，评价标准不统一、评价方法不科学等问题依然存在。因此，有必要建立健全科学、规范的信用评价体系。具体来说，政府可以制定中小企业信用评价标准和指标体系，明确信用评价的内容、方法和程序，确保信用评价的客观、公正。政府应当鼓励和支持第三方信用服务机构的发展，培育一批专业的信用评价机构，提高信用评价的专业化水平。信用评价机构应当遵循独立、客观、公正的原则，科学、公正地进行信用评价，为中小企业信用体系建设提供专业支持。

第四，信用激励机制的建立是中小企业信用体系建设的重要保障。信用激励机制是通过对守信企业给予奖励，激励企业守信经营的重要手段。政府应当建立健全中小企业信用激励机制，通过税收优惠、政府采购、融资支持等措施，激励中小企业加强信用管理，提高信用水平。政府可以对信用等级高的企业给予税收优惠，降低企业经营成本；在政府采购中，优先选择信用等级高的企业，提高企业市场竞争力；在融资方面，鼓励银行等金融机构根据企业信用状况，给予信用贷款、降低贷款利率，帮助企业解决融资难题。通过信用激励机制，促使中小企业重视信用管理，提高信用水平，营造良好的信用环境。

第五，信用惩戒机制的建立是中小企业信用体系建设的重要手段。信用惩戒机制是通过对失信企业给予惩罚，遏制企业失信行为的重要手段。政府应当建立健全中小企业信用惩戒机制，通过法律、行政等手段，加大对失信企业的惩戒力度。政府可以将企业失信行为纳入信用记录，向社会公示，增加企业失信成本；在政府采购、融资等方面，对失信企业进行限制，降低企业市场竞争力；通过法律手段，加大对企业失信行为的处罚力度，遏制企业失信行为的发生。通过信用惩戒机制，促使中小企业加强信用管理，杜绝失信行为，营造良好的信用环境。

第六，金融机构的积极参与是中小企业信用体系建设的重要推动力。金融机构作为中小企业信用体系建设的重要参与者，应当积极参与中小企业信用体系建设，发挥其在信用信息收集、信用评价、信用贷款等方面的优势，支持中小企业信用体系建设。银行可以通过建立中小企业信用档案，收集和管理企业信用信息，为企业提供信用评价和信用贷款服务；通过信用贷款，帮助中小企业解决融资难题，促进企业发展；通过信用评级，帮助企业提升信用水平，提高市场竞争力。金融机构应当加强与政府和第三方信用服务机构的合作，共同推动中小企业信用体系建设，提高信用信息的共享和利用效率。

第七，中小企业自身的努力是信用体系建设的根本。中小企业作为信用体系建设的主体，应当加强自身信用管理，提高信用水平。企业应当建立健全信用管理制度，明确信用管理的内容和程序，加强信用信息的收集、管理和使用，提高信用管理的科学性和规范性。企业应当加强内部控制，建立健全财务管理制度，确保财务信息的真实、准确和完整，防范信用风险。企业应当加强与政府、金融机构和第三方信用服务机构的合作，积极参与信用评价和信用信息共享，提高信用管理水平。

四、促进企业自身素质的提升

企业文化是促进企业自身素质提升的基石。良好的企业文化可以激励员工的积极性和创造力，形成团队合作和凝聚力。建立和谐、开放、创新的企业文化，可以为企业的长期发展奠定坚实的基础。企业文化建设需要从领导层树立榜样、塑造企业核心价值观、营造良好的工作氛围等方面着手，通过各种渠道不断强化文化理念，使之贯穿于企业的方方面面。

员工素质提升是企业自身素质提升的关键环节。员工是企业最宝贵的资源，其素质的提升直接关系到企业的竞争力和发展潜力。企业可以通过培训计划、技能提升课程、员工激励机制等方式，持续提升员工的专业技能、创新意识和团队协作能力，从而不断增强企业的核心竞争力。建立健全的员工激励机制，激发员工的工作热情和创造力，使他们能够充分发挥自己的潜力，为企业发展注入新的活力。

第三，技术创新是企业自身素质提升的重要保障。随着科技的不断进步和市场竞争的日益激烈，企业必须不断引进先进的技术和管理方法，提升自身的创新能力和竞争力。通过加强研发投入、建立创新团队、推动技术成果转化等方式，企业可以不断提升自身的技术水平和创新能力，开拓市场空间，实现可持续发展。企业还可以积极参与行业技术标准的制定和推广，提高自身在行业内的话语权和影响力。

市场拓展是企业自身素质提升的重要途径。拓展市场可以为企业带来更广阔的发展空间和更丰厚的利润回报，同时也可以提高企业的市场竞争力和行业地位。企业可以通过开拓新的产品线、拓展新的市场渠道、加强品牌推广等方式，不断扩大市场份额，提升市场占有率，实现企业规模和效益的双提升。企业还可以积极借助互联网和数字化技术，拓展线上销售渠道，拓展海外市场，实现全球化发展。

第二节　提升中小企业投资决策的科学性

一、中小企业应建立完善的信息收集和分析机制

中小企业面临着市场竞争激烈、环境变化快速的挑战。在这样的背景下，及时获取和准确分析市场信息对企业制定战略、调整经营策略至关重要。通过建立信息收集和分析机制，中小企业可以获取来自市场、竞争对手、行业动态等方面的信息，为企业的发展提供重要参考。企业可以通过监测竞争对手的行动，了解市场动态，把握市场机会和风险，从而及时调整产品定位、营销策略，提高市场竞争力。

建立信息收集和分析机制有助于中小企业提高决策效率和准确性。在市场环境不断变化的情况下，中小企业需要及时做出各种战略决策，如产品开发、市场推广、销售渠道选择等。如果企业没有及时获取和准确分析市场信息，就很难做出正确的决策，容易陷入盲目跟风或者盲目乐观的情况。通过建立信息收集和分析机制，中小企业可以及时了解市场的变化，预测市场趋势，准确把握市场需求，从而做出更为科学、准确的决策。

建立信息收集和分析机制有助于中小企业发现和利用新的商机。在市场竞争日益激烈的情况下，中小企业需要不断创新，开发新产品、新市场，寻找新的增长点。通过建立信息收集和分析机制，中小企业可以及时发现市场的新需求、新趋势，抓住市场的新机遇，从而开拓新的市场空间，实现持续增长。企业可以通过分析消费者的需求变化，推出符合市场需求的新产品，抢占市场先机；或者通过监测行业的发展趋势，开拓新的市场领域，寻找新的增长点。

建立信息收集和分析机制有助于中小企业提高风险防范和应对能力。在市场竞争和经营环境不确定性增加的情况下，中小企业面临着各种风险，如市场风险、

经营风险、金融风险等。通过建立信息收集和分析机制，中小企业可以及时发现潜在的风险因素，预测风险的发生可能性和影响程度，从而采取相应的防范和应对措施，降低风险的发生和损失的程度。企业可以通过监测市场的供求关系和价格波动，预测原材料价格的变化趋势，及时调整采购计划，降低采购成本；或者通过分析客户的信用状况和支付能力，及时调整信贷政策，降低坏账风险。

中小企业可以利用现代信息技术手段，建立企业信息化系统，实现对内外部信息的全面收集和分析。企业可以建立客户关系管理系统（CRM），收集客户的信息和反馈，分析客户的消费行为和偏好，为产品开发和营销提供数据支持；或者建立供应链管理系统（SCM），监控供应链的各个环节，提高供应链的运作效率和稳定性。

中小企业可以通过建立专门的信息收集和分析团队，加强对市场信息的监测和分析。企业可以招聘具有市场调研、数据分析等专业知识和技能的人才，建立专门的信息收集和分析部门，负责收集和分析市场信息，为企业的决策提供数据支持。

中小企业可以加强与外部信息来源的合作，获取更为及时、准确的市场信息。企业可以与行业协会、市场调研机构、咨询公司等建立合作关系，获取其提供的市场报告、行业分析等信息，为企业的决策提供参考依据。

二、中小企业应建立科学的投资决策流程

这包括项目筛选、评估、决策和执行等环节。在每个环节，企业都应制定明确的标准和程序，确保投资决策的公正性和合理性。企业还应建立决策责任机制，明确各级管理人员的职责和权限，确保投资决策的有效执行。

中小企业应建立科学的投资决策流程，这对于它们的长期发展和持续增长至关重要。投资决策直接影响着企业的战略方向、资源配置和未来业绩，因此需要建立一套科学的、系统性的投资决策机制，以提高投资项目的成功率和经济效益。

中小企业应明确自身的发展战略和目标，确定投资的方向和重点。在制定投资计划之前，企业需要深入分析市场环境、行业趋势和竞争对手情况，了解自身优势和劣势，找准发展定位和市场定位。要根据企业的战略定位，明确投资的目的和目标，是扩大生产规模、提升技术水平、拓展市场份额还是增加利润空间，以便为后续的投资决策提供指导。

评估内容可以包括市场分析、技术评估、财务评估、风险评估等多个方面。

市场分析主要考察市场需求、竞争格局、市场潜力等因素，技术评估则关注投资项目的技术先进性、技术可行性和技术转化能力，财务评估主要从投资成本、投资回报、投资风险等角度进行评估，风险评估则重点分析投资项目的市场风险、技术风险、财务风险等方面的风险情况。通过综合评估，筛选出符合企业发展战略和风险承受能力的投资项目。

投资审批程序应包括申请、初审、评审、决策等环节，各环节之间要有明确的权限和责任划分。申请环节由投资项目发起者提交投资申请书和相关资料，初审环节由专业人员对申请资料进行初步审核，评审环节由专家组成的评审委员会对投资项目进行评审，决策环节由企业高层管理层根据评审意见和企业实际情况做出最终决策。通过严格的审批程序，可以有效避免投资决策的随意性和盲目性，提高决策的科学性和准确性。

监控内容主要包括投资进度、成本控制、风险管理、绩效评价等方面。企业可以通过建立项目管理团队、制定项目执行计划、实施成本控制措施等方式，加强对投资项目的监控和管理。还应建立绩效评价体系，对投资项目的实施效果进行定期评估，及时发现问题和风险，采取相应的调整和措施，确保投资项目顺利实施并取得预期效果。

投资决策是一个复杂的系统工程，需要企业不断学习和积累经验，及时总结成功案例和失败案例，吸取经验教训，不断完善投资决策流程和机制。还应加强对外部环境的监测和分析，及时调整投资策略和方向，灵活应对市场变化和竞争压力，确保投资决策的及时性和灵活性

三、中小企业还应加强财务分析和风险管理

通过对投资项目的财务数据进行深入分析，企业可以评估项目的盈利能力和风险水平，为投资决策提供有力支持。企业还应建立风险预警机制，及时发现和应对潜在风险，确保投资项目的稳健运行。

中小企业在现代经济中扮演着重要角色，它们不仅是就业的主要来源之一，也是创新和经济增长的重要动力。许多中小企业在经营过程中面临着财务管理和风险控制的挑战。这些企业常常因为资源有限、信息不对称以及管理能力不足而在财务分析和风险管理方面存在不足。因此，加强财务分析和风险管理对于中小企业的可持续发展至关重要。

财务分析是企业管理的重要工具。通过财务分析，中小企业可以全面了解自

身的财务状况，发现经营中的问题和潜在的风险，从而采取有效的措施进行调整。中小企业应当建立健全财务分析体系，定期进行财务报表分析、比率分析、趋势分析和预算分析等，以全面掌握企业的财务状况。

财务报表分析是财务分析的基础。中小企业应当定期编制和分析资产负债表、利润表和现金流量表，了解企业的资产、负债、收益和现金流情况。通过资产负债表分析，企业可以了解自身的财务结构，判断资产的流动性和负债的偿还能力。通过利润表分析，企业可以了解经营成果，判断收入、成本和利润的构成和变化情况。通过现金流量表分析，企业可以了解现金流的来源和去向，判断企业的现金流量状况和财务健康程度。

比率分析是财务分析的重要方法。中小企业应当通过计算和分析各种财务比率，如流动比率、速动比率、资产负债率、净利润率、资产周转率等，全面了解企业的财务状况和经营效率。流动比率和速动比率可以反映企业的短期偿债能力，资产负债率可以反映企业的财务结构和长期偿债能力，净利润率可以反映企业的盈利能力，资产周转率可以反映企业的资产使用效率。通过比率分析，企业可以发现财务管理中的问题，找出改进措施，提高财务管理水平。

趋势分析是财务分析的重要手段。中小企业应当通过对财务数据的历史趋势进行分析，了解财务状况和经营成果的变化情况，预测未来的发展趋势。通过趋势分析，企业可以发现财务状况和经营成果的变化规律，判断财务管理中的优点和不足，及时调整经营策略和管理措施，防范财务风险。

预算分析是财务分析的重要内容。中小企业应当制定科学、合理的财务预算，定期进行预算执行情况的分析，了解预算执行的偏差和原因，及时采取措施进行调整。通过预算分析，企业可以发现经营中的问题，找出改进措施，提高预算管理水平，确保财务目标的实现。

风险管理是企业管理的重要环节。中小企业面临的风险种类繁多，包括市场风险、信用风险、操作风险、法律风险等。企业应当建立健全风险管理体系，识别、评估和控制各种风险，提高企业的抗风险能力。

市场风险是中小企业面临的主要风险之一。市场风险主要包括市场需求变化、竞争对手行为、产品价格波动等因素对企业经营的影响。中小企业应当加强市场调研，及时了解市场变化，制定科学的市场营销策略，提高市场竞争力。企业应当加强产品创新和质量管理，提高产品的市场适应能力和竞争力，降低市场风险。

信用风险主要包括客户信用、供应商信用和企业自身信用等方面的风险。中小企业应当建立健全信用管理制度，加强客户和供应商的信用评估和管理，制定合理的信用政策和风险控制措施，降低信用风险。企业可以通过与第三方信用服务机构合作，获取客户和供应商的信用信息，评估其信用状况，采取合理的信用政策和风险控制措施，降低信用风险。

操作风险主要包括企业内部管理和操作流程中的风险，如内部控制不力、操作失误、管理漏洞等。中小企业应当加强内部控制和管理，建立健全操作流程和管理制度，定期进行内部审计和风险评估，发现和解决操作风险。企业可以通过信息化手段，建立和完善财务管理系统、生产管理系统和销售管理系统，提高管理效率和风险控制能力。

法律风险主要包括企业在经营过程中可能面临的法律责任和法律纠纷。中小企业应当加强法律风险管理，建立健全法律风险防控体系，及时了解和遵守相关法律法规，避免法律纠纷。企业可以通过聘请法律顾问，加强合同管理和知识产权保护，预防和解决法律纠纷，降低法律风险。

中小企业还应当加强风险文化建设，提高全员的风险意识和风险管理能力。企业应当通过培训、宣传和教育等方式，提高员工的风险意识和风险管理能力，形成全员参与、共同防控的风险管理文化。企业应当鼓励员工发现和报告风险，建立和完善风险报告和反馈机制，及时发现和解决风险问题，提高风险管理水平。

中小企业应当加强与外部机构的合作，提高风险管理水平。企业可以通过与金融机构、保险公司、第三方信用服务机构等外部机构合作，获取风险管理的专业支持和服务，提高风险管理水平。企业可以通过与银行合作，获取信用贷款和融资担保服务，降低融资风险；通过与保险公司合作，购买商业保险，分散和转移风险；通过与第三方信用服务机构合作，获取信用信息和信用评估服务，提高信用管理水平。

四、中小企业可以借鉴大型企业的成功经验，引入先进的投资决策方法和工具

企业可以利用大数据分析、云计算等现代信息技术手段，对投资项目进行精准预测和评估。这不仅可以提高投资决策的准确性和效率，还可以降低企业的决策成本。

中小企业可以借鉴大型企业的资本预算和投资评价方法。资本预算是企业对各种投资项目进行经济分析和评估，以确定其长期收益和风险水平，从而做出是

否投资的决策。大型企业通常会采用多种资本预算方法，如净现值（NPV）、内部收益率（IRR）、投资回收期（Payback Period）等，来评估投资项目的可行性和优先级。中小企业可以借鉴这些资本预算方法，并根据自身情况进行灵活运用，以科学决策和合理配置资金。

风险是企业在投资过程中面临的不确定性和损失可能性，对中小企业来说尤为关键。大型企业通常会建立完善的风险管理体系，采用风险识别、评估、控制和监控等方法，全面分析和应对各种风险因素。中小企业可以借鉴这些风险管理经验，建立起适合自身发展阶段和规模的风险管理机制，通过科学有效的风险管理，提高投资决策的成功率和可持续性。

财务管理是企业在资金运作和投资决策过程中的重要环节，直接影响到企业的盈利能力和财务稳健性。大型企业通常会建立完善的财务管理体系，包括财务计划、预算控制、成本管理、绩效评价等方面，通过财务数据和指标的监控和分析，及时发现和解决投资项目中的问题和风险。中小企业可以借鉴这些财务管理经验，建立健全的财务管理制度和会计核算体系，加强对投资项目的财务监控和绩效评估，确保资金的安全和效益。

战略规划是企业长期发展的路线图和行动计划，而市场分析则是企业在选择投资项目和市场定位时的重要依据。大型企业通常会进行市场调研和竞争分析，制定具体的市场营销策略和产品定位，从而为投资决策提供有力支持。中小企业可以借鉴这些战略规划和市场分析方法，结合自身的市场需求和资源优势，确定投资方向和目标市场，提高投资项目的成功率和市场竞争力。

五、中小企业还应加强内部管理和人才培养

加强内部管理有助于提高企业的运营效率和竞争力。良好的内部管理是企业持续发展的基础，直接影响到企业的生产效率、管理效率和经营效益。通过加强内部管理，中小企业可以建立起科学、规范、高效的组织结构和管理制度，明确各部门的职责和权限，优化流程和机制，提高资源配置的效率和灵活性，降低成本，提高生产效率和竞争力。企业可以建立完善的财务管理制度，加强对资金的监控和运用，提高资金使用效率；或者建立完善的人力资源管理制度，加强对人才的选拔、培养和激励，提高员工的工作积极性和创造力，促进企业的创新和发展。

在市场竞争激烈、经营环境复杂多变的情况下，中小企业面临着各种风险，如市场风险、经营风险、技术风险等。通过加强内部管理，中小企业可以及时发

现潜在的风险因素，采取相应的防范和应对措施，降低风险的发生和损失的程度。企业可以建立健全的内部控制制度，加强对生产、销售、财务等关键环节的监控和管理，提高风险的识别和应对能力；或者建立健全的危机管理机制，制定应急预案，加强对市场变化和竞争对手的监测和分析，及时调整经营策略，应对外部环境的不确定性和波动。

在知识经济和创新驱动的时代，创新已成为企业持续发展的关键。通过加强内部管理，中小企业可以为员工提供良好的工作环境和发展平台，激发其创新潜能和创造力，提高企业的技术创新和管理创新能力，增强企业的竞争力。企业可以建立创新激励机制，通过设置创新奖励、技术专利奖励等方式，激励员工积极参与创新活动，提高创新的产出和效率；或者建立创新管理制度，加强对创新项目的评估和管理，提高创新项目的成功率和市场化程度，促进企业的快速发展。

良好的内部管理是企业形象的重要体现，直接影响到员工的工作积极性和企业的声誉。通过加强内部管理，中小企业可以为员工提供良好的工作环境和发展机会，提高员工的工作满意度和忠诚度，降低员工的流失率，减少人力资源的流失和成本，提高企业的稳定性和可持续发展能力；或者加强对员工的培训和发展，提高员工的专业技能和管理能力，增强员工的竞争力和职业发展空间，提高企业的吸引力和影响力。

第三节　强化中小企业成本控制与预算管理

一、强化中小企业加强成本控制

（一）优化采购管理

与供应商建立长期稳定的合作关系，确保采购价格的合理性和稳定性。通过集中采购和共享资源，降低采购成本。

优化采购管理有助于提高中小企业的运营效率和成本效益。采购管理涉及企业的原材料、零部件、设备等重要资源的采购和供应，直接影响到企业的生产效率和产品质量。通过优化采购管理，中小企业可以建立起高效的供应链体系，与优质供应商建立长期稳定的合作关系，降低采购成本，提高采购效率，优化库存管理，减少库存积压和资金占用，提高资金周转效率，降低生产成本，从而提高产品竞争力和盈利能力。

在全球化的背景下，企业的供应链可能受到各种不确定因素的影响，如原材料价格波动、供应商信用风险、交通运输问题等。通过优化采购管理，中小企业可以及时监测和评估供应链风险，建立灵活多样的供应链体系，降低供应链风险的发生和影响，保障企业生产和经营的稳定性和可持续性。企业可以建立多供应商备选制度，及时调整供应商结构，降低对单一供应商的依赖程度，减少供应链中断的风险。

采购管理不仅仅是简单的采购活动，更是企业获取外部资源、引入新技术、拓展新市场的重要途径。通过优化采购管理，中小企业可以积极寻找和引进优质的原材料、零部件和技术，提高产品的质量和性能，满足市场需求，拓展市场份额，提高市场竞争力。企业可以与供应商合作开发新产品、新技术，共同探索市场的新需求和新趋势，实现互利共赢。

成本是企业经营过程中的一项重要支出，直接影响到企业的盈利能力和发展潜力。通过强化成本控制，中小企业可以降低生产成本，提高产品的价格竞争力，增加销售收入，扩大市场份额，实现企业的盈利增长。强化成本控制还可以提高企业的抗风险能力，增强企业的抵御外部冲击和挑战的能力。企业可以通过提高生产效率、降低管理费用、优化资源配置等方式，降低生产成本，提高经营效益；或者通过控制销售费用、降低财务成本、优化税务筹划等方式，降低经营成本，提高盈利水平。

（二）优化人力资源管理

合理配置人力资源，避免人力浪费。考虑灵活的用工方式，如雇佣兼职员工或外包某些工作，以降低人力资源成本。

优化人力资源管理，强化中小企业加强成本控制，是提高企业竞争力、促进可持续发展的关键举措。在当今竞争激烈的市场环境下，有效管理人力资源不仅可以提高企业的生产效率和服务质量，还可以降低企业的用工成本，提升企业的盈利能力和市场竞争力。因此，中小企业应采取一系列措施，优化人力资源管理，强化成本控制，实现人力资源的最大化利用和经济效益最大化。

中小企业应建立科学合理的人力资源管理制度和流程，明确岗位设置、人员配备、工作职责等内容。制定和完善人力资源管理制度，对企业的人事管理、薪酬福利、绩效考核等方面进行规范和约束，保障企业的正常运转和员工的合法权益。建立健全人才招聘、培训、激励、评价、流动等制度和流程，为企业的人力资源管理提供有力的制度保障和操作指导。

组织开展各类培训和学习活动，提高员工的专业技能和综合素质，增强其适应市场变化和企业发展的能力。还应建立有效的激励机制，为员工提供广阔的发展空间和良好的福利待遇，激发其工作积极性和创造力，提高员工的忠诚度和稳定性。

合理调整岗位设置和人员配备，优化组织层级和部门设置，实现人力资源的合理配置和高效利用。还应加强工作流程的优化和管理，提高工作效率和生产效率，降低企业的用工成本，提升企业的竞争力和盈利能力。

通过建立人力资源成本核算体系，全面了解人力资源成本的构成和变动情况，及时发现和解决成本异常波动的问题。还应建立成本控制目标和指标体系，制定科学合理的成本控制方案，加强成本控制的监督和评估，确保企业的成本控制工作得到有效落实。

制定人力资源战略规划，明确人力资源管理的发展方向和目标，提升企业的核心竞争力和持续发展能力。还应加强与业务部门的沟通与协作，有效解决业务部门在人力资源管理方面的需求和问题，提高人力资源管理的针对性和有效性。

（三）精细管理与节约用能

通过优化生产工艺和流程，降低废品和损耗，提高资源利用率。加强能源管理和资源回收利用，降低生产成本。

在当前激烈的市场竞争环境下，中小企业面临着成本上升和利润率下降的双重压力。为了在市场中立于不败之地，中小企业必须加强成本控制，通过精细管理与节约用能，提高经营效率和竞争力。精细管理和节约用能不仅可以降低企业运营成本，还能提高资源利用效率，减少环境污染，实现可持续发展。

精细管理是中小企业成本控制的重要手段。精细管理强调对企业内部各个环节的精细化管理，通过优化流程、提高效率和降低浪费，实现成本的有效控制。中小企业应当建立健全成本管理体系，明确成本管理的目标、内容和方法，制定科学的成本管理计划和措施。企业可以通过推行全面预算管理，合理编制和执行预算，控制各项费用支出，防止费用超支和浪费。

生产管理是企业成本控制的重要环节，通过优化生产流程、提高生产效率和降低生产成本，可以有效控制成本。企业可以通过实施精益生产管理，消除生产过程中的浪费，提高生产效率和质量，降低生产成本。企业应当加强设备管理，合理安排设备的使用和维护，减少设备故障和停机时间，提高设备利用率和生产效率。

采购管理是企业成本控制的重要环节，通过科学的采购计划和合理的采购策略，可以有效降低采购成本。企业可以通过集中采购、批量采购和长协采购等方式，降低采购价格和运输费用；通过与供应商建立长期合作关系，获得更多的优惠和支持；通过加强采购流程管理，避免采购过程中的浪费和失误，提高采购效率和质量。

库存管理是企业成本控制的重要环节，通过合理的库存控制和优化的库存管理，可以有效降低库存成本。企业可以通过实施零库存管理和及时生产模式，减少库存积压和资金占用；通过优化库存结构和库存周转，提高库存利用率和周转速度；通过加强库存盘点和库存分析，防止库存损失和浪费，提高库存管理水平。

中小企业应当加强销售管理，提高销售收入，降低销售成本。销售管理是企业成本控制的重要环节，通过优化销售策略和提高销售效率，可以有效控制销售成本。企业可以通过实施精准营销，提高市场定位和营销效果，降低营销费用和销售成本；通过加强销售渠道管理，优化销售网络和销售流程，提高销售效率和质量；通过加强客户关系管理，提高客户满意度和忠诚度，增加销售收入和利润。

在成本控制的中小企业还应当重视节约用能，通过提高能源利用效率，降低能源消耗和成本。节约用能不仅是企业降低成本的重要手段，也是企业履行社会责任、实现可持续发展的重要内容。中小企业应当建立健全节约用能管理体系，明确节约用能的目标、内容和方法，制定科学的节约用能计划和措施。企业可以通过能源审计，全面了解能源消耗情况，找出节能潜力和改进措施；通过制定节能目标和指标，明确节能责任和考核标准，确保节能措施的落实和效果。

企业可以通过采用高效节能的生产设备和工艺，提高生产效率和能源利用效率；通过采用节能照明、空调和供暖设备，降低办公和生活能源消耗；通过加强能源管理系统的建设，实时监控和优化能源消耗，提高能源利用效率和管理水平。

通过培训、宣传和教育等方式，提高员工的节能意识和行为规范，形成全员参与、共同节能的良好氛围。企业可以通过开展节能宣传和培训活动，提高员工的节能意识和知识；通过制定节能行为规范和奖惩制度，鼓励员工节约用能，减少能源浪费；通过开展节能竞赛和评比活动，激发员工的节能积极性和创造力，提高节能效果和水平。

通过与政府、科研机构、节能服务公司等外部机构的合作，可以获取节约用能的专业支持和服务，提高节能技术和管理水平。企业可以通过与政府合作，获取节能政策和资金支持，推动节能技术和项目的实施；通过与科研机构合作，开展节能技术的研发和应用，提高节能技术水平和创新能力；通过与节能服务公司合作，获取节能诊断、改造和运营服务，提高节能项目的实施效果和管理水平。

中小企业作为社会的一部分，积极履行社会责任，通过节能降耗、减少环境污染，为社会的可持续发展做出贡献。在精细管理方面，企业应当加强内部管理和控制，提高资源利用效率，降低浪费和损失；在节约用能方面，企业应当积极采用先进的节能技术和设备，提高能源利用效率，减少能源消耗和成本。通过精细管理和节约用能，中小企业可以实现经济效益和社会效益的双赢。

在生产管理中，企业可以通过优化生产流程、提高生产效率、降低生产成本；在采购管理中，企业可以通过集中采购、批量采购、长协采购等方式，降低采购成本；在库存管理中，企业可以通过优化库存结构和库存周转，提高库存利用率和周转速度；在销售管理中，企业可以通过实施精准营销、优化销售渠道、提高客户满意度和忠诚度，增加销售收入和利润。通过精细管理，中小企业可以实现成本的有效控制，提高经营效率和竞争力。

节约用能需要企业在技术和管理上进行创新和改进，提高能源利用效率，减少能源消耗和成本。在生产过程中，企业可以通过采用高效节能的生产设备和工艺，提高生产效率和能源利用效率；在办公和生活中，企业可以通过采用节能照明、空调和供暖设备，降低能源消耗；在能源管理中，企业可以通过建立能源管理系统，实时监控和优化能源消耗，提高能源利用效率和管理水平。通过节约用能，中小企业可以降低能源成本，实现绿色发展。

中小企业还应当重视员工的节能意识和行为，通过培训、宣传和教育，提高员工的节能意识和行为规范，形成全员参与、共同节能的良好氛围。企业可以通过开展节能宣传和培训活动，提高员工的节能意识和知识；通过制定节能行为规范和奖惩制度，鼓励员工节约用能，减少能源浪费；通过开展节能竞赛和评比活动，激发员工的节能积极性和创造力，提高节能效果和水平。通过提高员工的节能意识和行为规范，中小企业可以实现节能降耗、降低成本的目标。

（四）合理利用技术手段

中小企业在竞争激烈的市场环境中生存和发展，需要有效控制成本，以提升自身竞争力并实现可持续发展。合理利用技术手段来强化成本控制，是中小企业应对挑战的重要策略。通过现代化的技术手段，不仅可以提高管理效率，还可以大幅降低运营成本，从而增强企业的市场竞争力。

引入企业资源计划（ERP）系统是强化成本控制的关键。ERP 系统集成了企业的各个业务模块，包括财务、采购、生产、销售、人力资源等，通过数据的统一管理和共享，提高了企业的运营效率和管理水平。中小企业通过 ERP 系统可以实时监控和分析各项成本，发现和解决成本控制中的问题。在采购环节，ERP 系统能够实现供应链的高效管理，通过与供应商的系统对接，优化采购流程，降低采购成本。ERP 系统还可以自动生成各类财务报表，帮助企业全面了解和控制各项成本支出，从而制定更加合理的成本控制策略。

利用大数据分析技术，可以深入挖掘和分析企业运营中的各类数据，为成本控制提供科学依据。中小企业可以通过大数据技术，收集和分析市场、客户、生产等方面的数据，发现潜在的成本节约空间。通过分析客户购买行为和市场趋势，企业可以优化产品结构和销售策略，减少不必要的库存积压，降低存储成本。在生产环节，通过对生产过程中的数据进行分析，可以识别和消除生产中的浪费和低效环节，提高生产效率，降低生产成本。大数据技术还可以帮助企业进行精准的成本预测和预算管理，确保各项成本支出的合理性和可控性。

自动化和智能化技术的应用是成本控制的有效手段。中小企业可以通过引入自动化生产设备和智能制造技术，提高生产效率，降低人工成本。利用工业机器人进行自动化生产，不仅可以提高生产效率，还可以保证产品质量的一致性和稳定性，减少次品率和返工成本。通过引入智能仓储和物流系统，可以优化仓储管理和物流配送，提高仓储和物流效率，降低仓储和物流成本。自动化仓库系统可以通过智能化的仓储管理软件，自动进行货物的存储和取出，提高仓储空间利用率，减少人工操作和管理成本。

在信息化建设方面，中小企业可以通过引入和应用各类信息化管理工具，提高成本控制的精细化水平。通过引入项目管理软件，可以对各类项目进行全方位的成本监控和管理，确保项目成本的合理控制。项目管理软件可以帮助企业制定详细的项目预算，实时跟踪和分析项目成本，及时发现和解决项目成本超支问题。通过应用客户关系管理（CRM）系统，可以优化客户管理和服务流程，提高客户满意度，降低客户流失率，从而降低市场营销和客户维护成本。

网络技术的应用也是中小企业强化成本控制的重要手段。通过构建企业内部的局域网和外部的互联网平台，中小企业可以实现信息的高效传递和共享，减少信息传递中的时间和成本。通过企业内部的局域网，可以实现各部门之间的信息共享和协同工作，提高工作效率，减少重复劳动和沟通成本。通过外部的互联网平台，可以与客户、供应商和合作伙伴进行高效的沟通和合作，优化业务流程，降低交易成本和沟通成本。通过网络技术还可以开展电子商务和在线营销，拓宽销售渠道，降低市场营销成本。

在供应链管理方面，中小企业可以通过应用供应链管理系统（SCM），实现供应链的高效管理和成本控制。供应链管理系统可以帮助企业优化供应链的各个环节，包括采购、生产、物流、销售等，提高供应链的整体效率和协同性。通过供应链管理系统，可以实现供应链各环节的信息共享和实时监控，及时发现和解决供应链中的问题，降低供应链的风险和成本。通过供应链管理系统还可以优化库存管理，减少库存积压和存储成本，提高资金利用率和周转率。

云计算技术的应用也是中小企业强化成本控制的有效手段。中小企业可以通过使用云计算服务，降低信息化建设和维护成本。通过使用云服务器和云存储，可以减少企业自建和维护服务器和存储设备的成本，提高数据存储和处理的效率和安全性。通过使用云计算平台提供的软件服务，可以降低企业购买和维护软件的成本，提高软件的使用效率和灵活性。通过使用云计算平台提供的财务管理软件和 ERP 系统，可以实现财务和业务数据的实时共享和分析，提高财务和业务管理的效率和水平。

在成本控制的过程中，中小企业还可以通过应用精益生产和六西格玛等管理工具和方法，提高生产和运营效率，降低生产和运营成本。精益生产通过消除生产过程中的浪费和低效环节，提高生产效率和产品质量，从而降低生产成本。通过精益生产的 5S 管理，可以优化生产现场的管理和布局，提高生产效率和工作环境，降低生产成本。六西格玛通过统计分析和过程改进，提高产品和服务的质量，减少质量成本和次品率，从而降低生产和运营成本。通过六西格玛的 DMAIC 方法，可以系统地分析和改进生产和运营过程，提高过程稳定性和效率，降低过程中的质量成本和次品率。

中小企业在成本控制的过程中，还需要注重人才培养和团队建设。技术手段的应用离不开专业人才的支持和管理。中小企业可以通过内部培训和外部引进，培养和引进专业的财务、信息技术、生产管理和供应链管理人才，提高企业的管理水平和技术应用能力。通过定期的内部培训，可以提高员工的专业技能和成本控制意识，增强团队的协作和创新能力。通过外部引进，可以引进先进的管理经验和技术，提高企业的管理水平和竞争力。

在具体的实践中，中小企业可以结合自身的实际情况，逐步引入和应用各类技术手段和管理工具。在财务管理方面，可以引入 ERP 系统，通过系统化的财务数据管理，提高财务分析的准确性和科学性。在生产管理方面，可以引入自动化生产设备和智能制造技术，提高生产效率和产品质量，降低生产成本。在供应链管理方面，可以引入供应链管理系统，通过优化供应链各环节的管理，提高供应链的整体效率和成本控制水平。在信息化建设方面，可以引入项目管理软件和客户关系管理系统，提高项目管理和客户管理的精细化水平，降低项目成本和客户维护成本。在网络技术方面，可以通过构建企业内部和外部的网络平台，实现信息的高效传递和共享，降低信息传递和业务交易的成本。

二、强化中小企业预算管理

（一）制定科学的预算制定流程

预算管理是中小企业经营管理中的重要环节，科学的预算制定流程有助于企业合理配置资源、控制成本、提高效益。许多中小企业在预算管理方面存在诸多问题，导致资源浪费、成本失控。因此，强化预算管理，制定科学的预算制定流程，对于中小企业的长远发展至关重要。

预算制定需要明确企业的战略目标。战略目标是企业制定预算的基础，只有明确了企业的发展方向和目标，才能制定出符合企业实际情况的预算方案。企业应结合自身的行业特点、市场环境、竞争状况等因素，制定出切实可行的发展战略，并将战略目标分解到各个部门和业务环节，形成全面、系统的预算框架。

预算编制应当以数据为基础。数据是预算编制的重要依据，科学的预算编制离不开翔实、准确的数据支持。企业应建立完善的财务数据管理系统，收集和整理各类经营数据，包括历史财务数据、市场数据、生产数据等。在此基础上，运用科学的预测方法和模型，对未来的经营环境和业务发展进行合理预测，制定出切实可行的预算方案。

预算编制过程中，企业应注重各部门的参与和协作。预算管理不仅是财务部门的职责，还涉及企业的各个部门和业务环节。各部门应积极参与预算编制，提供相关数据和信息，并对预算方案进行充分讨论和评估。通过部门之间的沟通和协作，确保预算方案的全面性和可行性。企业应建立预算编制的责任机制，明确各部门和相关人员的责任和任务，确保预算编制工作有序进行。

在预算编制完成后，企业应进行全面的预算评审和审批。预算评审是确保预算方案科学性和可行性的重要环节，企业应组织相关部门和专家对预算方案进行全面评审，评估预算的合理性、准确性和可操作性。通过预算评审，发现和解决预算方案中的问题和不足，确保预算方案的科学性和可行性。在此基础上，企业应建立严格的预算审批流程，确保预算方案经过层层审批和把关，最终形成正式的预算方案。

预算执行过程中，企业应加强预算控制和监控。预算控制是确保预算方案有效实施的重要手段，企业应建立健全的预算控制机制，对预算执行情况进行全过程监控。企业应定期编制预算执行报告，及时反映预算执行情况和存在的问题，并根据实际情况对预算方案进行调整和优化。企业应建立预算执行的考核和激励机制，将预算执行情况与各部门和相关人员的绩效考核挂钩，激励各部门和相关人员积极执行预算，确保预算目标的实现。

预算执行过程中，企业还应注重风险管理。预算管理不仅涉及资源配置和成本控制，还涉及企业的风险管理。企业应建立完善的风险管理机制，识别和评估预算执行过程中可能出现的各类风险，并制定相应的风险应对措施。通过风险管理，企业能够及时发现和解决预算执行中的问题，避免和减少预算偏差，确保预算目标的实现。

在预算执行结束后，企业应进行全面的预算总结和评估。预算总结和评估是对预算执行情况的全面回顾和分析，企业应结合实际情况，对预算执行情况进行全面总结和评估。通过总结和评估，企业能够发现和解决预算管理中的问题和不足，积累经验和教训，为下一年度的预算编制提供参考和依据。

预算总结和评估应包括预算执行的结果分析和差异分析。结果分析是对预算执行的实际结果进行全面分析和评价，评估预算目标的实现情况和预算方案的执行效果。差异分析是对预算执行中的实际结果与预算目标之间的差异进行分析和解释，找出差异产生的原因和解决办法。通过结果分析和差异分析，企业能够全面了解预算执行情况，发现和解决预算管理中的问题和不足，优化和改进预算管理流程。

企业还应注重预算管理的持续改进和优化。预算管理是一个持续改进和优化的过程，企业应根据预算总结和评估的结果，对预算管理流程进行持续改进和优化。企业应不断学习和借鉴先进的预算管理方法和经验，结合自身实际情况，优化预算管理流程，提升预算管理水平。企业应注重预算管理信息化建设，运用现代信息技术，建立完善的预算管理信息系统，提高预算管理的效率和水平。

在预算管理的持续改进和优化过程中，企业应注重员工的培训和教育。员工是预算管理的主体，只有具备良好预算管理素质和能力的员工，才能有效执行预算管理工作。企业应定期开展预算管理的培训和教育，提高员工的预算管理知识和技能，增强员工的预算管理意识和责任感。通过培训和教育，企业能够培养和造就一支高素质的预算管理队伍，推动预算管理工作的顺利进行。

在预算管理过程中，企业还应注重内部审计和外部监督。内部审计是对企业预算管理的一种内部监督机制，能够有效发现和解决预算管理中的问题和不足。企业应建立健全的内部审计制度，定期对预算管理情况进行审计和评估，确保预算管理的规范性和有效性。外部监督是对企业预算管理的一种外部监督机制，能够促进企业预算管理的透明性和公正性。企业应主动接受社会各界的监督，公开预算管理情况，接受外部监督和评估，确保预算管理的公开性和透明性。

（二）建立有效的预算执行机制

建立有效的预算执行机制和强化中小企业预算管理是企业经营管理中的关键环节。预算不仅是企业制定战略目标和计划的工具，更是控制成本、提高资源利用效率的重要手段。对于中小企业而言，预算管理的有效性直接关系到企业的生存和发展。因此，建立科学、系统的预算执行机制，强化预算管理，是中小企业提升竞争力的重要举措。

预算管理的基础在于全面、准确的预算编制。中小企业应根据自身的经营目标和战略规划，全面梳理业务活动，合理预测收入和支出，编制科学、合理的预算。预算编制应涵盖企业的各个方面，包括销售预算、生产预算、采购预算、管理费用预算等。为了确保预算的全面性和准确性，企业应建立规范的预算编制流程，明确各部门的职责和分工，确保各项预算数据的真实性和准确性。

在预算编制过程中，中小企业应注重以下几点：一是要有科学的预测方法。可以采用历史数据分析、市场调查、专家预测等多种方法，提高预算的准确性。二是要有合理的假设条件。预算编制离不开对未来环境的预测和假设，中小企业应根据自身的经营特点和市场环境，合理设定假设条件，确保预算的可操作性。三是要有灵活的调整机制。市场环境瞬息万变，中小企业应建立灵活的预算调整机制，根据实际情况及时调整预算，确保预算的有效性和实用性。

预算的执行和控制是预算管理的关键环节。预算一旦编制完成，企业应严格按照预算执行各项经营活动，确保各项支出控制在预算范围内。在预算执行过程中，中小企业应建立健全的预算控制机制，通过事前控制、事中控制和事后控制，确保预算的有效执行。

事前控制是指在预算执行前，对各项支出进行审批和控制。中小企业应建立严格的预算审批制度，明确各项支出的审批权限和程序，确保各项支出符合预算要求。事中控制是指在预算执行过程中，对各项支出进行监控和管理。企业应建立实时的预算监控系统，及时掌握各项支出的实际情况，发现问题及时调整。事后控制是指在预算执行后，对预算执行情况进行总结和分析。中小企业应定期进行预算执行情况的对比分析，找出差距，总结经验教训，为下一年度的预算编制提供参考。

在预算执行过程中，中小企业还应注重加强财务管理和成本控制。财务管理是预算管理的重要组成部分，中小企业应建立健全的财务管理制度，强化财务核算和监督，确保各项支出的合理性和合规性。企业应加强成本控制，通过优化资源配置、提高生产效率、降低采购成本等措施，控制各项费用支出，提高经济效益。

预算的执行不仅需要企业内部各部门的协同配合，还需要企业领导的重视和支持。中小企业的领导者应高度重视预算管理工作，亲自参与预算的编制和执行，加强对预算执行情况的监督和考核。各部门应密切配合，按照预算要求，认真执行各项预算任务，确保预算目标的实现。

预算管理不仅仅是财务部门的工作，更是企业全员的工作。中小企业应通过培训和宣传，提高全体员工对预算管理的认识和重视，增强全员的预算意识。企业可以通过举办预算管理培训班、组织预算管理经验交流会等方式，提升员工的预算管理水平，形成全员参与、共同管理的良好氛围。

中小企业应建立科学的预算考核和激励机制。预算考核是预算管理的重要环节，中小企业应根据预算目标和实际执行情况，对各部门和个人进行考核，评估其预算执行效果。考核结果应作为员工绩效评价和奖惩的重要依据，激励员工认真执行预算，提高预算管理的积极性和主动性。

预算激励机制的建立可以从以下几个方面入手：一是制定合理的预算考核指标。中小企业应根据企业的实际情况，制定科学、合理的预算考核指标，确保考核的公平性和有效性。二是建立灵活的预算激励政策。企业应根据预算考核结果，制定灵活的激励政策，对表现突出的部门和个人给予奖励，激发员工的工作积极性。三是注重激励的多样性。中小企业可以通过物质激励和精神激励相结合的方式，提高员工的工作热情，增强企业的凝聚力和向心力。

（三）强化预算与战略的对接

强化预算与战略的对接，首先需要从战略规划的角度出发，将企业的长期目标和发展路径清晰地描绘出来。战略规划是企业发展的方向指南，预算管理则是实现战略目标的重要工具。两者的有效结合，能够确保企业在发展的每一个阶段都有明确的财务支持和资源配置，从而提升企业的整体竞争力。

战略规划的制定需要综合考虑内外部环境因素，包括市场趋势、竞争态势、技术进步、政策变化等。在制定战略规划的过程中，企业管理层必须深入分析自身的优势、劣势、机会和威胁（SWOT 分析），明确企业在市场中的定位和未来的发展方向。这一过程不仅需要管理层的智慧和远见，还需要各部门的协同配合和广泛参与，以确保战略规划的科学性和可行性。

在明确战略目标后，企业需要将这些长期目标分解为具体的年度或季度目标，并通过预算管理来落实这些目标。预算管理作为企业财务管理的重要组成部分，涵盖了预算编制、预算执行、预算控制和预算考核等多个环节。通过科学的预算管理，企业可以合理配置资源，控制成本，优化经营活动，确保战略目标的顺利实现。

在预算编制过程中，企业应根据战略目标制定详细的预算计划，包括收入预算、成本预算、费用预算、资本支出预算等。预算编制不仅要考虑历史数据和现有资源，还要充分预见未来的市场变化和潜在的风险。为了确保预算的科学性和准确性，企业可以采用多种预算编制方法，如零基预算、滚动预算、弹性预算等。预算编制还需要充分听取各部门的意见和建议，以确保预算计划的全面性和合理性。

预算执行是将预算计划转化为实际行动的过程。在这一过程中，企业需要建立严格的预算执行机制，确保各项预算指标的落实。管理层应定期对预算执行情况进行跟踪和分析，及时发现和解决问题，确保企业经营活动与预算计划的一致性。为了提高预算执行的效果，企业可以采用信息化手段，如企业资源计划（ERP）系统、财务管理系统等，通过信息化平台实现预算执行的实时监控和数据共享。

预算控制是预算管理的核心环节，通过对预算执行情况的监控和分析，企业可以及时发现预算偏差，并采取相应的纠正措施。预算控制不仅包括对实际支出和预算支出的对比分析，还包括对经营成果和预算目标的对比分析。企业应建立完善的预算控制制度，明确各级管理者的预算控制职责和权限，确保预算控制的有效性和及时性。

预算考核是对预算执行效果的评价和反馈，通过预算考核，企业可以对各部门的预算执行情况进行客观、公正的评价，为下一步的预算编制和执行提供参考依据。预算考核不仅要关注预算指标的完成情况，还要分析预算执行过程中存在的问题和原因，提出改进措施和建议。通过预算考核，企业可以不断优化预算管理流程，提高预算管理水平，促进企业战略目标的实现。

（四）建立及时的预算监控机制

中小企业在面临复杂多变的市场环境时，预算管理是至关重要的。通过建立及时的预算监控机制，中小企业可以有效地控制成本、优化资源配置、提高运营效率，从而增强市场竞争力和实现可持续发展。建立和强化预算管理机制，主要包括预算编制、执行、监控和调整等环节，结合信息技术和管理工具，形成科学、严密、有效的预算管理体系。

预算编制是预算管理的起点和基础。中小企业需要根据自身的经营目标和战略规划，制定全面、合理的预算方案。预算编制应包括收入预算、成本预算、利润预算、现金流预算等多个方面。中小企业可以借鉴大型企业的经验，采用滚动预算、零基预算等先进的预算编制方法，提高预算编制的科学性和准确性。滚动预算是指定期（如每月、每季度）更新预算，使预算能够及时反映市场变化和企业实际情况，从而提高预算的可执行性和有效性。零基预算则是从零开始，每项支出都需要重新评估和核定，有助于发现和消除不必要的支出，降低成本。

在预算编制过程中，中小企业还需要充分调动各部门和员工的积极性，建立自下而上的预算编制流程。各部门根据自身的实际情况和工作计划，编制详细的部门预算，然后汇总形成企业整体预算。通过这种方式，可以提高预算编制的全面性和准确性，确保预算能够真实反映企业的实际情况和经营需求。中小企业还可以引入预算管理软件，通过系统化的预算编制工具，提高预算编制的效率和精度。预算管理软件可以自动生成各类预算报表，并支持多维度的数据分析和对比，帮助企业全面掌握和分析预算数据。

预算执行是预算管理的重要环节，中小企业需要严格按照预算方案执行各项业务活动，确保预算目标的实现。在预算执行过程中，中小企业可以通过建立健全的内部控制制度，规范各项支出和费用的审批流程，防止预算外支出和超预算支出。可以制定明确的费用审批权限和流程，规定各级管理人员的审批权限和职责，确保各项支出都在预算范围内进行。中小企业还可以通过预算执行情况的定期检查和审计，及时发现和纠正预算执行中的问题，提高预算执行的规范性和有效性。

预算监控是预算管理的核心环节，通过建立及时、有效的预算监控机制，中小企业可以实时跟踪和分析预算执行情况，及时发现和解决预算偏差问题。预算监控主要包括预算执行情况的跟踪、预算偏差分析和预算调整等方面。中小企业可以通过引入预算管理系统，实时监控各项预算数据和指标，提高预算监控的效率和准确性。预算管理系统可以自动生成各类预算执行报表和分析报表，帮助企业全面掌握和分析预算执行情况，并通过预算预警机制，及时提醒和预警预算偏差问题。

在预算监控过程中，预算偏差分析是关键环节。中小企业需要对预算执行过程中出现的偏差进行详细分析，找出偏差的原因和影响因素，并采取相应的改进措施。可以通过对比实际支出和预算支出，分析各项支出的差异和原因，找出导致预算偏差的关键因素，并通过优化支出结构、提高支出效率等方式，减少和消除预算偏差。预算偏差分析不仅有助于发现和解决预算执行中的问题，还可以为未来的预算编制和管理提供参考和依据，提高预算管理的科学性和有效性。

预算调整是预算管理的重要补充环节，通过及时、合理的预算调整，中小企业可以应对市场变化和经营环境的变化，确保预算管理的灵活性和适应性。预算调整主要包括预算修订和预算再分配两方面。预算修订是指在预算执行过程中，根据实际情况和需要，对预算方案进行调整和修订，以确保预算能够反映最新的市场情况和经营需求。预算再分配则是指在预算执行过程中，根据实际情况和需要，对各项预算支出进行重新分配和调整，以优化资源配置，提高预算执行的效率和效果。可以根据市场需求和经营情况，适当调整市场营销预算和研发预算，确保资源能够有效支持企业的战略目标和经营计划。

信息技术的应用，是中小企业强化预算管理的有效手段。通过引入预算管理软件和系统，可以提高预算管理的效率和精度，实现预算数据的实时监控和分析。预算管理软件和系统可以提供预算编制、执行、监控和调整的全流程管理功能，支持多维度的数据分析和对比，帮助企业全面掌握和分析预算数据。预算管理软件可以自动生成各类预算报表和分析报表，提供多维度的数据分析和对比功能，帮助企业及时发现和解决预算偏差问题，提高预算管理的效率和精度。通过预算管理系统还可以实现预算数据的共享和协同，提高各部门之间的协同工作效率，确保预算管理的全面性和一致性。

在预算管理过程中，中小企业还需要注重人才培养和团队建设。预算管理的科学性和有效性离不开专业人才的支持和管理。中小企业可以通过内部培训和外部引进，培养和引进专业的财务、预算管理和数据分析人才，提高企业的预算管理水平和技术应用能力。通过定期的内部培训，可以提高员工的预算管理技能和数据分析能力，增强团队的协作和创新能力。通过外部引进，可以引进先进的预算管理经验和技术，提高企业的预算管理水平和竞争力。

在具体的实践中，中小企业可以结合自身的实际情况，逐步建立和完善预算管理机制。在预算编制方面，可以采用滚动预算和零基预算等先进的预算编制方法，提高预算编制的科学性和准确性。在预算执行方面，可以建立健全的内部控制制度，规范各项支出和费用的审批流程，确保各项支出都在预算范围内进行。在预算监控方面，可以引入预算管理系统，实时监控各项预算数据和指标，提高预算监控的效率和准确性。在预算调整方面，可以根据实际情况和需要，及时、合理地进行预算调整和修订，确保预算管理的灵活性和适应性。

通过建立及时的预算监控机制，中小企业可以有效地控制成本、优化资源配置、提高运营效率，从而增强市场竞争力和实现可持续发展。预算管理的核心是预算监控，通过实时跟踪和分析预算执行情况，及时发现和解决预算偏差问题，提高预算执行的规范性和有效性。通过预算编制、执行、监控和调整的全流程管理，中小企业可以实现各项成本的精细化管理和控制，降低生产、采购、物流、销售等环节的成本支出，提高企业的盈利能力和市场竞争力。通过引入预算管理软件和系统，提升企业的信息化水平和预算管理效率，实现预算数据的实时监控和分析，确保预算管理的全面性和一致性。

三、加强中小企业成本与预算的联动管理

（一）定期进行成本与预算对比分析

中小企业在激烈的市场竞争中要实现可持续发展，必须注重成本管理与预算管理的联动。定期进行成本与预算对比分析，能够帮助企业实时掌握经营状况，发现和解决问题，优化资源配置，控制成本，提升企业效益。为此，中小企业需要建立系统化、科学化的成本与预算对比分析机制，并将其融入企业的日常管理中。

企业需要建立完善的成本核算体系。成本核算是成本管理的基础，是进行成

本与预算对比分析的前提条件。企业应根据自身的生产经营特点，选择适合的成本核算方法，如作业成本法、标准成本法、变动成本法等，确保成本核算的准确性和全面性。企业还应建立完善的成本核算制度，明确各项成本的归集和分配标准，确保成本核算的规范性和科学性。

在建立完善的成本核算体系后，企业需要明确成本与预算对比分析的流程和内容。成本与预算对比分析主要包括成本项目的分类和归集、实际成本与预算成本的对比分析、成本差异的分析与处理等内容。企业应定期编制成本与预算对比分析报告，反映各项成本的实际发生情况和预算执行情况，分析成本差异产生的原因，提出改进和优化措施。

企业应注重成本与预算对比分析的频率和时效性。定期进行成本与预算对比分析，有助于企业及时发现和解决成本管理中的问题，确保预算目标的实现。企业应根据自身的经营特点和管理需求，确定成本与预算对比分析的频率，如月度、季度、年度等，并确保分析结果的及时性和准确性。企业还应建立成本与预算对比分析的反馈机制，及时将分析结果反馈给相关部门和人员，确保成本管理与预算管理的联动和协调。

在成本与预算对比分析过程中，企业应注重数据的准确性和可靠性。数据是成本与预算对比分析的基础，只有确保数据的准确性和可靠性，才能进行科学、有效的对比分析。企业应建立完善的数据管理系统，确保各类成本数据和预算数据的及时、准确、完整。企业还应加强数据的审核和校验，确保数据的真实性和一致性，避免因数据错误影响对比分析的准确性和可靠性。

成本与预算对比分析应注重成本差异的分析与处理。成本差异是指实际成本与预算成本之间的差异，是成本与预算对比分析的核心内容。企业应深入分析成本差异的原因，找出成本超支或节约的原因，提出改进和优化措施。企业应区分成本差异的性质和类型，分析成本差异是由于价格变动、数量变动、效率变动等原因引起的，针对不同类型的成本差异，采取不同的处理措施，确保成本管理的有效性和科学性。

成本与预算对比分析应注重结果的应用和改进。成本与预算对比分析的目的是发现和解决成本管理中的问题，优化和改进成本管理流程，提高企业的成本管理水平。企业应将成本与预算对比分析的结果应用到实际管理中，制定和实施改进和优化措施，确保成本管理与预算管理的联动和协调。企业还应注重成本与预算对比分析的持续改进，不断总结和积累经验，优化和改进成本与预算对比分析的流程和方法，提升成本管理的科学性和有效性。

企业还应注重成本与预算对比分析的培训和教育。成本与预算对比分析是一项专业性很强的工作，需要具备一定的专业知识和技能。企业应定期开展成本与预算对比分析的培训和教育，提高员工的专业素质和能力，增强员工的成本管理意识和责任感。通过培训和教育，企业能够培养和造就一支高素质的成本管理队伍，推动成本与预算对比分析工作的顺利进行。

在成本与预算对比分析过程中，企业还应注重内部审计和外部监督。内部审计是对企业成本管理和预算管理的一种内部监督机制，能够有效发现和解决成本与预算对比分析中的问题和不足。企业应建立健全的内部审计制度，定期对成本与预算对比分析的情况进行审计和评估，确保分析结果的真实性和可靠性。外部监督是对企业成本管理和预算管理的一种外部监督机制，能够促进企业成本管理和预算管理的透明性和公正性。企业应主动接受社会各界的监督，公开成本与预算对比分析的情况，接受外部监督和评估，确保分析结果的公开性和透明性。

成本与预算对比分析应结合企业的实际情况和行业特点。每个企业都有自身的经营特点和行业特性，成本与预算对比分析应结合企业的实际情况和行业特点，制定和实施科学的分析方案。企业应根据自身的经营模式、产品结构、市场环境等因素，确定成本与预算对比分析的重点和难点，采取针对性的分析方法和手段，确保分析结果的科学性和可行性。

成本与预算对比分析应注重与企业其他管理工作的联动。成本与预算对比分析不仅是成本管理和预算管理的重要内容，还与企业的生产管理、质量管理、供应链管理等工作密切相关。企业应注重成本与预算对比分析与其他管理工作的联动，确保各项管理工作的一致性和协调性。通过联动管理，企业能够实现各项管理工作的有机结合，提升整体管理水平，促进企业的可持续发展。

（二）建立成本预算考核机制

中小企业应明确成本预算考核的目标和原则。成本预算考核的目标是通过对各项成本费用的控制和管理，确保企业经营活动的经济性和高效性，实现企业利润的最大化。在此基础上，企业应遵循以下几个原则：一是全面性原则。成本预算考核应涵盖企业的所有成本费用，包括生产成本、销售费用、管理费用等，确保考核的全面性和系统性。二是客观性原则。成本预算考核应基于客观、公正的数据和信息，避免主观判断和随意性。三是可操作性原则。考核指标和考核方法应简便易行，确保在实际操作中具有可行性和可操作性。

在明确目标和原则的基础上，中小企业应建立科学的成本预算考核体系。首先是制定合理的成本预算考核指标。考核指标是成本预算考核的核心内容，中小企业应根据自身的经营特点和实际情况，制定科学、合理的考核指标体系。考核指标应涵盖企业各项成本费用，并与企业的经营目标和预算目标相一致。对于生产型企业，可以将单位产品成本、材料消耗率、人工成本等作为主要考核指标；对于服务型企业，可以将单位服务成本、人工成本、客户满意度等作为主要考核指标。

其次是明确成本预算考核的流程和方法。中小企业应建立规范的成本预算考核流程，明确各部门和岗位的职责和分工，确保考核工作的有序进行。成本预算考核流程一般包括成本预算的编制、成本预算的执行、成本预算的监督和控制、成本预算的考核和评价等环节。在考核方法上，企业可以采用对比分析法、差异分析法、定量分析法等多种方法，对各项成本费用的实际执行情况进行分析和评价，找出差异原因，提出改进措施。

成本预算考核的关键在于执行和监督。在成本预算执行过程中，中小企业应建立健全的监督和控制机制，通过事前控制、事中控制和事后控制，确保各项成本费用的有效控制。事前控制是指在成本预算执行前，对各项成本费用进行审批和控制，确保各项支出符合预算要求。事中控制是指在成本预算执行过程中，对各项成本费用进行实时监控和管理，及时发现和纠正偏差。事后控制是指在成本预算执行后，对各项成本费用的实际执行情况进行总结和分析，找出差距，总结经验教训。

首先是建立成本预算的动态调整机制。市场环境和经营状况的变化，可能导致成本预算的实际执行情况与预期存在差异。中小企业应建立灵活的成本预算调整机制，根据实际情况及时调整成本预算，确保成本预算的合理性和可操作性。企业可以根据市场需求的变化，调整生产计划和采购计划，优化资源配置，控制成本费用支出。

成本与预算的联动管理需要各部门的密切配合和协调。中小企业应建立跨部门的成本与预算管理协调机制，确保各部门在成本预算编制、执行和考核过程中，能够密切配合，协同工作。生产部门应根据销售部门的销售预算，合理制定生产计划，控制生产成本；采购部门应根据生产部门的生产预算，合理制定采购计划，控制采购成本。

成本预算考核是成本与预算联动管理的重要环节，中小企业应根据成本预算目标和实际执行情况，对各部门和个人进行考核，评估其成本控制效果。考核结果应作为员工绩效评价和奖惩的重要依据，激励员工认真执行成本预算，提高成本管理的积极性和主动性。企业可以根据成本预算考核结果，对表现突出的部门和个人给予奖励，激发员工的工作积极性；对未能完成成本预算目标的部门和个人，给予相应的惩罚，督促其改进工作。

信息化是提升成本与预算联动管理水平的重要手段。中小企业应借助现代信息技术，建立成本管理信息系统，实现成本数据的实时采集、处理和分析，提高成本管理的效率和精度。企业可以通过 ERP 系统，将生产、采购、销售、财务等各个环节的成本数据集成在一起，实现成本信息的共享和实时监控，及时发现和解决成本管理中的问题。

成本管理文化是企业管理文化的重要组成部分，是成本预算考核机制和成本与预算联动管理得以有效实施的重要保障。中小企业应通过培训和宣传，提高全体员工的成本管理意识，增强全员的成本责任感和节约意识。企业可以通过举办成本管理培训班、组织成本管理经验交流会等方式，提升员工的成本管理水平，形成全员参与、共同管理的良好氛围。

第四节　推进中小企业财务管理信息化建设

一、财务信息化体系构建

财务信息化体系构建是推进中小企业财务管理信息化建设的关键步骤。随着信息技术的快速发展和应用，中小企业越来越意识到财务信息化的重要性，将信息化建设作为提高管理效率、降低成本、增强竞争力的重要手段。建立健全的财务信息化体系，可以提高财务管理的效率和精度，优化资源配置，为企业的长期发展提供有力支撑。

财务信息化基础设施是财务信息化体系的基础和支撑，包括硬件设备、软件系统、网络通信等方面。中小企业可以通过引入企业资源计划（ERP）系统、财务管理软件、电子数据交换系统等信息化工具，构建完整的财务信息化基础设施。ERP 系统是集成的企业管理软件，包括财务、采购、生产、销售、人力资源等多个模块，可以实现企业各项业务数据的统一管理和共享，提高管理效率和数据精度。财务管理软件可以专门用于财务核算、报表编制、预算管理等方面，提高财务管理的效率和准确性。电子数据交换系统可以实现财务数据的快速传递和共享，提高数据交换的效率和安全性。通过建立完善的财务信息化基础设施，中小企业可以实现财务数据的实时管理和分析，提高财务管理的效率和精度。

中小企业可以通过制定详细的财务管理制度和流程，明确各项业务活动的责任和流程，确保财务信息化工作的有序推进。财务信息化流程主要包括财务核算、报表编制、预算管理、成本控制、资金管理等多个方面。中小企业可以借鉴大型企业的经验，建立科学、规范的财务管理流程，根据实际情况和需求，适当简化和优化流程，提高管理效率和质量。在财务核算方面，可以明确各项费用的核算标准和流程，建立完善的费用核算制度，确保费用数据的准确性和完整性。在报表编制方面，可以制定详细的报表编制流程和报表格式，提高报表编制的效率和准确性。在预算管理方面，可以建立全面、合理的预算编制和执行流程，确保预算数据的科学性和准确性。通过建立科学、规范的财务信息化流程，中小企业可以实现财务管理的全面、系统化，提高管理效率和质量。

财务信息化人才是财务信息化体系的核心和驱动力，直接影响到财务信息化工作的推进和成效。中小企业可以通过内部培训和外部引进，培养和引进专业的财务信息化人才，提高财务信息化工作的水平和效果。财务信息化人才需要具备财务管理和信息技术方面的专业知识和技能，能够熟练运用各类财务管理软件和系统，熟悉财务信息化工作的流程和方法。中小企业可以通过定期的内部培训，提高员工的财务信息化意识和技能，增强团队的协作和创新能力。可以通过外部引进，吸引和培养专业的财务信息化人才，提高企业的财务信息化水平和竞争力。通过加强财务信息化人才队伍建设，中小企业可以更好地推进财务信息化工作，实现财务管理的科学、精细化。

财务信息化安全是财务信息化体系的重要保障，直接关系到企业财务数据的安全和稳定。中小企业可以通过建立健全的信息安全管理制度和安全技术措施，加强对财务信息的保护和管理。信息安全管理制度主要包括权限管理、数据备份、网络安全等方面。中小企业可以制定详细的权限管理制度，明确各项操作的权限和责任，防止非法操作和数据泄露。可以建立完善的数据备份制度，定期备份重要数据，确保数据的安全和完整性。中小企业还可以加强网络安全防护，建立防火墙、入侵检测等安全技术措施，防范网络攻击和病毒侵扰。通过加强财务信息化安全管理，中小企业可以保障财务信息的安全和稳定，提高财务管理的可靠性和信誉度。

二、财务数字化升级

财务数字化升级是推进中小企业财务管理信息化建设的重要举措，能够提高财务管理效率、降低成本、增强风险控制能力，从而促进企业的持续发展。为实现中小企业财务管理信息化建设的全面升级，需从多个方面进行扩展。

建立健全的财务信息化基础设施是推进财务数字化升级的基础。这包括完善企业内部的财务信息系统，引入先进的财务管理软件，建立财务数据的统一存储和管理平台，确保财务数据的安全性、完整性和可靠性。中小企业还应加强网络和信息安全建设，防范网络攻击和数据泄露风险，保障财务信息系统的正常运行。

财务流程是企业日常运营活动的重要组成部分，数字化财务流程能够提高工作效率、减少错误、加强内部控制。中小企业应对财务流程进行全面梳理和优化，借助信息技术手段实现财务流程的全流程数字化，包括财务报表的编制、审批流程的管理、支付结算的处理等，确保财务管理工作的高效运行。

财务数据是企业管理和决策的重要依据，有效利用财务数据进行分析和应用，能够帮助企业及时发现问题、把握机遇。中小企业应引入先进的数据分析工具和技术，对财务数据进行深度挖掘和分析，提供数据化的决策支持。中小企业还应加强与其他业务数据的整合，实现财务数据与销售、采购、生产等业务数据的无缝对接，为企业管理和决策提供更加全面的信息支持。

财务管理与其他管理系统的集成是企业管理信息化建设的重要环节，能够实现各个管理系统之间的数据共享和业务协同。中小企业应将财务管理系统与销售管理、采购管理、库存管理等其他管理系统进行有效集成，实现数据的无缝对接和业务的互联互通，提高管理效率和协同能力。

财务信息化建设需要专业的人才支撑，中小企业应加强对财务信息化管理人才的培养和引进。企业可以通过培训、学习和实践，提升现有员工的财务信息化管理能力，也可以通过招聘和外部合作引进专业人才，组建高效的财务信息化管理团队，推动财务信息化建设的顺利实施。

财务信息化建设是一项系统工程，需要全面、科学的管理和监督。中小企业应建立健全的财务信息化项目管理机制，明确项目的组织结构、责任分工和进度安排，确保项目按时、按质完成。企业还应建立有效的财务信息化绩效评估机制，对财务信息化建设的效果进行评估和监督，及时发现和解决存在的问题和障碍，保障财务信息化建设的顺利实施和持续改进。

政府对中小企业财务信息化建设给予了一定的政策支持和资金扶持，中小企业可以充分利用政府提供的各种支持政策和项目资金，加快财务信息化建设的进度和步伐。中小企业还可以积极开展与金融机构、科研机构、行业协会等机构的合作，共同推进财务信息化建设，共享资源和成果，实现互利共赢。

三、财务共享中心应用

财务共享中心（Financial Shared Service Center，FSSC）是一种集中式的财务管理模式，通过整合企业内部各部门的财务资源和服务，实现财务管理的专业化、标准化和集约化。在这一模式下，企业将财务管理相关的业务流程和服务集中到一个部门或机构进行处理，以提高财务管理效率、降低成本，并且促进企业的财务管理信息化建设。本节将探讨财务共享中心在推进中小企业财务管理信息化建设中的应用和作用，并分析如何有效地推进中小企业财务管理信息化建设。

财务共享中心可以通过整合企业内部的财务资源和服务，提高财务管理的专业化和标准化水平。中小企业通常由于规模较小，难以拥有完善的财务管理团队和系统，财务共享中心的建立可以弥补这一不足，通过集中配置财务人才和技术资源，提升财务管理的专业水平和标准化程度。财务共享中心可以统一制定财务管理制度和流程，规范各项财务业务操作，确保财务管理的规范化和标准化。

中小企业通常由于财务人力资源有限，难以及时处理大量的财务业务，导致财务处理效率低下和服务质量参差不齐。财务共享中心的建立可以集中处理各部门的财务业务，通过专业化的财务团队和高效的财务系统，提高财务处理的效率和质量，减少财务处理时间和成本，提升企业的核心竞争力。

中小企业通常由于信息孤岛问题，各部门之间信息交流不畅，导致财务信息和数据无法及时共享和利用。财务共享中心的建立可以集中整合各部门的财务信息和数据，建立统一的财务信息平台和数据库，实现财务信息的集中管理和共享利用，为企业的财务管理信息化建设奠定基础。

财务共享中心可以不仅提供日常的财务处理服务，还可以为企业提供财务分析、预测、规划等高级财务服务，帮助企业分析财务数据，发现业务趋势，制定战略规划，指导企业的战略决策和业务发展。财务共享中心可以通过财务报表分析、成本控制分析、财务风险评估等手段，帮助企业发现经营问题，制定改进措施，提升企业的经营效益和竞争力。

四、智能化工具运用

智能化工具的运用对推进中小企业财务管理信息化建设至关重要。在当今数字化时代，智能化工具已成为提高企业运营效率、降低成本、增强竞争力的关键因素之一。通过有效地应用智能化工具，中小企业能够实现财务管理信息化建设的快速推进，提升财务管理水平，增强企业的可持续发展能力。

智能化工具在财务管理信息化建设中的运用可以体现在多个方面，包括财务核算、成本管理、财务分析、风险控制、内部控制等各个方面。以下将分别从这些方面展开，阐述智能化工具在中小企业财务管理信息化建设中的作用和推动力量。

智能化工具在财务核算方面的运用能够大大提高中小企业的财务数据处理效率和准确性。传统的手工核算方式容易出现数据录入错误、数据重复、数据延误等问题，影响了财务数据的准确性和时效性。而智能化工具，如财务管理软件、会计核算系统等，能够自动化完成财务数据的录入、处理和统计，大大提高了财务核算的效率和准确性。智能化工具还能够自动生成财务报表、利润表、资产负债表等财务报告，为企业管理层提供及时、准确的财务信息，为企业的经营决策提供有力支持。

成本管理是企业经营管理的重要组成部分，直接关系到企业的盈利能力和竞争优势。智能化工具，如成本核算软件、预算管理系统等，能够帮助企业实现对各项成本的全面监控和分析，及时发现和解决成本偏高的问题，并采取有效措施降低成本、提高盈利能力。智能化工具还能够帮助企业制定合理的成本预算和成本控制目标，通过对比分析，找出成本管控的短板，为企业的成本管理提供有力支持。

财务分析是企业经营管理的重要手段，通过对企业财务数据的分析，可以了解企业的经营状况、盈利能力、偿债能力、运营效率等各个方面的情况，为企业的经营决策提供依据。智能化工具，如财务分析软件、数据挖掘工具等，能够帮助企业实现对大量财务数据的快速处理和分析，提供多维度、多角度的财务分析报告，为企业的经营决策提供科学依据。

风险控制是企业经营管理的重要环节，包括市场风险、信用风险、流动性风险等各种风险。智能化工具，如风险管理软件、风险评估模型等，能够帮助企业实现对各种风险因素的全面识别和分析，及时预警并采取相应措施，降低风险带来的损失。通过智能化工具的运用，企业可以建立起科学的风险管理体系，提高对各种风险的应对能力，保障企业的持续稳健发展。

内部控制是企业管理的基础，直接关系到企业的运营效率和管理水平。智能化工具，如内部控制软件、审计管理系统等，能够帮助企业实现对内部控制的全面监控和管理，自动化完成内部控制流程的执行和记录，大大提高了内部控制的效率和准确性。通过智能化工具的运用，企业可以建立起健全的内部控制制度和规范，加强对各项业务活动的监督和管理，提高企业的管理水平和竞争力。

第五章 中小企业财务管理的案例分析

第一节 成功企业的财务管理经验

德州及京津冀协同示范区内，中小企业面临着激烈的市场竞争和复杂的经营环境。为了在这种环境中生存和发展，许多企业已经认识到有效的财务管理对于企业成功的重要性。通过借鉴成功企业的财务管理经验，某中小企业（以下简称"XX企业"）可以显著提升其财务管理水平，优化资源配置，增强市场竞争力，实现可持续发展。

XX企业需要建立健全的财务管理体系。成功企业的经验表明，科学、系统的财务管理体系是财务管理高效运行的基础。XX企业可以通过引入先进的财务管理软件，如企业资源计划（ERP）系统和财务管理信息系统，实现财务数据的集成化管理。ERP系统不仅可以涵盖财务模块，还包括采购、生产、销售和人力资源等多个模块，使得企业各部门之间的数据能够实现共享和实时更新，从而提高整体运营效率。

在财务核算方面，XX企业可以借鉴成功企业的精细化管理经验，制定详细的核算制度和流程。具体来说，可以建立统一的会计科目和核算标准，确保各项业务的核算规范、准确。成功企业通常会根据业务特点设置详细的成本中心和费用中心，对各项成本和费用进行准确归集和分摊，从而为成本控制和利润分析提供准确的数据支持。XX企业还可以定期进行财务审计，确保财务数据的真实性和完整性，提高财务管理的透明度和可信度。

XX企业需要加强预算管理，借鉴成功企业的预算管理经验，实现预算管理的科学化和精细化。成功企业通常会制定详细的年度预算，包括收入预算、成本预算、费用预算和资本支出预算等，并对各项预算进行严格的执行和监控。XX企业可以采用零基预算和滚动预算等先进的预算管理方法，确保预算数据的准确性和及时性。零基预算是指每年预算编制时从零开始，所有费用都需要重新评估和核定，有助于发现和消除不必要的支出，降低成本。而滚动预算则是定期（如每月或每季度）更新预算，及时反映市场变化和企业实际情况，提高预算的可执行性和有效性。

在预算执行过程中，XX 企业需要建立健全的预算监控机制，实时跟踪和分析预算执行情况。成功企业通常会采用预算差异分析的方法，对实际执行结果与预算进行对比，找出差异并分析原因，从而采取相应的改进措施。如果某项费用超出了预算，企业可以分析原因是否由于市场价格变化、管理效率低下还是其他因素导致，并及时调整策略，确保预算目标的实现。XX 企业还可以引入预算管理系统，实现预算数据的实时监控和分析，提高预算管理的效率和精度。

XX 企业需要优化资金管理，借鉴成功企业的资金管理经验，提高资金使用效率和安全性。资金管理是财务管理的重要内容，包括现金管理、应收应付款管理和融资管理等方面。成功企业通常会制定详细的资金管理制度和流程，确保资金的安全和高效使用。XX 企业可以通过引入现金管理系统，实时监控和管理现金流，提高资金周转效率。现金管理系统可以自动生成现金流量表，帮助企业实时掌握现金流情况，预测未来的现金需求和盈余，从而合理安排资金使用。

在应收应付款管理方面，XX 企业可以借鉴成功企业的信用管理经验，制定严格的信用政策和账款催收制度。成功企业通常会根据客户的信用状况和付款历史，确定合理的信用额度和付款期限，并定期进行账龄分析和催收，减少坏账风险。XX 企业可以建立客户信用评估体系，对新客户进行信用评估，并根据评估结果确定信用额度和付款条件。XX 企业还可以定期进行账龄分析，对逾期账款及时催收，确保资金的及时回收和使用。

在融资管理方面，XX 企业可以借鉴成功企业的融资经验，拓宽融资渠道，优化融资结构。成功企业通常会通过银行贷款、发行债券、引入战略投资等多种方式进行融资，确保企业的资金需求。XX 企业可以根据自身的资金需求和财务状况，选择合适的融资方式，提高融资效率和降低融资成本。在银行贷款方面，XX 企业可以根据市场利率和企业信用状况，选择合适的贷款期限和利率，确保融资成本最低化。XX 企业还可以积极引入战略投资者，通过股权融资等方式，优化资本结构，提高企业的长期竞争力。

第四，XX 企业需要加强内部控制，借鉴成功企业的内部控制经验，确保财务管理的规范性和有效性。内部控制是企业管理的重要组成部分，是防范风险、保证财务信息准确性和完整性的关键。成功企业通常会建立完善的内部控制制度，涵盖业务流程、财务核算、资金管理等各个方面，确保各项业务的合规性和有效性。XX 企业可以制定详细的费用报销制度和审批流程，明确各项费用的报销标准和审批权限，确保费用报销的规范性和透明度。

在业务流程方面，企业可以借鉴成功企业的经验，建立科学、规范的业务流程，确保各项业务的高效运行和风险控制。在采购流程中，XX 企业可以制定详细的采购制度和流程，明确采购计划、采购申请、供应商选择、合同签订、验收入库等各个环节的责任和权限，确保采购的规范性和透明度。XX 企业还可以通过引入采购管理系统，实现采购流程的电子化和信息化，提高采购效率和管理水平。

在财务核算方面，XX 企业可以借鉴成功企业的经验，建立完善的财务核算制度和流程，确保财务数据的准确性和完整性。XX 企业可以制定统一的会计科目和核算标准，明确各项业务的核算要求和流程，确保各项业务的核算规范、准确。XX 企业还可以定期进行财务审计，确保财务数据的真实性和完整性，提高财务管理的透明度和可信度。

XX 企业需要注重财务管理信息化建设，借鉴成功企业的信息化经验，提高财务管理的效率和精度。成功企业通常会通过引入财务管理软件和系统，实现财务数据的实时管理和分析，提高财务管理的效率和精度。XX 企业可以通过引入 ERP 系统、财务管理信息系统等信息化工具，构建完整的财务管理信息化体系，实现财务数据的集成化管理和实时更新。ERP 系统不仅可以涵盖财务模块，还包括采购、生产、销售和人力资源等多个模块，使得企业各部门之间的数据能够实现共享和实时更新，从而提高整体运营效率。

在财务管理信息化建设过程中，XX 企业需要注重系统的选型和实施，确保系统的适用性和有效性。在选型过程中，XX 企业可以根据自身的业务特点和管理需求，选择适合的财务管理软件和系统，确保系统的功能和性能能够满足企业的需求。在系统实施过程中，XX 企业需要制定详细的实施计划和方案，确保系统的顺利上线和稳定运行。可以成立专门的项目实施团队，负责系统的选型、测试、培训和推广等工作，确保系统的顺利实施和高效运行。

通过借鉴成功企业的财务管理经验，XX 企业可以显著提升其财务管理水平，优化资源配置，增强市场竞争力，实现可持续发展。建立健全的财务管理体系、科学规范的财务管理流程、专业化的财务管理人才队伍和安全可靠的财务管理信息化建设，是 XX 企业提升财务管理水平的重要措施。通过这些措施，XX 企业可以提高财务管理的效率和精度，优化资源配置，增强市场竞争力，实现可持续发展。

第二节 失败企业的财务管理教训

德州及京津冀协同示范区内，中小企业在发展过程中不可避免地会遇到各种挑战和风险，特别是在财务管理方面。一些企业因为财务管理不善，导致了严重的经营问题甚至破产倒闭。通过剖析一个失败企业——XX企业的财务管理教训，总结出避免类似错误的经验和方法，帮助其他中小企业提高财务管理水平，避免重蹈覆辙。

XX企业在预算管理方面存在严重问题。预算管理是企业财务管理的重要组成部分，它不仅是企业制定和执行财务计划的基础，也是企业控制成本、提高效率的重要手段。XX企业在预算编制过程中缺乏科学性和系统性，没有根据市场环境和企业实际情况进行合理的预测和规划，导致预算目标与实际情况严重脱节。XX企业在预算执行过程中缺乏有效的监控和调整机制，导致预算执行情况无法得到及时反馈和纠正。在一个年度预算中，XX企业由于过于乐观地估计市场需求，制定了过高的销售预算，但实际销售远未达到预期，导致库存积压和资金周转困难。这一教训表明，中小企业在进行预算管理时必须具备科学的预测和规划能力，并建立健全的预算监控和调整机制，确保预算目标的可行性和有效性。

XX企业在资金管理方面也存在严重漏洞。资金管理是企业生存和发展的命脉，直接影响到企业的运营效率和财务稳定性。XX企业在资金管理方面的主要问题是缺乏科学的资金规划和控制，没有建立起有效的资金使用和监督机制。XX企业在业务扩展过程中盲目投资，进行了一些高风险的项目投资，而这些项目最终未能产生预期的收益，导致企业资金链断裂。XX企业在应收账款管理方面也存在问题，信用政策不明确，客户信用评估不严格，导致大量应收账款无法及时回收，严重影响了企业的现金流。这一教训表明，中小企业在资金管理方面必须加强资金规划和控制，避免盲目投资和高风险行为，同时要建立严格的应收账款管理制度，确保资金的安全和高效使用。

XX企业在成本控制方面缺乏有效措施。成本控制是企业提高盈利能力和市场竞争力的重要手段。XX企业在成本控制方面的主要问题是缺乏成本控制意识和制度，没有建立起有效的成本核算和控制机制。XX企业在生产过程中没有进行详细的成本核算，导致成本结构不清晰，难以发现和消除不必要的成本开支。XX企业在采购管理方面也存在问题，采购流程不规范，缺乏有效的供应商管理和价格控制，导致采购成本居高不下。这一教训表明，中小企业在成本控制方面必须增强成本控制意识，建立科学的成本核算和控制机制，通过优化生产流程和采购管理，降低成本，提高效率。

XX企业在内部控制方面存在严重缺陷。内部控制是企业防范风险、保证财务信息准确性和完整性的重要手段。XX企业在内部控制方面的主要问题是缺乏系统的内部控制制度和流程，企业内部各部门职责不清、权限不明，导致管理混乱，风险难以控制。XX企业在费用报销方面没有建立严格的审批流程，导致报销过程中出现了虚假报销和重复报销的问题，增加了企业的管理成本和财务风险。XX企业在资金使用和财务核算方面也存在问题，资金流向不透明，账务处理不规范，导致财务信息失真，影响了企业的决策和管理。这一教训表明，中小企业必须建立健全的内部控制制度和流程，明确各部门职责和权限，通过严格的内部控制和监督机制，防范和控制各类财务风险。

XX企业在信息化建设方面滞后，未能充分利用信息技术提高财务管理效率和水平。信息化是现代企业管理的重要手段，通过引入先进的财务管理软件和系统，可以提高财务管理的效率和精度，优化资源配置。XX企业在信息化建设方面的主要问题是缺乏信息化意识和投入，未能引入合适的财务管理系统，导致财务管理仍然依赖于传统的手工操作和纸质记录，效率低下，数据准确性和及时性难以保证。XX企业在财务核算和报表编制方面仍然采用手工操作，数据录入和处理速度慢，容易出现错误，影响了财务数据的准确性和可靠性。XX企业在预算管理和资金监控方面也缺乏信息化手段，无法实现实时的数据监控和分析，难以及时发现和解决问题。这一教训表明，中小企业必须重视信息化建设，通过引入先进的财务管理软件和系统，提高财务管理的效率和精度，实现财务数据的实时管理和分析，优化资源配置。

第三节　典型行业的中小企业财务管理实践

德州及京津冀协同发展示范区内的某中小企业，XX公司，作为一家典型的制造业企业，其财务管理实践体现了中小企业在财务管理上的典型特点和面临的共性问题。将围绕XX公司的财务管理实践，探讨其在财务管理方面的经验和策略，以期为其他中小企业提供参考。

XX公司是一家从事机械零部件生产的企业，主要产品包括汽车零部件和工业机械零部件。公司成立于 2005 年，经过多年的发展，已在行业内积累了一定的市场份额和技术优势。随着德州及京津冀协同发展示范区建设的推进，公司也在不断探索和实践新的财务管理模式，以适应市场环境的变化和企业发展的需要。

XX 公司注重财务管理的信息化建设。公司引入了 ERP（企业资源计划）系统，将财务管理与生产、销售、采购等业务流程集成在一起，实现了信息的共享和业务的协同。通过 ERP 系统，公司的财务人员能够实时获取各项业务数据，提高了财务报表编制的准确性和及时性。ERP 系统还帮助公司实现了财务预算的编制和管理，财务人员能够根据实际业务数据，编制科学、合理的财务预算，确保资金的有效利用。

在成本管理方面，XX 公司采用了作业成本法。作为一家制造业企业，成本管理是财务管理的重中之重。作业成本法能够更加准确地分配间接成本，提高成本核算的精确度。公司通过对生产过程中各个作业环节的成本进行归集和分配，精确计算每个产品的实际成本，为企业的定价决策和成本控制提供了有力支持。作业成本法还帮助公司发现了生产过程中的非增值作业，找出了成本控制的关键点，进一步优化了生产流程，降低了生产成本。

在资金管理方面，XX 公司注重现金流管理和风险控制。制造业企业通常面临着较大的资金压力，尤其是在原材料采购和设备更新方面。公司通过建立健全的资金管理制度，加强现金流的监控，确保资金的安全和流动性。公司还与多家银行和金融机构建立了良好的合作关系，合理利用各类融资工具，满足企业发展的资金需求。公司还通过制定严格的信用政策和应收账款管理制度，加强对客户信用的审核和管理，降低坏账风险，确保企业的资金安全。

在财务报表管理方面，XX 公司严格按照《企业会计准则》和相关法律法规的要求，规范财务报表的编制和披露。公司财务报表的编制过程严格遵循内部控制制度，确保财务数据的真实性和准确性。公司还定期聘请外部审计机构对财务报表进行审计，确保财务信息的透明度和公正性。公司还注重财务报表的分析和应用，通过对财务报表的分析，及时发现企业经营管理中的问题，为管理层的决策提供科学依据。

在财务风险管理方面，XX 公司建立了完善的风险管理体系。公司通过风险识别、风险评估、风险控制和风险监控等环节，对财务风险进行全面管理。公司定期召开风险管理会议，分析和评估各类财务风险，制定相应的风险应对措施。公司还通过建立风险预警机制，及时发现和应对潜在的财务风险，确保企业的财务安全和稳定。

在人才队伍建设方面，XX 公司注重财务人员的专业素质和能力提升。公司通过定期组织财务培训和学习，提高财务人员的专业知识和技能。公司还积极引进高素质的财务管理人才，优化财务团队的结构和配置。通过不断提升财务人员的专业素质和能力，公司确保了财务管理工作的高效、规范和科学。

XX 公司的财务管理实践表明，中小企业在财务管理方面需要注重信息化建设、成本管理、资金管理、财务报表管理、财务风险管理和人才队伍建设等多个方面的综合管理。通过信息化建设，中小企业能够实现财务管理与业务流程的集成和协同，提高财务管理的效率和水平。通过成本管理，中小企业能够精确计算产品成本，找出成本控制的关键点，优化生产流程，降低生产成本。通过资金管理，中小企业能够加强现金流的监控，合理利用融资工具，确保资金的安全和流动性。通过财务报表管理，中小企业能够规范财务报表的编制和披露，提高财务信息的透明度和公正性。通过财务风险管理，中小企业能够全面管理财务风险，确保企业的财务安全和稳定。通过人才队伍建设，中小企业能够提升财务人员的专业素质和能力，确保财务管理工作的高效、规范和科学。

XX 公司在实践中还总结出了一些有益的经验和做法。公司注重财务管理与企业战略的结合，将财务管理作为企业战略管理的重要组成部分，确保财务管理目标与企业发展目标的一致性。公司还注重财务管理的制度建设，通过建立健全的财务管理制度，规范财务管理工作，提高财务管理的制度化和规范化水平。公司还注重财务管理的创新与变革，积极引入先进的财务管理方法和工具，不断优化财务管理流程，提高财务管理的科学性和有效性。

XX 公司的财务管理实践不仅为自身的发展提供了有力支持，也为其他中小企业提供了宝贵的借鉴和参考。中小企业应根据自身的实际情况，借鉴和学习 XX 公司的财务管理经验，不断优化和提升自身的财务管理水平，实现企业的持续发展。

第六章 中小企业财务管理的未来趋势与展望

第一节 财务管理理念的创新与发展

一、企业财务融合理念

企业财务融合理念的提出有其深刻的背景。随着全球经济一体化和市场竞争的加剧，企业面临的外部环境变得越来越复杂和不确定，传统的财务管理模式难以适应这种变化。在这种背景下，企业迫切需要一种能够提高管理效率和决策质量的新型财务管理模式。信息技术的发展，特别是大数据、云计算和人工智能技术的应用，为财务融合提供了技术支持。通过这些技术手段，企业可以实现对海量数据的实时处理和分析，为财务融合提供了坚实的基础。

财务融合的核心理念在于实现财务管理与业务运营的深度融合，将财务数据和业务数据有机结合起来，形成一个统一的数据平台和管理体系。具体来说，财务融合包括以下几个方面：

财务与业务的协同管理，传统的财务管理往往独立于业务运营，导致财务数据与业务数据的脱节。而财务融合理念强调财务部门与各业务部门的紧密合作，通过建立统一的数据平台，实现财务数据与业务数据的实时共享和同步更新。这样，财务部门可以更全面地了解企业的运营状况，业务部门也可以更及时地获取财务信息，做出更加科学的决策。在销售管理中，销售部门可以实时获取销售收入、成本和利润等财务数据，优化销售策略和资源配置。通过实时共享和更新的数据，销售部门可以根据最新的财务状况调整销售计划，确保销售活动的有效性和盈利能力。财务部门也可以根据销售数据进行财务预测和分析，为企业的财务决策提供有力支持。

全面预算管理，财务融合强调全面预算管理，通过建立覆盖企业各个业务环节的预算体系，实现对企业资源的合理配置和有效控制。在预算编制过程中，财务部门与各业务部门共同参与，根据企业战略目标和业务计划，制定详细的预算方案。在预算执行过程中，通过实时监控和分析预算执行情况，及时发现和解决问题，确保预算目标的实现。在生产管理中，企业可以根据生产计划和市场需求，制定详细的生产预算和成本预算，通过对生产过程的实时监控和分析，优化生产流程和成本控制，提高生产效率和盈利能力。全面预算管理不仅有助于企业资源的优化配置，还能提高企业的运营效率和财务绩效。

精细化成本管理，财务融合理念强调精细化成本管理，通过对各项成本的详细核算和分析，发现和消除不必要的成本开支，提高企业的盈利能力。财务部门与业务部门共同制定成本控制目标和措施，通过对各项成本的实时监控和分析，及时发现和解决成本管理中的问题。在采购管理中，企业可以通过建立完善的供应商管理体系和采购流程，优化采购策略和价格控制，降低采购成本，提高采购效率和质量。通过精细化的成本管理，企业可以更好地控制成本，提高产品的市场竞争力和盈利能力。

动态资金管理，企业的资金流动性管理是财务管理的重要内容，直接关系到企业的生存和发展。财务融合理念下的动态资金管理，要求财务部门实时监控企业的现金流和资金状况，根据业务需求和市场变化，及时调整资金使用和配置策略。通过动态资金管理，企业可以提高资金使用效率，降低财务风险。企业可以通过动态资金预算和现金流预测，确保在关键业务活动期间有充足的资金支持，同时避免资金闲置和浪费。动态资金管理还可以帮助企业优化融资策略和降低融资成本，提高企业的财务灵活性和稳健性。

全生命周期的财务监控，财务融合理念强调对企业全生命周期的财务监控，从项目立项、研发、生产到销售和售后服务，财务部门都要参与和监控。通过对各个环节的财务数据进行实时监控和分析，企业可以及时发现和解决潜在的问题，优化业务流程和资源配置。在研发阶段，财务部门可以通过成本核算和投资回报分析，评估研发项目的可行性和经济效益，确保资源的合理投入。在生产阶段，财务部门可以通过成本控制和效益分析，优化生产流程和资源配置，提高生产效率和产品质量。在销售和售后服务阶段，财务部门可以通过销售数据和客户反馈，分析市场需求和客户满意度，优化销售策略和售后服务，提高客户满意度和忠诚度。

数据驱动的财务决策，在财务融合理念下，企业的财务决策将更加依赖于数据分析和模型预测。通过对企业内部和外部数据的深度挖掘和分析，财务部门可以提供更加科学和精准的决策支持。企业可以通过数据分析和模型预测，评估市场需求和竞争态势，制定合理的价格策略和营销方案，提高市场竞争力和盈利能力。数据驱动的财务决策还可以帮助企业优化资源配置和风险管理，提高企业的运营效率和财务绩效。

全面风险管理，财务融合理念强调全面风险管理，通过建立全面的风险管理体系，识别、评估和控制企业面临的各种风险。财务部门与业务部门共同制定风险管理策略和措施，通过对各项风险的实时监控和分析，及时发现和解决潜在的风险问题。在供应链管理中，企业可以通过建立完善的供应链风险管理体系，识别和评估供应链中的各种风险，如供应商风险、物流风险和市场风险等，通过优化供应链管理流程和供应商管理，提高供应链的安全性和稳定性。在金融风险管理中，企业可以通过建立全面的金融风险管理体系，识别和评估企业面临的各种金融风险，如利率风险、汇率风险和信用风险等，通过优化融资策略和资金管理，提高企业的财务稳健性和抗风险能力。

实施路径与实践，为了实现财务融合，企业需要采取一系列措施，包括组织架构调整、流程再造、信息系统建设和人才培养等。企业需要调整组织架构，打破传统的部门壁垒，建立跨部门的协同工作机制，确保财务部门与业务部门的紧密合作。企业需要对现有的业务流程进行再造，简化和优化各项业务流程，确保财务数据和业务数据的无缝对接和实时共享。企业还需要建设完善的信息系统，如企业资源计划（ERP）系统和财务管理信息系统，实现财务数据和业务数据的集成化管理和实时更新。企业需要加强人才培养，提升财务人员和业务人员的数据分析和决策支持能力，确保财务融合理念的有效实施。

在实施财务融合的过程中，企业还需要注意一些挑战和问题。财务融合需要大量的时间和资源投入，企业需要在实施过程中保持耐心和坚持。财务融合需要企业高层的高度重视和支持，确保各项措施的顺利推进和落地。企业在实施财务融合的过程中，还需要不断进行评估和调整，根据实际情况和需求，优化各项措施和策略，确保财务融合的有效性和可持续性。

二、信息技术深入企业财务管理应用

信息技术在企业财务管理中的应用极大地提高了数据处理的效率和准确性。传统的财务管理依赖手工记账和数据处理，不仅耗时费力，而且容易出现错误。

现代信息技术，如企业资源规划系统（ERP）、财务管理软件和云计算技术，能够自动化处理大量数据，减少人为错误，提高数据处理的速度和准确性。通过ERP系统，企业可以实现财务数据的自动采集、记录和处理，实时生成财务报表和分析报告。这不仅减轻了财务人员的工作负担，还提高了财务数据的准确性和及时性，为企业管理层提供了可靠的决策支持。

现代信息技术，如大数据和数据可视化技术，使企业能够对海量财务数据进行深入分析和挖掘，生成直观、易懂的财务分析报告和图表。财务人员和管理层可以通过可视化的财务报告，直观地了解企业的财务状况和经营成果，及时发现和解决财务管理中的问题。通过数据可视化技术，企业可以将财务数据转化为图表、仪表盘等可视化形式，直观展示企业的收入、成本、利润等关键财务指标的变化趋势和构成情况。这不仅提高了财务信息的透明度，还增强了财务管理的科学性和决策的准确性。

人工智能和机器学习技术在财务管理中的应用，使得财务管理更加智能化、自动化。企业可以利用人工智能技术，实现财务数据的智能分析和预测，自动识别和预警财务风险，优化财务决策。通过机器学习技术，企业可以建立财务数据模型，分析和预测企业的财务状况和经营趋势，为企业的财务管理和战略决策提供科学依据。企业可以利用机器学习技术，建立销售预测模型，根据历史销售数据和市场环境的变化，预测未来的销售收入和利润，为企业的生产和营销决策提供数据支持。通过智能化的财务管理，企业能够更加准确地把握市场机会和应对风险，实现财务管理的科学化和精细化。

现代企业的财务管理不仅涉及财务部门，还需要与生产、销售、采购等业务部门的紧密协同。信息技术的应用，使得企业的财务管理系统与各业务系统实现无缝对接，形成协同作战的管理模式。通过ERP系统，企业可以将财务管理与生产管理、销售管理、采购管理等业务系统集成在一起，实现各业务数据的共享和协同处理，提高企业的整体管理效率和协同能力。当企业的销售部门录入订单信息后，ERP系统会自动生成相应的财务凭证和库存记录，并及时更新财务报表和库存状态，确保财务数据的及时性和准确性。财务部门可以实时获取各业务部门的经营数据，进行财务分析和决策，确保企业资源的合理配置和有效利用。

财务管理模式和方法已经不能完全适应现代企业的发展需求，信息技术的深入应用，为企业的财务管理创新提供了新的思路和手段。基于区块链技术的财务管理模式，可以实现财务数据的分布式存储和共享，增强数据的安全性和透明度，减少人为干预和舞弊行为。通过区块链技术，企业可以实现财务数据的实时共享和同步，确保各方数据的一致性和可靠性，提升财务管理的透明度和公信力。基于物联网技术的财务管理模式，可以实现财务数据的实时采集和监控，增强财务管理的实时性和准确性。通过物联网技术，企业可以实现对资产和库存的实时监控，自动生成和更新财务数据，及时发现和处理异常情况，提高财务管理的效率和精度。

现代企业面临的风险种类和复杂程度不断增加，信息技术的应用，为企业的风险管理和内部控制提供了强有力的支持。通过大数据技术，企业可以对海量的财务数据进行深入分析，识别和预警潜在的财务风险，及时采取应对措施。通过云计算技术，企业可以实现财务数据的集中存储和备份，防范数据丢失和损毁风险，确保财务数据的安全性和完整性。通过信息技术，企业可以建立完善的内部控制系统，实现财务管理的全流程监控和控制，确保各项财务活动的合规性和规范性，提升企业的风险防范能力和管理水平。

在人才队伍建设方面，信息技术的应用也带来了新的要求和挑战。现代财务管理对财务人员的专业素质和技能提出了更高的要求，企业需要培养和引进具备信息技术知识和技能的财务管理人才。企业可以通过培训、学习和实践，提升现有财务人员的信息技术应用能力，增强其对信息技术的理解和掌握。企业还可以通过招聘和外部合作，引进具备信息技术和财务管理双重背景的人才，优化财务团队的结构和配置，提升财务管理的整体水平。企业可以组织财务人员参加信息技术应用培训，学习和掌握ERP系统、大数据分析、区块链技术等先进的信息技术，提升其财务管理的专业素质和能力。

现代企业的财务管理不仅是对财务数据的记录和处理，还需要为企业的战略管理和决策提供科学依据和支持。通过信息技术，企业可以实现对财务数据的深度挖掘和分析，为企业的战略管理和决策提供有力支持。通过大数据分析，企业可以对市场环境、竞争对手、客户需求等进行深入分析，预测市场趋势和发展方向，为企业的战略制定提供数据支持。通过智能化的财务分析和预测，企业可以对财务状况和经营成果进行前瞻性分析，及时调整和优化经营策略，提高企业的决策科学性和准确性。

传统的财务管理模式和方法已经不能完全适应现代企业的发展需求，信息技术的深入应用，为企业的财务管理模式创新提供了新的思路和手段。基于云计算技术的财务共享服务模式，可以实现财务数据的集中处理和共享，提升财务管理的效率和效果。通过云计算技术，企业可以将财务数据集中存储和处理，实现财务数据的实时共享和同步，减少数据传输和处理的时间和成本，提高财务管理的效率和效果。基于大数据技术的财务管理模式，可以实现对海量财务数据的深度挖掘和分析，发现和把握财务管理中的关键问题和机会，为企业的财务管理和决策提供科学依据。

三、关注企业价值创造，助力企业长远发展

企业应明确价值创造的核心理念。价值创造不仅指财务上的利润增长，还包括提升客户满意度、增强员工福利、提升社会责任等多方面的综合价值。企业应树立以客户为中心的价值创造理念，通过不断创新和优化产品与服务，满足客户的多样化需求，提升客户满意度和忠诚度。企业可以通过市场调研、客户反馈等方式，深入了解客户需求，不断改进产品和服务，提供个性化解决方案，提升客户体验和价值。

企业应注重创新驱动，提升核心竞争力。创新是企业持续价值创造的源泉，是企业长远发展的动力。企业应积极推动技术创新、管理创新和业务模式创新，通过不断创新提升核心竞争力，实现可持续发展。企业可以加大研发投入，建立创新激励机制，吸引和培养创新人才，鼓励员工积极参与创新活动，推动技术进步和产品升级。企业还应注重管理创新，通过优化管理流程、提升管理效率，推动组织变革，提升企业管理水平。

在创新驱动的过程中，企业应特别关注数字化转型。数字化转型是当前企业实现价值创造的重要路径。通过数字化技术，企业可以优化业务流程、提升运营效率、增强客户互动、实现精准营销等，从而提升整体竞争力。企业可以通过大数据分析，深入挖掘市场需求，优化产品设计和营销策略；通过人工智能技术，实现生产自动化和智能化，提升生产效率和质量；通过物联网技术，实现产品和服务的互联互通，提供智能化解决方案，提升客户体验。

第三，企业应注重可持续发展，履行社会责任。可持续发展是企业实现长远发展的重要保障。企业应树立绿色发展理念，积极推进节能减排、资源循环利用等绿色生产方式，降低对环境的负面影响，提升企业的社会责任感和公信力。企业可以通过引入清洁能源技术、优化生产工艺、加强废弃物处理等措施，实现节能减排和资源循环利用，减少环境污染和资源浪费。企业还应积极参与公益活动，支持社会公益事业，回馈社会，树立良好的企业形象。

员工是企业价值创造的主体，是企业实现长远发展的重要力量。企业应注重人力资源管理，通过激励机制、培训发展、文化建设等手段，激发员工的工作热情和创造力，提升员工的整体素质和能力。企业可以通过建立科学的绩效考核和激励机制，激发员工的工作积极性和主动性；通过提供多样化的培训和发展机会，提升员工的专业技能和综合素质；通过建设良好的企业文化，增强员工的归属感和凝聚力，提升团队合作精神和整体战斗力。

在此过程中，企业领导层的作用尤为关键。领导层不仅要具备战略眼光和决策能力，还要具备良好的沟通和协调能力，能够有效带领团队，实现企业的战略目标。企业领导层应注重自身的学习和提升，不断适应市场环境的变化，制定科学的战略规划，推动企业的持续发展。

财务管理是企业价值创造的重要环节，是企业实现长远发展的重要保障。企业应建立科学的财务管理体系，通过预算管理、成本控制、资金管理等手段，提升经营效益，增强企业的财务健康水平。企业可以通过全面预算管理，科学预测和控制各项费用支出，提升资金使用效率；通过成本控制，优化资源配置，降低生产成本和运营成本，提升经济效益；通过资金管理，合理安排资金使用，降低财务风险，提升资金周转率和利用率。

财务管理不仅仅是财务部门的工作，更是全员的工作。企业应通过培训和宣传，提高全体员工的财务管理意识，增强全员的成本意识和节约意识，形成全员参与、共同管理的良好氛围。企业可以通过举办财务管理培训班、组织财务管理经验交流会等方式，提升员工的财务管理水平，推动全员参与财务管理，提高财务管理的整体效果。

品牌是企业的无形资产，是企业实现价值创造的重要手段。企业应注重品牌建设，通过品牌定位、品牌推广、品牌维护等手段，提升品牌知名度和美誉度，增强市场竞争力。企业可以通过市场调研，深入了解市场需求和竞争状况，制定科学的品牌定位策略，明确品牌的核心价值和目标群体；通过多种渠道进行品牌推广，提升品牌的市场影响力和知名度；通过加强品牌维护，提升品牌的信誉和美誉度，增强客户的品牌忠诚度和购买意愿。

在品牌建设过程中，企业应注重产品质量和服务质量。产品质量和服务质量是品牌的基础，是企业实现价值创造的重要保障。企业应建立完善的质量管理体系，通过严格的质量控制和管理，确保产品和服务的质量，提升客户的满意度和信任度。企业可以通过引入先进的质量管理技术和方法，优化生产工艺和流程，提升产品质量和一致性；通过加强售后服务，提供及时、专业的服务，解决客户的问题和需求，提升客户的满意度和忠诚度。

合作共赢是企业实现长远发展的重要途径。企业应通过与合作伙伴、供应商、客户等的紧密合作，实现资源共享和协同发展，提升整体竞争力和市场份额。企业可以通过与供应商的紧密合作，优化供应链管理，降低采购成本和物流成本，提升供应链的效率和灵活性；通过与客户的紧密合作，了解客户需求和反馈，优化产品和服务，提升客户的满意度和忠诚度；通过与合作伙伴的紧密合作，整合资源和优势，实现业务的协同发展和互利共赢。

互信互利是合作共赢的基础，是企业实现长远发展的重要保障。企业应通过诚信经营、平等互利、合作共赢的原则，建立良好的合作关系，提升合作的深度和广度。企业可以通过诚信经营，提升企业的信誉和公信力，增强合作伙伴的信任和支持；通过平等互利，确保合作双方的利益平衡，实现合作的长远稳定；通过合作共赢，实现资源的有效整合和共享，提升整体竞争力和市场份额。

四、财务管理团队建设与人才培养

财务管理团队的建设需要从团队的结构和职能入手。一个高效的财务管理团队通常包括财务总监、财务经理、会计人员、预算分析师、内部审计员等多个职位。这些职位各司其职，共同保障企业财务工作的高效运行。财务总监作为团队的领导者，负责统筹整个财务部门的工作，制定财务战略，参与公司高层决策。财务经理则主要负责财务计划的具体实施和日常管理工作，会计人员则负责具体的账务处理和财务报告的编制。预算分析师通过对预算数据的分析，为企业的经营决策提供支持，而内部审计员则负责监督和评估财务工作的合规性和有效性。

在团队的职能建设方面，需要明确各个职位的职责，确保每个成员都能够清晰地了解自己的工作内容和目标。还需要建立健全的财务管理制度，包括财务报告制度、内部控制制度、预算管理制度等，通过制度来规范财务工作的各个环节，提高财务管理的透明度和规范性。尤其是内部控制制度，通过制定详细的内部控制流程和监督机制，可以有效防范财务风险，保障企业资产的安全。

人才培养是财务管理团队建设的核心。现代企业面临着日益复杂的经济环境，财务管理人员需要具备较高的专业素养和综合能力。因此，企业应注重对财务人员的选拔和培养。在选拔方面，除了看重应聘者的专业背景和工作经验外，还应注重其综合素质和职业道德。一个优秀的财务管理人才不仅需要精通财务知识，还需要具备良好的沟通能力、逻辑思维能力和团队合作精神。

在培养方面，企业可以通过内部培训和外部学习相结合的方式，不断提升财务人员的专业水平。内部培训可以根据企业的实际需求，针对性的设计培训课程，内容可以包括财务报表分析、税务筹划、资金管理等专业知识，也可以包括企业文化、职业道德等方面的培训。外部学习则可以通过选派财务人员参加各类专业培训班、行业研讨会和学术交流活动，不断拓宽其视野，了解行业前沿动态和最新管理理念。

企业还可以建立导师制，由资深的财务管理人员对新员工进行"一对一"指导，帮助其快速适应工作环境，掌握工作技能。通过这种"传帮带"的方式，不仅可以加速新员工的成长，还可以有效传承企业的财务管理经验和文化。

第二节 财务管理技术的革新与应用

一、自动化技术应用 [机器人流程自动化（RPA）技术在中小企业应用]

传统的财务管理在企业运营中扮演着至关重要的角色。长期以来，这一领域的很多工作环节都依赖于人工操作。这种传统的操作模式虽然在一定程度上能够满足基本需求，但随着企业规模的扩大和业务复杂度的增加，其局限性也逐渐暴露出来。具体而言，人工操作不仅效率低下，还容易导致人为错误和数据不一致，增加了财务管理的风险和成本。

在现代企业的财务管理中，自动化技术正日益发挥着不可替代的作用。自动化技术的引入和普及，不仅大大提高了财务处理的效率和准确性，还显著降低了人工操作的成本和风险，推动了财务管理的智能化和高效化。以自动化记账软件为例，这类软件通过高度智能的算法和流程设计，能够自动完成凭证录入、分类账记录等烦琐的工作，从而大大减少了人工错误和重复劳动。

自动化记账软件的优势体现在多个方面。它能够自动抓取和录入各类财务数据，包括银行对账单、发票、收据等，从而消除了手工输入的烦琐和错误。自动化记账软件还能根据预设的规则和逻辑，自动进行账务分类、审核和报表生成，极大地提高了财务处理的效率和准确性。在传统的手工记账模式下，财务人员需要花费大量时间进行凭证的录入和审核，而这些工作在自动化记账软件的帮助下，能够在几分钟内完成。

自动化记账软件还具有很强的灵活性和扩展性。它不仅能够处理各类常见的财务业务，还可以根据企业的特殊需求进行定制和扩展。企业可以根据自身的业务特点和管理要求，设定不同的财务规则和处理流程，从而使财务管理更加精细化和智能化。自动化记账软件还可以与其他管理系统，如 ERP 系统、CRM 系统等进行无缝集成，实现财务数据的实时共享和联动，从而为企业的全面管理提供有力支持。

机器人流程自动化（RPA）技术是另一项在财务管理中广泛应用的自动化技术。RPA 技术通过模拟人类操作，能够自动执行各种重复性、规则性强的任务，如发票处理、报销流程、数据迁移等。这种技术的引入，不仅大大提高了工作效率，还显著降低了人为错误的风险。

在发票处理方面，传统的手工操作需要财务人员逐一核对发票的各项信息，录入系统并进行审核。这一过程不仅耗时费力，还容易出现疏漏和错误。而通过 RPA 技术，发票处理可以实现全自动化。具体而言，RPA 机器人能够自动从邮箱、扫描仪等设备中获取发票信息，识别和提取发票的各项关键数据，并将这些数据录入到财务系统中进行处理。RPA 机器人还可以根据预设的规则和逻辑，自动进行发票的审核和校对，从而确保发票处理的准确性和及时性。

在报销流程方面，RPA 技术也发挥着重要作用。在传统的手工报销流程中，员工需要填写报销单据，提交相关凭证，并经过多级审核和审批，这一过程烦琐且效率低下。而通过 RPA 技术，报销流程可以实现全程自动化。员工可以通过移动端应用提交报销申请，RPA 机器人能够自动提取和审核报销凭证，并根据预设的审批流程进行自动化处理，从而大大缩短了报销的周期，提高了员工的满意度。

除了上述应用，RPA 技术还可以广泛应用于数据迁移、账务对账、预算编制等各类财务任务中。在数据迁移方面，RPA 机器人能够自动将旧系统中的数据迁移到新系统中，并进行数据校对和验证，从而确保数据的完整性和一致性。在账务对账方面，RPA 机器人能够自动从各类账单和报表中提取数据，进行对账和核对，发现并标记异常项，从而提高对账的效率和准确性。在预算编制方面，RPA 机器人能够根据历史数据和预设的预算模型，自动生成各类预算报表，为企业的财务决策提供有力支持。

传统的手工操作往往需要耗费大量的时间和人力，而自动化技术能够在短时间内完成这些烦琐的任务。一项需要数小时甚至数天才能完成的账务对账工作，通过 RPA 技术可以在几分钟内完成，从而大大节省了时间和人力成本。自动化技术还能够实现 24/7 的不间断工作，从而提高了工作的连续性和时效性。

人工操作难免会出现错误和疏漏，而自动化技术通过预设的规则和逻辑，能够实现高精度的处理和审核，从而降低了人为错误的风险。在发票处理和报销流程中，RPA 机器人能够自动提取和审核各项数据，确保数据的准确性和一致性，从而提高了财务管理的可靠性。

通过自动化技术，企业能够实现财务数据的实时采集、处理和分析，从而提供更加及时和准确的财务报告。通过自动化记账软件和 RPA 技术，企业能够实时掌握各类财务数据的动态变化，并生成各类财务报表和分析报告，从而为管理层的决策提供有力支持。自动化技术还能够记录和保存各类操作和处理的日志，从而提高了财务数据的透明度和可追溯性。

通过自动化技术，企业能够实现各类财务流程的标准化和规范化，从而提高了财务管理的整体水平。通过自动化记账软件和 RPA 技术，企业能够制定和执行统一的财务处理规则和流程，从而确保各类财务业务的规范性和一致性。自动化技术还能够根据最新的财务政策和法规，自动更新和调整财务处理规则，从而提高了企业的合规性和风险管理能力。

随着自动化技术的不断发展和应用，财务管理的模式和方法也在不断创新和变革。通过人工智能和大数据分析技术，企业能够实现财务数据的智能分析和预测，从而提高财务决策的科学性和前瞻性。自动化技术还为财务管理的创新提供了新的工具和手段，如区块链技术在财务管理中的应用，能够提高财务数据的安全性和透明度。

二、大数据技术应用

大数据挖掘和分析技术在企业中的应用正变得越来越广泛和深入。通过这些技术，企业可以从海量的、结构化和非结构化的数据中提取有价值的信息，进而实现对财务状况、客户信用、市场风险等多个方面的深入了解，帮助企业做出更加精准的决策。

大数据挖掘能够提供对企业财务状况的全面分析。传统的财务分析通常依赖于历史数据和人工统计，既费时又容易出错。大数据技术则能够处理大量的实时数据，通过对财务报表、交易记录、成本开支等多方面数据的综合分析，企业可以即时了解自身的财务健康状况。通过引入高级分析模型，企业可以发现财务数据中的异常和潜在风险。企业可以通过大数据分析预测未来的现金流，识别出潜在的资金短缺问题，提前采取应对措施，确保财务稳健运行。

大数据分析在客户信用评估方面也有重要应用。传统的信用评估方法主要依赖于历史信用记录和主观判断，而大数据技术能够综合考虑更多维度的数据，如消费行为、社交网络信息、地理位置等，通过机器学习算法建立更为精确的信用评估模型。这不仅提高了信用评估的准确性，还能够帮助企业更好地防范信用风险。银行可以利用大数据技术对贷款申请人的各类数据进行全面分析，判断其信用风险等级，从而在放贷决策中更加科学合理，降低坏账率。

在市场风险管理方面，大数据分析同样发挥着重要作用。市场风险是企业面临的主要风险之一，包括价格波动、竞争对手动态、政策变化等。通过大数据分析，企业可以实时监测市场动态，分析市场趋势，及时发现并应对潜在的风险。零售企业可以通过对销售数据、库存数据和市场数据的综合分析，预测商品的需求变化，优化库存管理，避免因库存积压或缺货导致的损失。金融企业则可以通过大数据技术分析股票市场、外汇市场等金融市场的数据，评估市场波动风险，制定相应的风险对冲策略。

人工智能技术在大数据分析中的应用进一步提升了预测性分析的能力。通过机器学习算法，人工智能能够从大量的历史数据中学习规律，进行预测性分析。这在资金管理和风险控制方面具有重要意义。企业可以利用人工智能技术预测未来的现金流、收入和支出，制定科学的资金管理计划。通过对历史交易数据的分析，机器学习模型可以识别出影响现金流的关键因素，如销售周期、客户付款习惯、季节性因素等，进而对未来的现金流进行准确预测，帮助企业提前做好资金调配，避免因资金短缺影响正常运营。

在风险控制方面，人工智能技术同样大有作为。通过对大量数据的分析，人工智能能够识别出潜在的风险因素，并提前发出预警。企业可以利用人工智能技术监测供应链中的风险，如供应商的财务状况、生产能力、交货及时性等，及时发现并应对供应链中可能出现的问题，保障生产经营的连续性。金融企业可以通过人工智能技术监测客户的交易行为，识别异常交易，防范欺诈风险。

人工智能还能够通过自然语言处理技术，从文本数据中提取有价值的信息，进一步丰富数据分析的维度。企业可以通过对新闻报道、社交媒体评论、客户反馈等文本数据的分析，了解市场的最新动态和客户的真实需求，及时调整产品和服务策略，提高市场竞争力。

三、云计算技术应用

云计算技术的发展深刻地改变了企业财务管理的方式。作为一种基于互联网的计算模式，云计算通过虚拟化技术、分布式计算和大数据分析等手段，将传统的财务管理系统移至云端，为企业提供了更加灵活、便捷和高效的解决方案。这一变革不仅提升了企业的财务管理能力，也为企业的整体运营和决策提供了坚实的技术支持。

在传统的财务管理模式下，财务数据往往分散在不同的系统和部门之间，数据整合和共享过程复杂且耗时。而通过云计算，企业可以将所有的财务数据集中存储在云端，实现数据的统一管理和实时更新。这样一来，无论员工身处何地，都可以通过互联网随时访问和处理财务数据。这种实时共享和协作的能力，使得财务信息的传递更加快速、准确，减少了信息滞后的风险，提高了企业的决策效率。

通过云端的财务管理软件，企业可以自动生成财务报表、自动对账、自动跟踪费用和收入等。这不仅减少了人工操作的错误，还大大节省了人力资源，降低了企业的运营成本。云计算还支持多用户协作，不同部门和团队可以在同一平台上协同工作，实现数据的无缝对接和信息的实时共享。这种协作模式加强了企业内部的沟通与合作，促进了各部门之间的协调和配合，提高了整体运营效率。

传统的财务管理系统往往需要高昂的硬件投入和维护成本，且系统升级和扩展困难。而云计算平台则具有高度的弹性，可以根据企业的需求随时调整计算资源的配置，实现快速扩展和灵活调整。企业无须担心系统的容量限制和性能瓶颈，可以根据业务发展的需要，随时增加或减少云端服务的使用。这种灵活性不仅降低了企业的初始投入和运营成本，还使得企业能够更好地应对市场变化和业务需求的波动。

尽管将财务数据存储在云端存在一定的安全风险，但云计算服务提供商通常会采取一系列的安全措施来保障数据的安全性。这些措施包括数据加密、访问控制、多重身份验证和灾难恢复等，确保数据在传输和存储过程中的安全性和完整性。许多云计算服务提供商还通过定期的安全审计和监控，及时发现和解决潜在的安全威胁，为企业提供一个安全可靠的财务管理环境。

通过云端的计算和存储能力，企业可以处理和分析大量的财务数据，发现隐藏在数据背后的规律和趋势。利用大数据分析和人工智能技术，企业可以进行更加精准的财务预测和风险评估，制定更加科学的财务策略和决策。通过分析历史财务数据和市场趋势，企业可以预测未来的收入和支出情况，优化资源配置和预算编制，提高财务管理的科学性和前瞻性。

在数字经济时代，企业的竞争力不仅体现在产品和服务上，还体现在数字化能力和数据管理水平上。通过云计算，企业可以实现财务管理的数字化转型，将传统的纸质记录和手工操作转变为电子化和自动化流程，提高数据的准确性和处理效率。云计算还为企业的智能化发展提供了技术支持，通过大数据、人工智能和物联网等技术的应用，企业可以实现智能化的财务管理和运营，提升整体竞争力。

四、区块链技术应用

区块链技术作为一种新兴的数字技术，已经在多个领域引发了革命性的变化，财务管理领域也不例外。区块链技术的去中心化、透明化和不可篡改等特性，极大地提升了财务记录和审计过程中的数据安全性和可靠性，为企业建立了一个更透明、更可信的财务体系，从而增强了企业内部和外部的信任度。

区块链技术的去中心化特性是其对财务管理产生深远影响的一个重要方面。在传统的财务管理中，财务数据通常由中央机构或企业内部的特定部门进行集中管理。这种集中管理模式虽然在一定程度上便于数据的统一处理和维护，但也存在显著的安全隐患。一旦中央数据库遭到黑客攻击或内部人员的恶意操作，整个财务数据的完整性和安全性将面临巨大的风险。区块链技术通过分布式账本机制，将财务数据记录在多个节点上，每个节点都保存一份完整的账本副本。这意味着即使某个节点的数据遭到破坏，其他节点的数据仍然完好无损，从而确保了财务数据的高度安全性和完整性。

区块链技术的透明化特性极大地提升了财务管理的透明度。在区块链网络中，所有的交易数据都是公开透明的，任何参与者都可以查看交易的详细信息。这种透明度不仅有助于减少财务信息的不对称，提高企业内部的管理效率，还可以增强外部监管机构和利益相关者对企业财务状况的了解和信任。传统的财务管理体系中，企业往往需要通过烦琐的流程向监管机构和投资者披露财务信息，而区块链技术的应用则可以大大简化这一过程。通过智能合约，企业可以自动生成和披露财务报告，确保信息的及时性和准确性，降低了人为错误和数据篡改的可能性。

不可篡改性是区块链技术的另一个关键特性，这一特性在财务记录和审计过程中发挥了重要作用。在传统的财务管理体系中，财务数据的篡改和伪造问题时有发生，这不仅增加了审计的难度和成本，也给企业的财务诚信带来了巨大的挑战。区块链技术通过哈希算法和共识机制，确保了数据一旦被记录就无法篡改。一旦某笔交易被记录在区块链上，任何对数据的修改都会被全网节点检测到，并且需要获得大多数节点的同意，这几乎是不可能实现的。因此，区块链技术可以为企业提供一个不可篡改的财务记录体系，从根本上杜绝了数据篡改和欺诈行为，极大地提高了财务审计的效率和准确性。

通过区块链技术，企业可以建立一个更加透明和可信的财务体系，这不仅有助于内部管理的优化，也在外部增强了与投资者、客户和监管机构之间的信任关系。对于内部管理而言，区块链技术可以实现财务数据的实时共享和同步，提高了各部门之间的信息流通和协作效率。财务部门、销售部门和采购部门等各业务部门可以基于区块链平台实时获取和共享最新的财务数据，快速做出决策，提升了企业整体的运营效率。区块链技术还可以帮助企业优化供应链管理，通过区块链上的智能合约，自动化完成订单、支付和结算等流程，减少了人为干预和错误，降低了运营成本。

对于外部信任关系的增强，区块链技术同样具有重要意义。投资者和客户可以通过区块链平台实时查看企业的财务状况，了解企业的经营和财务健康情况，这种透明度极大地增强了他们对企业的信任度。监管机构也可以通过区块链技术实现对企业财务数据的实时监控和审计，及时发现和预防潜在的财务风险和违法行为，保障市场的公平和稳定。

由于区块链技术的不可篡改性和可追溯性，任何非法的财务操作都可以被记录和追踪，从而为打击财务犯罪提供了有力的技术支持。在反洗钱领域，区块链技术可以通过记录和追踪每一笔资金流动的全过程，帮助执法机构迅速识别和查处洗钱活动，维护金融系统的稳定和安全。

传统的跨境支付往往涉及多个中介机构，流程烦琐、时间长、成本高。区块链技术通过去中心化的分布式账本，可以实现点对点的直接交易，简化了支付流程，降低了交易成本，提高了支付效率。尤其是在全球化背景下，跨境贸易和国际合作日益频繁，区块链技术在跨境支付领域的应用，将极大地促进国际贸易的发展，推动全球经济的繁荣。

在财务审计方面，区块链技术也带来了显著的变革。传统的财务审计通常需要大量的人力物力，耗时较长，而且难以完全避免人为错误和数据篡改的风险。区块链技术的引入，使得审计过程更加高效和可靠。通过区块链上的智能合约，审计师可以自动化地执行审计流程，实时获取和验证财务数据，确保数据的准确性和完整性。区块链技术还可以实现全流程的可追溯性，任何一笔交易的发生、变更和处理过程都可以被详细记录和追踪，从而大大提高了审计的透明度和可信度。

虽然区块链技术在财务管理中展现出了巨大的潜力，但其在实际应用中也面临一些挑战。首先是技术方面的挑战。区块链技术目前仍处于发展阶段，存在着一定的技术复杂性和不成熟性。特别是在大规模应用时，区块链网络的性能和扩展性问题需要进一步解决。其次是法律和监管方面的挑战。区块链技术的去中心化特性使得传统的法律和监管框架面临新的挑战，如何在保障技术创新的建立有效的监管机制，是各国政府和监管机构需要面对的重要课题。

第三节　中小企业财务管理面临的挑战与机遇

一、中小企业财务管理面临的挑战

（一）资源投入有限

中小企业（SMEs）在现代经济中扮演着重要角色，然而它们在财务管理方面却面临着诸多挑战。由于资源投入有限，这些企业常常在财务管理的各个方面遭遇困难。要深入理解这些挑战，需要从多个维度进行分析，包括资金短缺、人才匮乏、技术落后、风险管理不足以及外部环境的不确定性等。

中小企业通常没有大型企业那样充裕的资金储备，这使得它们在经营和扩展过程中经常面临资金周转困难。资金短缺不仅限制了企业的日常运营，还影响了其在市场中的竞争力。企业可能会因为缺乏足够的资金而无法及时购买原材料，导致生产线停滞。资金不足还会限制企业在研发和市场推广方面的投入，阻碍其创新能力和市场拓展。

财务管理需要专业的知识和技能，但中小企业往往难以吸引和留住高素质的财务人才。这主要是因为中小企业的薪酬和福利待遇较低，职业发展前景相对有限。没有足够的专业人才，中小企业在财务规划、预算管理、税务筹划等方面容易出现问题，导致财务风险增加。缺乏专业的财务团队还使得企业难以实施复杂的财务管理系统和技术，从而在财务管理的效率和精度上处于劣势。

现代财务管理越来越依赖于信息技术和自动化系统。许多中小企业由于资金和技术能力有限，无法及时引入和应用先进的财务管理软件和系统。这导致它们在财务数据的收集、处理和分析上效率低下，容易出现数据错误和信息滞后。手工记账和传统的 Excel 表格管理方式不仅烦琐费时，还难以应对复杂的财务分析和报表需求。缺乏现代化的财务管理系统还使得企业在应对突发财务问题时反应迟缓，增加了财务风险。

通常没有完善的风险管理机制和工具，这使得它们在面对市场波动、政策变化、客户违约等风险时显得尤为脆弱。企业可能由于缺乏风险预警机制而无法及时发现和应对财务危机，导致资金链断裂。再如，企业在融资过程中可能没有有效的风险评估和防控措施，导致融资成本高企，甚至陷入债务困境。风险管理不足还表现为企业对税务风险、法律风险等方面的重视不够，容易引发税务纠纷和法律诉讼，进一步增加了财务压力。

中小企业通常对市场变化、政策调整、经济波动等外部环境因素的应对能力较弱。市场需求的突然变化可能导致企业库存积压或供应不足，影响财务状况。政策调整，如税收政策的变化、环保法规的出台等，可能增加企业的运营成本，压缩利润空间。经济波动，如通货膨胀、汇率波动等，则可能影响企业的采购成本和销售收入，增加财务管理的复杂性。

除了上述主要挑战，中小企业在财务管理中还面临其他一些问题。企业内部财务管理制度和流程不完善，导致财务信息不透明、管理效率低下。企业缺乏有效的财务控制和监督机制，容易出现财务舞弊和内部贪腐问题。企业在财务管理上缺乏长期战略规划，难以制定和实施有效的财务发展策略。企业在财务管理上缺乏外部专业支持，如会计师事务所、财务顾问等的指导和帮助，也限制了其财务管理水平的提升。

面对这些挑战，中小企业需要采取一系列措施来改善财务管理，提高财务管理水平。企业应加强资金管理，优化资金结构，提高资金利用效率。企业可以通过加强应收账款管理，加快资金回笼，改善现金流状况。企业应积极寻求多元化的融资渠道，如银行贷款、股权融资、政府补贴等，以缓解资金压力。企业还应加强成本控制，优化成本结构，提高经营效益。

企业应重视财务人才的培养和引进。企业可以通过提供有竞争力的薪酬和福利待遇，吸引和留住高素质的财务人才。企业应加强对现有财务人员的培训，提高其专业知识和技能，增强其财务管理能力。企业还可以借助外部专业支持，如聘请财务顾问、与会计师事务所合作等，提高财务管理水平。

在技术应用方面，企业应积极引入和应用先进的财务管理软件和系统，提高财务管理的自动化和信息化水平。企业可以选择适合自身需求的 ERP 系统，整合财务、生产、销售等各类业务数据，实现财务数据的实时共享和联动。企业还应关注财务管理领域的新技术和新趋势，如区块链技术、大数据分析、人工智能等，探索其在财务管理中的应用，提高财务管理的创新能力。

在风险管理方面，企业应建立和完善风险管理机制和工具，提高风险防控能力。企业可以通过建立风险预警系统，及时发现和应对财务风险，避免财务危机。企业应加强对税务风险、法律风险等方面的管理，制定和实施有效的风险防控措施。企业还应加强内部控制和监督，防范财务舞弊和内部贪腐问题，确保财务管理的规范性和透明性。

企业应关注外部环境变化，灵活调整财务管理策略。企业应密切关注市场需求变化，调整生产和销售策略，保持库存和供应的平衡。企业应关注政策变化，及时调整运营和管理策略，降低政策风险。企业还应关注经济波动，采取有效的应对措施，如通过远期合同、期货等工具对冲汇率和价格波动风险，稳定财务状况。

（二）专业人员储备不足

中小企业在现代经济环境中扮演着至关重要的角色。与大企业相比，中小企业往往面临更多的挑战，尤其是在财务管理方面。专业人员储备不足是中小企业财务管理中一个突出的难题，这不仅影响了企业的日常运作，还制约了其长期发展。

中小企业在吸引和留住专业财务人才方面存在明显的劣势。大型企业通常具有更高的薪资水平、更完善的福利体系和更广阔的职业发展空间，这些优势使它们能够吸引到更多高素质的财务专业人员。而中小企业由于资源有限，难以提供与大企业相媲美的薪酬和福利待遇，导致其在人才市场上竞争力不足。很多优秀的财务人才更倾向于选择大型企业，而不是中小企业，这使得中小企业在招聘财务人员时面临巨大困难。

即使中小企业能够招聘到财务人员，由于企业规模较小，财务团队往往人手不足，工作压力大，导致人员流动率较高。财务管理是一项复杂而精细的工作，需要长期积累经验和不断学习更新知识。而在人员流动频繁的情况下，中小企业难以形成稳定的财务管理团队，财务管理工作的连续性和稳定性受到严重影响。

频繁的人员变动不仅增加了招聘和培训的成本，还可能导致财务工作中的疏漏和错误，影响企业的财务健康。

中小企业在财务管理方面还面临专业能力不足的问题。财务管理不仅仅是记账和报税，还涉及预算编制、资金管理、成本控制、风险管理等多个方面，需要具备全面的财务知识和技能。而中小企业的财务人员由于人数有限，往往需要身兼多职，难以专注于某一领域的深耕，这导致其专业能力难以得到充分发挥。在预算编制方面，缺乏专业知识和经验的财务人员可能难以科学合理地编制预算，导致企业在资金使用上存在不合理的情况，影响企业的资金周转和运营效率。

在风险管理方面，专业能力不足的问题尤为突出。现代企业面临的风险种类繁多，包括市场风险、信用风险、操作风险等。有效的风险管理需要对各种风险进行识别、评估和控制。而中小企业的财务人员由于缺乏足够的专业培训和实践经验，往往难以全面识别和应对这些风险。在市场风险管理方面，缺乏专业知识的财务人员可能难以准确分析市场趋势和竞争动态，无法及时调整企业的经营策略，导致企业在市场竞争中处于劣势。

专业能力不足还表现在财务信息化管理方面。随着信息技术的飞速发展，财务信息化已成为现代企业财务管理的重要趋势。通过财务信息系统，企业可以实现财务数据的自动化处理、实时监控和智能分析，提高财务管理的效率和准确性。中小企业在引入和使用财务信息系统方面存在诸多困难。财务信息系统的采购和维护需要一定的资金投入，而中小企业往往资金有限，难以承担这部分成本。即使引入了财务信息系统，由于专业能力不足，财务人员可能难以熟练操作和维护系统，导致系统的效用难以充分发挥。

为了解决专业人员储备不足的问题，中小企业需要从多个方面入手，采取综合措施。企业可以通过加强内部培训，提高现有财务人员的专业能力。定期组织专业培训，邀请外部专家讲解最新的财务管理知识和实务操作，帮助财务人员不断更新知识，提升专业素养。可以鼓励财务人员参加职业资格认证考试，如注册会计师（CPA）、注册管理会计师（CMA）等，提升其职业水平。

中小企业可以采取灵活的薪酬和福利政策，增强对专业人才的吸引力。可以通过绩效奖励、股权激励等方式，激发财务人员的工作积极性和责任感，留住核心人才。还可以通过提供职业发展规划和晋升通道，帮助财务人员看到职业发展的前景，增强他们的归属感和稳定性。

在引进外部专业资源方面，中小企业可以考虑聘请专业的财务顾问或会计师事务所，帮助企业解决财务管理中的难题。这些外部专业机构具备丰富的财务管理经验和专业知识，能够为企业提供高质量的财务咨询和服务，弥补内部专业能力的不足。在预算编制和资金管理方面，专业的财务顾问可以根据企业的实际情况，制定科学合理的预算方案和资金管理策略，提高企业的财务管理水平。

中小企业还可以借助现代信息技术，提高财务管理的效率和准确性。通过引入财务信息系统，实现财务数据的自动化处理和智能分析，减少人工操作的错误和疏漏，提高财务工作的效率和准确性。可以使用企业资源计划（ERP）系统，将财务管理与企业的其他业务环节紧密结合，实时获取和分析财务数据，支持企业的决策和运营。还可以通过云计算、大数据等技术，提升财务数据的存储和处理能力，实现财务数据的高效管理和利用。

在政策支持方面，政府可以出台相关政策，支持中小企业提高财务管理水平。可以提供财务培训和咨询服务，帮助中小企业提升财务人员的专业能力；提供财务信息系统的购置和使用补贴，减轻中小企业的资金压力；建立专业人才交流平台，促进中小企业与专业财务机构的合作，提高中小企业的财务管理水平。

（三）信息化工具缺乏

中小企业在财务管理方面面临着诸多挑战，其中信息化工具缺乏是一个突出的问题。在当今数字化时代，信息技术的发展已经深刻改变了企业的运营方式和管理模式，但相对于大型企业，中小企业在信息化方面的投入和应用程度仍然较低。这种信息化工具缺乏给中小企业的财务管理带来了一系列的挑战。

相比大型企业拥有完善的财务管理系统和信息化平台，许多中小企业仍然依赖于传统的纸质记录和 Excel 表格来管理财务数据。这种手工处理方式存在着数据录入不准确、处理效率低下的问题，容易导致数据的错误和遗漏，增加了企业的管理成本和风险。

在信息化程度较低的情况下，财务数据往往分散在不同的系统和部门之间，部门之间的信息无法及时共享和同步更新。这不仅增加了数据的重复录入和整合成本，还降低了数据的准确性和实时性，给企业的决策和运营带来了不确定性和隐患。

现代财务管理不仅需要处理海量的财务数据，还需要进行复杂的数据分析和风险评估，以支持企业的决策和发展。由于信息化工具的缺乏，许多中小企业无法实现财务管理流程的自动化和智能化，依然采用传统的手工操作和人工判断，导致工作效率低下，且难以及时应对市场变化和业务需求的变化。

财务数据作为企业最核心的资产之一，一旦泄露或被篡改，将给企业带来巨大的损失和影响。由于缺乏信息化工具的支持，许多中小企业的财务数据往往存储在本地服务器或个人电脑上，缺乏有效的安全防护措施，容易受到黑客攻击和病毒感染，数据泄露和丢失的风险较高。

信息化工具缺乏也限制了中小企业在财务分析和决策支持方面的能力。现代财务管理需要对海量的财务数据进行深度分析和挖掘，发现其中的规律和趋势，以支持企业的战略制定和决策执行。由于信息化工具的缺乏，许多中小企业无法充分利用数据分析和商业智能技术，无法及时获取准确的财务信息和分析报告，导致决策的盲目性和不确定性。

加大对信息技术的投入和应用，选择适合自身规模和需求的财务管理软件和系统，实现财务数据的集中存储和实时更新。

推动企业内部各部门之间的信息共享和协作，建立跨部门的数据接口和交流机制，实现数据的无缝对接和实时同步。

加强对财务管理流程的优化和自动化，利用信息技术手段实现财务数据的自动采集、处理和分析，提高工作效率和数据准确性。

加强对信息安全和数据保护的管理，建立完善的安全防护体系，加密重要的财务数据，定期进行数据备份和恢复，降低数据泄露和丢失的风险。

加强对财务分析和决策支持的能力建设，培养和引进具有数据分析和商业智能技术的人才，建立健全的财务分析体系，为企业的战略制定和决策执行提供可靠的数据支持。

二、中小企业财务管理面临的机遇

（一）数字化转型机遇

数字化转型为中小企业财务管理带来了许多机遇，可以有效地解决传统财务管理中的一些困境，并提升管理水平和竞争力。这些机遇涵盖了财务数据处理、决策支持、风险管理、成本控制以及市场拓展等多个方面。

通过数字化技术，企业可以实现财务数据的自动化采集、处理和分析，大大提高了数据处理的速度和准确性。企业可以引入财务管理软件，实现自动化的记账、报表生成和分析，降低了人工操作的成本和错误率。数字化技术还可以实现财务数据的实时共享和联动，提高了数据的可视化程度和透明度，为企业的决策提供了更加可靠的数据支持。

　　数字化转型为中小企业提供了更加智能化的决策支持工具。通过引入人工智能、大数据分析等先进技术，企业可以实现财务数据的深度挖掘和分析，发现其中的规律和趋势，为企业的决策提供更加科学和准确的依据。企业可以利用大数据分析技术，分析客户消费行为和市场需求变化，调整产品结构和营销策略，提高销售收入和市场份额。企业还可以利用人工智能技术，进行财务风险评估和预测，制定有效的风险管理策略，降低财务风险和损失。

　　第传统财务管理往往只注重财务数据的记录和报表生成，对于风险管理往往比较被动和局限。通过数字化技术，企业可以实现对各类风险的及时监测和预警，提高了风险管理的主动性和全面性。企业可以利用数据挖掘和机器学习技术，对供应链风险、市场风险等进行分析和评估，发现潜在的风险因素，并制定相应的预防和控制措施。数字化技术还可以实现对企业内部风险的监控和防范，如财务舞弊、内部盗窃等，提高了财务管理的稳健性和安全性。

　　财务管理中，企业往往面临成本控制困难，很难实现成本的精细化管理。通过数字化技术，企业可以实现对各项成本的精确控制和管理，提高了成本管理的效率和精度。企业可以利用 ERP 系统，实现对生产成本、销售成本、运营成本等的实时监控和分析，发现成本波动的原因，并采取相应的调整措施。数字化技术还可以实现对人力资源成本的精细管理，如员工考勤、薪酬管理等，提高了人力资源的利用效率和管理水平。

　　传统财务管理往往局限于企业内部的数据处理和管理，很难实现与外部市场的有效对接。通过数字化技术，企业可以实现财务数据与外部市场数据的深度融合，发现市场机会并及时调整经营策略。企业可以利用大数据分析技术，分析市场竞争格局和消费者行为，发现新的市场需求和趋势，从而调整产品结构和服务模式，提高市场竞争力。数字化技术还可以实现企业与供应商、客户之间的信息共享和业务合作，拓展市场渠道，增加销售渠道和收入来源。

（二）融资和投资机遇

　　中小企业可以通过多样化的融资渠道获取资金支持。传统的融资方式包括银行贷款、股权融资和债券发行等，但这些方式往往对中小企业的融资需求不够灵活和适用。随着金融科技的发展，新型融资模式如互联网金融、众筹、供应链金融等不断涌现，为中小企业提供了更多选择。通过互联网平台，中小企业可以直接向投资者进行融资，实现资金的快速募集；通过供应链金融，中小企业可以利用自身的应收账款或存货获得融资支持，提高资金利用效率。这些新型融资渠道具有灵活性强、门槛低、速度快等特点，有助于中小企业解决融资难题，实现业务拓展和创新发展。

随着经济的不断发展和产业结构的不断优化，各种投资机会不断涌现，包括新兴产业、科技创新、市场扩张等。中小企业作为灵活、敏捷的市场主体，具有抓住这些投资机会的优势。随着新兴科技如人工智能、物联网、区块链等的不断成熟和应用，中小企业可以加大对这些领域的投资，拓展新的业务领域，提升企业的竞争力和盈利能力。中小企业还可以通过与大型企业合作、参与产业链整合等方式，实现资源共享、风险分担，降低投资风险，提高投资回报率。

资本市场作为企业融资和投资的重要平台，为中小企业提供了更多的融资和投资机会。中小企业可以通过股票发行、债券发行等方式向资本市场募集资金，扩大企业规模、提升企业价值。中小企业也可以通过资本市场进行投资，参与股票、债券、基金等金融产品的交易，实现资金增值和风险分散。随着资本市场的不断发展和完善，中小企业将有更多机会利用资本市场的力量，实现财务管理的优化和提升。

随着市场竞争的加剧和产业整合的加速，中小企业通过并购重组等方式进行战略性扩张已成为一种重要的发展路径。通过并购重组，中小企业可以快速扩大规模、提升市场份额、增强核心竞争力。中小企业可以通过并购具有先进技术、先进管理经验或市场资源丰富的企业，快速提升自身的技术水平和市场地位。通过并购重组，中小企业还可以实现资源整合、降低成本、增加收入，提高企业的盈利能力和财务健康。

随着全球化进程的不断推进，国际市场为中小企业提供了更广阔的发展空间和更丰富的融资投资机会。中小企业可以通过出口贸易、境外投资、跨国并购等方式拓展国际业务，吸引更多的资金和投资，实现财务增长。中小企业可以通过出口贸易向海外市场销售产品，获取外汇收入，提升企业的盈利能力；也可以通过境外投资或跨国并购，获取更多的资金支持和市场资源，拓展国际市场份额，提高企业的国际竞争力。

（三）市场竞争和国际化机遇

市场竞争和国际化带来了产品和服务的多样化机遇。在市场竞争激烈的环境下，中小企业需要不断创新和提升产品和服务的质量，以满足消费者日益多样化的需求。通过引进先进的生产技术和管理理念，中小企业可以实现产品和服务的差异化和个性化定制，提高市场竞争力和品牌知名度。国际化带来了跨境贸易和合作的机遇，中小企业可以通过拓展海外市场和参与国际竞争，实现业务的快速发展和跨越式增长。

市场竞争和国际化带来了企业资源整合和合作共赢的机遇。在市场竞争日益激烈的情况下，中小企业往往面临着资金、人才、技术等方面的瓶颈和限制。通过与其他企业合作，共享资源和互补优势，中小企业可以实现资源的优化配置和互惠共赢。可以与同行业企业建立产业联盟，共同开发市场、共享渠道和品牌，实现资源共享和利益最大化。国际化还带来了跨国企业的合作机会，中小企业可以与国际大型企业合作，共同开发新产品、拓展新市场，实现跨国合作和共同发展。

在市场竞争的压力下，中小企业需要不断提升技术水平和创新能力，以适应市场的变化和需求的变化。通过引进先进的生产技术和管理技术，中小企业可以提高生产效率和产品质量，降低生产成本和企业运营成本，增强市场竞争力。国际化还带来了数字化转型的机遇，中小企业可以利用互联网、大数据、人工智能等先进技术，实现企业的数字化管理和智能化运营，提高工作效率和决策能力，实现企业的可持续发展。

在市场竞争激烈的环境下，企业需要通过品牌建设和市场推广来提升品牌知名度和美誉度，树立良好的企业形象和品牌形象。通过加大对产品品质和服务质量的投入，提高客户满意度和口碑效应，中小企业可以在市场竞争中脱颖而出，赢得消费者的青睐和信赖。国际化还带来了跨境市场的拓展机遇，中小企业可以通过跨境电商、境外直营店等方式，开拓海外市场，实现业务的跨越式增长和全球化发展。

在市场竞争日益激烈的情况下，企业需要具备高素质的人才队伍和团队合作能力，以应对市场的变化和挑战。通过加强人才培养和团队建设，中小企业可以提升员工的综合素质和专业能力，激发员工的创新潜力和团队凝聚力，为企业的发展提供有力保障。国际化还带来了跨文化交流和合作的机遇，中小企业可以通过国际人才的引进和培养，建立多元化的团队，实现跨文化融合和共同发展。

第七章　结论

　　财务管理是中小企业发展的关键。通过本节的探讨，可以发现财务管理不仅仅是一个技术问题，更是关系到企业生存和发展的战略问题。中小企业由于规模较小，管理资源有限，因此在财务管理上更需要注重精细化和科学化。

　　财务管理的重要性不容忽视。有效的财务管理能够帮助中小企业优化资源配置，提高资金使用效率，降低经营风险。在竞争激烈的市场环境中，中小企业必须通过良好的财务管理来确保自身的稳健发展。

　　通过对中小企业财务管理现状的研究，我们发现了许多普遍存在的问题。财务管理制度不健全，资金流动性差，融资渠道单一，财务人员素质有待提高等。这些问题严重制约了中小企业的可持续发展。

　　财务管理制度的完善是解决上述问题的关键。中小企业需要建立健全的财务管理制度，明确财务管理的职责和权限，规范财务管理流程，确保财务信息的准确性和及时性。这不仅有助于提高企业的管理水平，还能增强企业的市场竞争力。

　　提升财务人员的专业素质也是财务管理实践中的重要一环。中小企业应注重对财务人员的培训和教育，提升他们的专业知识和技能，使其能够胜任复杂的财务管理工作。企业还应注重引进和留住高素质的财务人才，以提高财务管理水平。

　　资金流动性管理是中小企业财务管理中的核心内容之一。中小企业应采取有效的资金管理策略，确保资金的合理流动和高效使用。通过科学的资金预算和资金调度，企业可以避免资金链断裂的风险，保持正常的经营运转。

　　融资难是中小企业面临的普遍问题。中小企业应积极拓宽融资渠道，利用多种融资方式解决资金短缺问题。除了传统的银行贷款外，还可以考虑股权融资、债券融资、供应链融资等多种融资方式，以满足企业不同的发展需求。

　　信息化技术的应用也是提升中小企业财务管理水平的重要途径。通过引入先进的财务管理软件和信息系统，企业可以实现财务数据的实时监控和分析，提高财务管理的效率和准确性。信息化技术还可以帮助企业及时发现和解决财务管理中的问题，降低财务风险。

在研究中小企业财务管理实践的过程中，我们也发现了一些成功的经验。一些中小企业通过建立健全的财务管理制度，提升财务人员素质，优化资金管理策略，成功实现了快速发展。这些成功经验为其他中小企业提供了有益的借鉴和参考。

未来的研究方向仍需进一步探索。中小企业财务管理的复杂性和多样性决定了其研究需要不断深入和拓展。未来可以从财务管理的细分领域，如成本管理、税务筹划、风险管理等方面进行深入研究，以帮助中小企业进一步提升财务管理水平。

第一节　研究总结

在当前经济环境下，中小企业的财务管理显得尤为重要。这不仅因为中小企业是国民经济的基础和活力源泉，还因为其在财务管理方面面临着诸多挑战和机遇。正是由于中小企业在经济发展中的独特地位和作用，研究其财务管理实践具有重要的现实意义。

中小企业在财务管理过程中往往面临资金短缺的问题。这是由于中小企业的规模较小，资产规模有限，融资渠道不畅，难以获得银行贷款。中小企业的财务透明度较低，信用评级较差，进一步加剧了融资困难。这就要求中小企业在财务管理中更加注重资金的合理配置和使用，提升自身的财务透明度和信用评级，从而增强融资能力。

除了资金短缺，中小企业还面临着现金流管理的挑战。由于业务规模小，客户基础不稳固，中小企业的现金流波动较大，容易出现资金链断裂的风险。中小企业应通过加强应收账款管理，缩短回款周期，合理安排支付计划，以确保现金流的稳定。建立完善的预算管理制度，也是提高现金流管理水平的重要手段。

中小企业的成本控制也是财务管理的关键环节。中小企业由于规模小，成本控制意识和能力相对较弱，往往在生产、采购、销售等环节存在成本浪费现象。为此，中小企业应强化成本管理意识，采用科学的成本控制方法，通过优化生产流程，合理采购原材料，控制销售费用，降低运营成本，提高企业的盈利能力。

风险管理在中小企业财务管理中也占有重要位置。中小企业面临的市场风险、信用风险、操作风险等多种风险，往往由于风险管理意识不足和管理能力有限，容易在风险面前束手无策。中小企业应加强风险管理意识，建立完善的风险管理体系，采取有效的风险防控措施，如购买保险、签订防风险合同、建立风险准备金等，以减少和防范风险的发生。

在信息化时代，财务管理信息化建设对中小企业财务管理水平的提升具有重要作用。中小企业应积极引入先进的财务管理软件和信息系统，实现财务数据的实时共享和动态监控，提高财务管理的效率和准确性。通过信息化手段，中小企业可以更加全面地掌握财务状况，及时发现和解决财务问题，提高财务决策的科学性和有效性。

人才建设也是中小企业财务管理中不可忽视的重要因素。中小企业由于资源有限，往往在财务管理人才的培养和引进方面存在困难。为此，中小企业应注重财务管理人员的培训和职业发展，提升其专业素质和管理能力。可以通过与高校合作，建立人才培养基地，引进高素质的财务管理人才，为企业的财务管理注入新的活力。

在中小企业的财务管理实践中，企业文化的影响也不容忽视。良好的企业文化有助于增强员工的凝聚力和归属感，提高财务管理的执行力和效果。中小企业应通过构建积极向上的企业文化，树立正确的财务管理理念，引导员工自觉遵守财务管理制度和规范，提高财务管理水平。

随着全球经济一体化的深入发展，中小企业在财务管理中还需关注国际化趋势。中小企业应积极参与国际市场竞争，拓展海外市场，提升国际化经营能力。在财务管理方面，要注重国际化财务管理模式的引入和应用，如外汇风险管理、跨国税务筹划等，提高企业的国际竞争力。

中小企业在财务管理中还应重视社会责任的履行。企业社会责任不仅是企业道德和社会形象的重要体现，也是企业可持续发展的重要保障。中小企业应在财务管理中考虑环境保护、员工权益、社会公益等因素，通过履行社会责任，提升企业的社会信誉和市场竞争力。

在实践中，中小企业应不断总结和借鉴成功经验，创新财务管理模式。中小企业可以通过参加财务管理培训、与同行交流、引进先进管理理念和工具等途径，提升财务管理水平。通过不断的学习和创新，中小企业可以在激烈的市场竞争中立于不败之地，实现持续健康发展。

第二节　政策建议

一、政府支持与引导

在当前经济环境下，政府的支持和引导对于中小企业的财务管理至关重要。政府应通过制定和实施有针对性的政策，帮助中小企业提高财务管理水平，增强其市场竞争力。

减税政策能够直接降低企业的税负，增加其可支配资金，帮助企业更好地进行财务规划和投资。具体而言，政府可以考虑对小微企业实施税收减免、延期缴税等措施，鼓励企业加大研发投入，提升技术水平。

融资难是中小企业普遍面临的问题，政府可以通过设立专项基金、提供融资担保、补贴贷款利息等方式，帮助企业获得所需资金。政府还应推动金融机构创新金融产品和服务，满足中小企业多样化的融资需求。

组织财务管理培训班、提供在线课程和资源，政府可以帮助中小企业主和财务人员提升专业素质和管理能力。这不仅有助于提高企业的财务管理水平，还能增强企业的抗风险能力。

信息化技术在财务管理中的应用越来越广泛，政府可以通过提供技术支持、财政补贴等方式，鼓励中小企业引入先进的财务管理软件和系统，提高财务管理的效率和准确性。

建立健全的财务监管体系，政府可以帮助中小企业规范财务行为，防范财务风险。政府可以定期对中小企业进行财务审计，发现和纠正财务管理中的问题，确保企业财务健康。

信用体系的完善有助于提高企业的融资能力和市场信誉。政府可以通过建立企业信用信息平台，推动企业信用信息共享，促进金融机构和企业之间的信息对称，提高企业的融资效率。

提供市场信息、组织企业参加展会和推介会，政府可以帮助中小企业开拓市场，扩大销售渠道。政府还可以通过贸易政策支持，帮助企业应对国际贸易风险，提升企业的国际竞争力。

在政策支持方面，政府应制定和实施针对性强的产业政策，扶持中小企业发展。根据不同行业和地区的特点，政府可以制定差异化的扶持政策，帮助中小企业在市场竞争中获得优势。政府可以对战略性新兴产业和高新技术企业提供特别扶持，促进产业升级和创新发展。

制定环保政策和提供绿色金融支持，政府可以引导中小企业走绿色发展道路。政府可以对环保达标的企业给予税收优惠、贷款贴息等支持，鼓励企业加大环保投入，提高资源利用效率，减少环境污染。

完善法律法规，政府可以为中小企业的发展提供法律支持和保障。政府应加大对知识产权的保护力度，帮助企业维护自身合法权益。政府还应建立健全劳动保障体系，确保企业和员工的合法权益。

在公共服务方面，政府应提供更多的公共服务资源，支持中小企业发展。通过建立中小企业服务中心，提供法律咨询、市场信息、技术支持等服务，政府可以帮助企业解决发展中的实际问题，提高企业的管理水平和市场竞争力。

政府还应通过加强与中小企业的沟通，了解企业的实际需求和困难，有针对性地制定和调整政策。通过定期召开座谈会、建立企业反馈机制，政府可以及时了解企业的意见和建议，增强政策的针对性和有效性。

搭建合作平台，政府可以促进中小企业之间的资源共享和协同发展。政府可以鼓励和支持企业组建产业联盟、技术联盟，共同应对市场挑战，提高整体竞争力。

品牌是企业竞争力的重要体现，政府可以通过提供品牌建设资金支持、组织品牌推广活动等方式，帮助中小企业提升品牌影响力和市场知名度。

政府通过提供国际市场信息、组织企业参加国际展会、提供出口信用保险等支持，政府可以帮助中小企业开拓国际市场，提升国际竞争力。政府还可以通过双边和多边贸易谈判，争取更多的国际市场准入机会，为中小企业的国际化发展创造有利条件。

在政策执行方面，政府应确保政策的落实到位。通过建立健全政策落实机制，政府可以确保各项支持政策切实惠及中小企业。政府应加强对政策落实情况的监督检查，及时发现和解决政策执行中的问题，提高政策的实际效果。

中小企业的发展需要一个稳定的政策环境，政府应保持政策的连续性，避免政策的频繁调整和变化。政府应根据经济形势和企业需求的变化，适时调整和优化政策，确保政策的科学性和有效性。

二、企业内部管理改进

在现代经济环境中，中小企业的内部管理改进是其财务管理政策建议的重要组成部分。有效的内部管理不仅可以提升企业运营效率，还能优化资源配置，增强企业的市场竞争力。因此，中小企业应从多个方面入手，全面改进内部管理，提升财务管理水平。

财务预算是企业经营管理的重要工具，有助于企业合理安排资金使用，提高资金利用效率。中小企业应建立科学的预算编制体系，定期进行预算分析和调整，确保预算执行的严肃性和有效性。通过严格的预算管理，可以有效控制企业的各项费用支出，防止资金浪费。

在财务管理中，资金管理是核心。中小企业应加强资金流动性管理，确保企业资金链的安全。具体措施包括优化资金结构，提高流动资金的使用效率，减少应收账款和存货积压。中小企业应建立资金预警机制，及时发现和应对资金风险，确保企业的资金安全和稳定。

成本控制也是中小企业财务管理的重要环节。中小企业应通过优化生产工艺、加强采购管理、合理控制各项费用支出等措施，降低生产和运营成本。建立成本核算制度，对各项成本进行详细记录和分析，找出成本节约的潜力，提高企业的盈利能力。中小企业还应重视成本控制的全过程管理，确保成本控制措施的有效实施。

信息化建设在中小企业财务管理中具有重要作用。中小企业应积极引入先进的财务管理软件和信息系统，实现财务数据的实时共享和动态监控，提高财务管理的效率和准确性。通过信息化手段，中小企业可以更加全面地掌握财务状况，及时发现和解决财务问题，提高财务决策的科学性和有效性。

中小企业应注重财务管理人员的培训和职业发展，提升其专业素质和管理能力。通过定期组织财务管理培训、鼓励财务人员参加职业资格考试等措施，提高财务管理队伍的整体水平。中小企业还可以通过与高校合作，建立人才培养基地，引进高素质的财务管理人才，为企业的财务管理注入新的活力。

内部审计是财务管理的重要组成部分，有助于企业发现和纠正财务管理中的问题，确保财务管理的规范性和有效性。中小企业应建立独立的内部审计部门，定期开展审计工作，对企业的财务活动进行全面检查和监督，发现问题及时纠正，提高财务管理水平。

　　企业文化对中小企业财务管理的影响也不容忽视。良好的企业文化有助于增强员工的凝聚力和归属感，提高财务管理的执行力和效果。中小企业应通过构建积极向上的企业文化，树立正确的财务管理理念，引导员工自觉遵守财务管理制度和规范，提高财务管理水平。企业文化的建设不仅仅是管理层的责任，也需要全体员工的共同参与和努力。

　　在全球经济一体化的背景下，中小企业应关注国际化财务管理。中小企业应积极参与国际市场竞争，拓展海外市场，提升国际化经营能力。在财务管理方面，要注重国际化财务管理模式的引入和应用，如外汇风险管理、跨国税务筹划等，提高企业的国际竞争力。通过学习和借鉴国际先进的财务管理经验，中小企业可以更好地应对全球化带来的挑战和机遇。

　　企业社会责任不仅是企业道德和社会形象的重要体现，也是企业可持续发展的重要保障。中小企业应在财务管理中考虑环境保护、员工权益、社会公益等因素，通过履行社会责任，提升企业的社会信誉和市场竞争力。履行社会责任不仅仅是企业的义务，也是企业实现长期发展的战略选择。

　　在实际操作中，中小企业应不断总结和借鉴成功经验，创新财务管理模式。中小企业可以通过参加财务管理培训、与同行交流、引进先进管理理念和工具等途径，提升财务管理水平。通过不断的学习和创新，中小企业可以在激烈的市场竞争中立于不败之地，实现持续健康发展。

第三节　研究不足与展望

一、中小企业财务管理实践的研究不足

　　中小企业在市场经济中的地位日益重要，然而其财务管理方面的研究却相对薄弱。中小企业作为经济的血脉，其财务管理能力直接影响到企业的生存和发展。然而，现有研究在中小企业财务管理实践的探讨上，显得力不从心，亟需更多的学术关注和实证研究。

　　从整体来看，中小企业的财务管理研究主要集中在理论框架和模式的建立上，但对实际操作层面的探讨却相对较少。很多研究虽然提出了各种财务管理模式，但这些模式在实践中的适用性和操作性如何，缺乏详细的数据和案例支持。这种

理论与实践的脱节，导致中小企业在财务管理过程中面临诸多困惑和问题。

进一步分析发现，资金管理作为财务管理的重要组成部分，中小企业在这方面的实践尤为欠缺。尽管很多研究指出资金流动性管理的重要性，但在实际操作中，很多中小企业并没有建立起有效的资金管理机制，导致资金链断裂的风险不断增加。这种情况不仅限制了企业的发展，还可能导致企业的倒闭。

除了资金管理，成本控制也是中小企业财务管理中亟待解决的问题。研究显示，很多中小企业在成本控制方面存在管理盲区，缺乏系统的成本控制机制。这不仅导致企业成本居高不下，还直接影响到企业的盈利能力和市场竞争力。很多研究虽然提出了一些成本控制的方法和建议，但在实际操作中，中小企业往往难以落实，效果不尽如人意。

风险管理也是中小企业财务管理中的一个重要课题。中小企业在经营过程中面临各种风险，包括市场风险、信用风险、操作风险等。虽然现有研究对风险管理进行了广泛的探讨，但在实践中，中小企业往往缺乏有效的风险预警和应对机制，导致在风险发生时难以采取有效措施进行应对。这种情况在很大程度上制约了中小企业的可持续发展。

中小企业在融资方面也存在诸多困难，融资难、融资贵的问题长期困扰着中小企业的发展。尽管很多研究探讨了中小企业融资的渠道和方式，但在实际操作中，中小企业往往难以获得所需的资金支持。这不仅影响了企业的正常运营，还限制了企业的发展壮大。

在税务管理方面，中小企业也面临着诸多挑战。很多中小企业由于财务管理不规范，导致税务问题频出。这不仅增加了企业的税务风险，还可能导致企业遭受税务处罚。现有研究虽然提出了一些税务管理的建议，但在实际操作中，很多中小企业难以落实，效果不甚理想。

信息化管理在中小企业财务管理中的应用也值得关注。随着信息技术的发展，财务管理的信息化已经成为大势所趋。然而，很多中小企业在信息化建设方面投入不足，导致财务管理的信息化程度较低。这不仅影响了财务管理的效率，还增加了财务管理的难度。

从人力资源角度来看，中小企业在财务管理人才的培养和使用方面也存在问题。很多中小企业由于规模较小，难以吸引和留住高素质的财务管理人才。这不仅影响了企业的财务管理水平，还制约了企业的整体发展。尽管现有研究提出了一些解决方案，但在实际操作中，很多中小企业难以有效落实。

值得注意的是，中小企业在财务管理制度的建设方面也存在不足。很多中小企业由于管理制度不健全，导致财务管理过程中出现各种问题。这不仅影响了企业的财务管理效果，还增加了企业的经营风险。尽管现有研究提出了一些制度建设的建议，但在实际操作中，很多中小企业难以有效实施。

从政策支持角度来看，政府对中小企业财务管理的支持力度有待加强。虽然政府出台了一系列政策措施支持中小企业的发展，但在财务管理方面的支持力度仍然不足。这导致很多中小企业在财务管理过程中面临诸多困难和挑战。现有研究虽然提出了一些政策建议，但在实际操作中，政府的支持力度和效果有待进一步提升。

财务报表分析作为财务管理的重要工具，中小企业在这方面的应用也存在问题。很多中小企业由于财务报表分析能力不足，导致在财务决策过程中缺乏科学依据。这不仅影响了企业的财务决策质量，还增加了企业的财务风险。尽管现有研究提出了一些财务报表分析的方法和技巧，但在实际操作中，中小企业往往难以有效运用。

（一）理论研究的不足

在中小企业财务管理实践的理论研究中存在着一些不足之处，需要进一步加以完善和深化。现有研究多集中在财务管理的基本理论和方法上，对于中小企业特有的财务管理问题和挑战的研究相对较少。这导致了理论研究与实际应用之间存在一定的脱节，理论研究的针对性和实用性有待提高。

由于其规模小、组织简单、管理模式灵活等特点，其财务管理存在着一些独特的问题和挑战。现有研究对于这些特点和规律的探讨还比较有限，缺乏系统和深入的研究。

面对复杂多变的市场环境和激烈的竞争压力时，需要制定有效的财务管理策略和方法，以应对各种挑战和风险。现有研究对于这方面的研究还存在着不足，需要进一步深入探讨。

随着信息化技术的不断发展和应用，中小企业财务管理也面临着新的机遇和挑战。现有研究对于中小企业如何借助信息化技术提升财务管理效率和水平的研究还比较有限。

中小企业在经营过程中面临着各种风险，如市场风险、信用风险、资金风险等。现有研究对于中小企业如何有效管理这些风险和建立监督机制的研究还比较缺乏。

　　企业的财务管理人才是财务管理工作的重要保障，但是现有研究对于如何培养和引进高素质的财务管理人才的研究还比较不足。

　　中小企业财务管理涉及多个学科领域，如经济学、管理学、会计学等，需要综合运用多种研究方法和手段进行研究。现有研究在研究方法和手段上存在一定的单一性和局限性。

（二）实践应用的不足

　　在当前经济环境下，中小企业在财务管理实践中存在一些不足之处。这些问题不仅影响了企业的财务状况和经营效益，也制约了企业的可持续发展。因此，深入分析和解决这些问题对于提升中小企业的财务管理水平具有重要意义。

　　对市场和业务的不确定性，很多中小企业缺乏长远的财务规划和预算，导致在资金使用和费用控制方面存在较大的随意性和盲目性。因此，中小企业应加强对市场和业务的分析，制定科学合理的财务规划和预算，以指导企业的财务管理实践。

　　资金紧张和融资渠道有限，很多中小企业在资金管理方面表现不佳，容易出现资金周转困难和资金链断裂的问题。中小企业应建立健全的资金管理制度，加强对资金流动的监控和控制，合理安排资金使用，提高资金使用效率，防止资金风险的发生。

　　很多中小企业在成本核算和控制方面缺乏有效的手段和方法，导致成本管理效果不佳。中小企业应加强成本核算，建立完善的成本管理制度，优化生产工艺，合理控制采购成本和运营成本，降低企业的生产经营成本，提高企业的盈利能力。

　　由于对市场和行业风险的认识不足，很多中小企业在风险管理方面表现甚至会面临较大的风险。中小企业应加强风险管理意识，建立健全的风险管理制度，加强对市场和行业风险的监控和评估，采取有效措施降低风险发生的可能性和影响。

　　对信息化建设的重视不够，很多中小企业在信息化建设方面投入不足，导致财务信息管理效率低下，难以及时获取和分析财务信息。中小企业应加强信息化建设，引进先进的财务管理软件和信息系统，实现财务数据的实时共享和动态监控，提高财务管理的效率和准确性。

　　由于对人才培养的重视不够，很多中小企业在财务管理人才的培养和引进方面存在困难，导致财务管理人才队伍结构不合理，财务管理水平不高。中小企业应注重财务管理人才的培养和引进，建立健全的人才培养机制，加强对财务管理人才的培训和培养，提高其专业素质和管理能力。

二、中小企业财务管理实践的展望

在当前的经济环境下，中小企业的财务管理实践面临诸多挑战和机遇。有效的财务管理对中小企业的生存和发展至关重要，因此需要对现有的财务管理实践进行深刻的反思和展望。

当前中小企业在财务管理上普遍存在管理基础薄弱、资金短缺、融资困难等问题。这些问题导致企业难以实现可持续发展。因此，中小企业必须加强内部财务管理，建立健全的财务制度，提升财务管理水平，以确保企业的稳健运行。

在此背景下，信息技术的进步为中小企业财务管理带来了新的机遇。通过引入现代信息技术，中小企业可以实现财务管理的数字化和智能化，从而提高管理效率，降低管理成本。特别是云计算、大数据和人工智能等技术的发展，为中小企业提供了更为灵活和高效的财务管理工具。

外部环境的变化也对中小企业的财务管理提出了新的要求。经济全球化和市场竞争的加剧，使得中小企业必须更加注重风险管理和财务战略的制定。只有通过科学的财务分析和规划，才能在复杂多变的市场环境中保持竞争优势。

在财务管理实践中，中小企业还应注重资金的有效利用和管理。合理的资金管理不仅可以提高企业的资金使用效率，还可以降低企业的财务风险。中小企业应制定科学的资金计划，优化资金结构，确保企业的资金链安全。

提升财务人员的专业素质也是中小企业财务管理的重要内容。专业素质高的财务人员不仅能够提供准确的财务数据和分析，还能够为企业的经营决策提供有力的支持。因此，中小企业应加大对财务人员的培训和教育，提升其专业能力和综合素质。

在财务管理的具体操作中，中小企业应注重财务控制和预算管理。通过建立健全的财务控制体系，企业可以有效防范财务风险，确保企业财务活动的合规性和透明性。同时，通过科学的预算管理，企业可以合理安排资源，提升经营效益。

中小企业还应注重财务信息的及时性和准确性。准确的财务信息不仅是企业管理和决策的重要依据，也是企业外部融资和合作的重要参考。因此，中小企业应建立高效的财务信息系统，确保财务信息的及时传递和准确性。

财务管理的创新也是中小企业实现可持续发展的重要途径。中小企业应积极探索新的财务管理模式和工具，不断提升财务管理的水平和效率。例如，利用互联网金融平台，中小企业可以更便捷地获得融资，优化资金管理。

中小企业的财务管理实践还应注重企业文化和财务管理的结合。企业文化对财务管理有着重要的影响，良好的企业文化可以促进财务管理制度的落实，提升财务管理的效果。因此，中小企业应注重企业文化建设，营造良好的财务管理氛围。

中小企业在财务管理中还应注重与外部机构的合作。通过与银行、投资机构等外部机构的合作，中小企业可以获得更多的资金支持和财务管理经验，提升财务管理水平。因此，中小企业应加强与外部机构的沟通和合作，积极寻求外部资源的支持。

中小企业的财务管理实践还应注重企业社会责任的履行。在当前的经济环境下，企业社会责任已成为企业竞争力的重要组成部分。通过履行社会责任，中小企业可以提升企业形象，增强企业的社会影响力，促进企业的可持续发展。

（一）完善理论体系

中小企业财务管理实践一直是一个重要的课题，随着经济社会的发展，未来的展望充满了希望和挑战。随着经济全球化的加深，中小企业面临着更加复杂多变的市场环境。在这种情况下，中小企业需要不断完善其财务管理理论体系，及时调整和优化财务管理策略，以适应市场的变化。

随着信息技术的快速发展，中小企业财务管理实践也将迎来新的机遇。信息技术的应用将极大地提高财务管理的效率和精确度，为中小企业提供更加精准的财务信息和决策支持。因此，未来中小企业财务管理理论体系的建设需要充分融合信息技术的应用，推动财务管理实践的数字化、智能化发展。

随着金融市场的不断创新和完善，中小企业将有更多的金融工具和服务可供选择，这将为其财务管理提供更多的可能性。未来，中小企业财务管理理论体系的建设需要更加注重金融创新和金融服务的结合，为中小企业提供多样化的融资渠道和风险管理工具，提高其财务管理的灵活性和抗风险能力。

随着社会对企业社会责任的关注度不断提高，未来中小企业财务管理实践也将更加注重可持续发展。中小企业需要在财务管理中充分考虑社会、环境等方面的影响，积极履行企业社会责任，推动财务管理实践朝着可持续发展的方向发展。

随着市场竞争的日益激烈，中小企业需要更加注重财务管理与战略管理的结合。未来中小企业财务管理理论体系的建设需要更加注重财务管理与战略管理的整合，将财务管理纳入企业整体战略规划中，以提高财务管理的针对性和有效性。

（二）完善内部控制机制

中小企业是国民经济的重要组成部分，其发展对于促进经济增长、增加就业岗位具有重要意义。由于其规模较小、资金有限、管理水平参差不齐等特点，中小企业在财务管理方面面临着诸多挑战。为了提升中小企业的财务管理水平，完善内部控制机制显得尤为重要。

内部控制机制可以明确财务管理的责任与权限，建立健全的审批流程和核算制度，防止财务管理中的违规行为和错误操作，提高财务管理的效率和透明度。

通过建立完善的内部控制机制，中小企业可以及时发现和应对各种财务风险，如资金流失、财务造假等，保障企业财务安全，提高企业的抗风险能力。

内部控制机制可以优化企业的财务管理流程，减少冗余环节和资源浪费，提高工作效率，降低企业的运营成本，提高企业的盈利能力。

中小企业在财务管理方面面临着诸多挑战，为了提升中小企业的财务管理水平，完善内部控制机制显得尤为重要。

明确财务管理的责任与权限，建立健全的审批流程和核算制度，防止财务管理中的违规行为和错误操作，提高财务管理的效率和透明度。

通过建立完善的内部控制机制，中小企业可以及时发现和应对各种财务风险，如资金流失、财务造假等，保障企业财务安全，提高抗风险能力。

完善内部控制机制还有助于改善中小企业的财务管理效率。优化企业的财务管理流程，减少冗余环节和资源浪费，提高工作效率，降低运营成本，提高盈利能力。

参考文献

[1] 帅雪梨. 中小企业财务管理存在的问题及对策 [J]. 中国集体经济，2024，（14）：161-164.

[2] 杨娟. 智慧财务建设背景下中小企业财务内控制度完善策略分析 [J]. 中国集体经济，2024，（14）：149-152.

[3] 孙文杰，崔巍. 中小外贸企业财务挑战应对：全球视角下的策略分析 [J]. 商业观察，2024，（14）：55-58.

[4] 付丽. 中小企业财务管理数字化转型 [J]. 上海企业，2024，（5）：131-133.

[5] 刘青. 财务管理对中小企业未来发展的影响 [J]. 老字号品牌营销，2024，（9）：138-140.

[6] 吴乙强. 中小民营企业财务管理存在的问题及对策研究——以 TYCL 公司为例 [J]. 活力，2024，（8）：43-45.

[7] 柴蓉. 中小企业财务管理的有效对策研究 [J]. 中国物流与采购，2024，（8）：108-109.

[8] 梅珍芳. 中小企业财务管理中内部控制的作用及发展 [J]. 中国中小企业，2024，（4）：150-152.

[9] 吴展帆. 研究网络环境下中小企业财务管理创新模式 [J]. 财经界，2024，（11）：93-95.

[10] 王震寰. 区块链技术对中小企业财务管理的影响及对策研究 [J]. 营销界，2024，（6）：9-11.

[11] 夏倍倍. 关于加强中小企业财务管理的一些思考 [J]. 营销界，2024，（6）：149-151.

[12] 肖欢. 中小企业财务管理数字化转型的探讨 [J]. 中国乡镇企业会计，2024，（3）：178-180.

[13] 付娟. 中小企业财务数字化建设问题及应对举措——以 S 商贸企业为例

[J]. 大陆桥视野，2024，（3）：108-110.

[14] 周艳梅. 精细化财务管理在中小企业中的应用微探 [J]. 商讯，2024，（6）：77-80.

[15] 郑伟瀚. 数字经济时代中小企业财务管理转型思考 [J]. 中国中小企业，2024，（3）：93-95.

[16] 张路得. 中小企业财务管理存在的问题及对策 [J]. 中国中小企业，2024，（3）：147-149.

[17] 张心驰. 新常态下中小企业财务管理如何转型升级 [J]. 上海企业，2024，（3）：128-130.

[18] 喻小兰. 中小企业财务管理工作的完善 [J]. 纳税，2024，（7）：97-99.

[19] 姚璇. 中小企业财务信息化建设问题及解决措施 [J]. 投资与创业，2024，（3）：53-55.

[20] 张雅雯. "互联网+"时代下中小企业财务管理存在的问题及对策 [J]. 投资与创业，2024，（4）：67-69.